AFRO-BRASIL RELUZENTE

AFRO-

NEI LOPES

BRASIL RELUZENTE

100 PERSONALIDADES NOTÁVEIS DO SÉCULO XX

Copyright © 2019 by Nei Lopes

Direitos de edição da obra em língua portuguesa no Brasil adquiridos pela EDITORA NOVA FRONTEIRA PARTICIPAÇÕES S.A. Todos os direitos reservados. Nenhuma parte desta obra pode ser apropriada e estocada em sistema de banco de dados ou processo similar, em qualquer forma ou meio, seja eletrônico, de fotocópia, gravação etc., sem a permissão do detentor do copirraite.

EDITORA NOVA FRONTEIRA PARTICIPAÇÕES S.A.
Rua Candelária, 60 — 7º andar — Centro — 20091-020
Rio de Janeiro — RJ — Brasil
Tel.: (21) 3882-8200 — Fax: (21) 3882-8212/8313

CIP-BRASIL. CATALOGAÇÃO NA PUBLICAÇÃO
SINDICATO NACIONAL DOS EDITORES DE LIVROS, RJ

L854a   Lopes, Nei
         Afro-Brasil reluzente : 100 personalidades notáveis do século XX / Nei Lopes. - 1. ed. - Rio de Janeiro : Nova Fronteira, 2019.; 23 cm.

         ISBN 9788520944820

         1. Negros - Brasil - Condições sociais. 2. Negros - Brasil - História - Séc. XX. I.Título.

    19-60461   CDD: 305.896081
                                 CDU: 316.34-054(=2/=8)(81)

Vanessa Mafra Xavier Salgado - Bibliotecária - CRB-7/6644

SUMÁRIO

INTRODUÇÃO 13

ABDIAS NASCIMENTO – *Um guerreiro com nome de profeta* 27

CONCEIÇÃO EVARISTO – *Becos de muitas memórias* 31

MOACIR SANTOS – *Bendita obsessão* 35

CARTOLA – *Finda a tempestade, o sol renasceu* 39

ALZIRA RUFINO – *Resistência feminegra* 43

JOEL ZITO ARAÚJO – *Desconstruindo a "chanchada"* 47

ASFILÓFIO FILHO ("DON FILÓ") – *Engenho, arte e memória* 51

DIDI – *O gênio da folha-seca* 57

DOMÍCIO PROENÇA FILHO – *Afrodescendência na academia* ... 61

CAROLINA MARIA DE JESUS – *Claro enigma* 65

HAROLDO BARBOSA – *Magnífico, múltiplo* 69

MÃE STELLA DE OXÓSSI – *Caçadora, semeadora, provedora* 73

NILZE CARVALHO – *Choro de menina em canto de mulher* 77

CARLINHOS SETE CORDAS – *O feitiço da Vila* 81

LUIZ CARLOS DA VILA – *Benza, Deus!* 85

EDIMILSON DE ALMEIDA PEREIRA – *Esquentando os tambores* 89

ELIANA ALVES CRUZ – *Os elos da corrente* 93

LUIZ GONZAGA – *O mar virou sertão* 97

SANTA ROSA – *Centenas de telas e cenas* 101

LENA FRIAS – *Identidade brasileira, antes de tudo* 105

CELSO ATHAYDE – *Perfil de um sobrevivente* 109

DULCE MARIA PEREIRA – *Embaixatriz da fala brasileira* 115

SALGADO MARANHÃO – *Da terra bruta, os vocábulos* 119

FREI DAVID – *Apostolado de educação e cidadania* 123

D. JOSÉ MARIA PIRES – *Opção pelos pobres e oprimidos* 127

ELZA SOARES – *Resiliência inquestionável* 131

GILBERTO GIL – *Grande poeta da negritude no Brasil* 135

PAULO LINS – *Favela movie, Deus e o diabo* 139

SUELI CARNEIRO – *Afrofeminismo poderoso* 143

CANDEIA – *A chama que não se apaga* 147

ERLON CHAVES – *O veneno da irreverência* 151

INGRID SILVA – *Um plié na cara da sociedade* 155

CARLOS ALBERTO CAÓ DE OLIVEIRA – *Em nome da lei* 159

ZEZÉ MOTTA – *Além da lenda e da história* 163

RICARDO ALEIXO – *Negritude, concretude, modernidade* 167

ELISA LUCINDA – *O verbo e a fala* 173

DEUSDETH NASCIMENTO – *Devoção cirúrgica* 177

HAMILTON DE HOLANDA – *Prodígios musicais* 181

CLEMENTINA DE JESUS – *O reino da glória* 187

ALLAN DA ROSA – *Periferia no meio da roda* 191

GUERREIRO RAMOS – *Sociologia desmitificadora* 195

MARIELLE FRANCO – *Flor ainda em botão despetalada* 199

FLÁVIA OLIVEIRA – *Não seguiu Moisés* 203

HAROLDO COSTA – *Superação pela arte e pela cultura* 207

ANA MARIA GONÇALVES – *A grande travessia* 211

ISMAEL IVO – *Balé na Torre de Babel* 215

JOAQUIM BEATO – *Cristo e a revolução brasileira* 219

JUREMA WERNECK – *Continuidade de Gueledé* 223

LÁZARO RAMOS – *Consciência multifacetada* 227

JEFERSON DE – *Cinema Negro e liberdade* 231

GRANDE OTELO – *O riso como escudo* 235

DONA IVONE LARA – *Senhora da canção* 239

FABIANA COZZA – *Civilização e comprometimento* 245

JOAQUIM BARBOSA – *Corpo estranho na Corte* 249

ANTONIETA DE BARROS – *Reluzente pioneira* 251

SEU JORGE – *Morar no Brasil, muito bem ou muito mal* 253

LUIZ ANTONIO PILAR – *A construção de um Cinema Negro* 257

MAJU COUTINHO – *O Tempo sabe o que faz* 261

PRETINHO DA SERRINHA – *Pelo telefone, com passaporte* 265

DJAMILA RIBEIRO – *Filosofia e atitude* 269

JOEL RUFINO DOS SANTOS – *Ele foi trezentos* 273

HÉLIO DE LA PEÑA – *Ironia fustigante* 277

RUTH DE SOUZA – *Protagonismo e dignidade* 281

MILTON GONÇALVES – *Honrando seu papel* 285

RUTH GUIMARÃES – *Ícone entre as primeiras* 289

PAULO CÉZAR CAJU – *Na ponta da rebeldia* 293

ZÓZIMO BULBUL – *Alma no olho* 297

SONIA GOMES – *Identidade negra em criações e instalações* 301

GOYA LOPES – *Finas estampas* 305

ENEDINA ALVES MARQUES – *Régua, compasso e pistola* 309

PETRÔNIO DOMINGUES – *A nova abolição* 313

MATEUS ALELUIA – *O último Tincoã* 317

NINA SILVA – *Black Money e alforria* 321

MESTRE BIMBA – *A ressignificação da capoeira* 325

RUI DE OLIVEIRA – *Ilustração e cosmopolitismo* 329

MARCELO D'SALETE – *Quadrinhos com apóstrofo* 335

EMANOEL ARAÚJO – *Arte e ancestralidade* 339

GLÓRIA MARIA – *Brilho, reputação e honra* 343

MAURÍCIO PESTANA – *A fibra por trás da raça* 347

ÉDISON CARNEIRO – *Padrinho do samba e do candomblé* 351

SONIA GUIMARÃES – *Ciências exatas, ações afirmativas* 355

TOMAZ AROLDO DA MOTA SANTOS – *A pedra filosofal* 359

MUNIZ SODRÉ – *Voz e ação do pensamento nagô* 363

IVAIR AUGUSTO ALVES DOS SANTOS – *Jogando os dados* 367

NEUZA MARIA ALVES DA SILVA – *A pioneira do Tororó* 371

LEÔNIDAS DA SILVA – *Futebol-arte, no gramado e no mercado* 377

MILTON SANTOS – *Conscientização pela geografia* 381

JOSÉ VICENTE – *Educação sem grilhões* 385

BENEDITA DA SILVA – *Mulher, negra, deputada* 391

MAURÍCIO VICENTE FERREIRA JR. – *Presença no Palácio Imperial* 395

IVONE CAETANO – *Direito e igualdade racial* 399

MESTRE DIDI – *Ancestralidade, espiritualidade e arte* 403

IVANIR DOS SANTOS – *Onipresença consequente* 407

WALTER FIRMO – *Brasilidade objetiva* 411

MARTINHO DA VILA – *Da serra, do morro, do mundo* 415

MERCEDES BAPTISTA – *Dança étnica pioneira* 419

JOHNNY ALF – *Rapaz de bem, sem muita paz* 423

MARCELO PAIXÃO – *Índices, análises... e poesia* 427

PELÉ – *Uma antiga parábola* 433

JOANA D'ARC FÉLIX – *Representatividade incontestável* 437

BIBLIOGRAFIA 441

AFRO-BRASIL RELUZENTE
100 PERSONALIDADES NOTÁVEIS DO SÉCULO XX

Com este trabalho, reverenciamos a memória coletiva dos aqui mencionados e de todos os que, já imaterializados, reluziram na luta pela igualdade; e ainda continuam iluminando nosso caminho. *Ibaiê!* E aos que prosseguem na caminhada em direção ao objetivo final, desejamos toda a força. Axé!

***

Meu agradecimento a Janaína Senna, por me escolher para a honrosa tarefa de compor este livro.

O Autor.

INTRODUÇÃO

Do ponto de vista literário, este é um livro despretensioso. Que, entretanto, procura cumprir uma função relevante: a de revelar a importância de brasileiros e brasileiras notáveis, cujas realizações são em geral ignoradas pela sociedade que ajudaram ou ajudam a construir, o que ocorre apenas pela circunstância de carregarem em sua identidade — declarada, evidente ou suposta — o selo étnico-racial "afro".

AFRO-BRASILIDADE E RACISMO

Sinônimo de "africano", o adjetivo "afro", quando anteposto a outro para indicar a origem de um indivíduo, cumpre a função de dizer que essa pessoa tem ancestralidade originária do continente africano. Assim, formaram-se, entre outras, as designações "afro-americano", "afro-cubano", "afro-brasileiro" etc., as quais vêm gerando neologismos, alguns ainda não dicionarizados, como afro-brasilidade e afrodescendência.

No Brasil, entretanto, o uso do composto "afro-brasileiro", na denominação do segmento mais numeroso da população nacional, ainda é muitas vezes rechaçado, da mesma forma que "afrodescendente". E isso por conta de uma bem construída teoria, segundo a qual o país constituiria, desde o século XX, uma "democracia racial", onde qualquer segmentação de seu povo, em atenção a origens étnico-raciais, seria nociva e injustificável.

Concebida a partir do encontro ocorrido entre europeus, negro-africanos e ameríndios no século XV, a nação brasileira, juridicamente nascida três séculos depois, teve sua gênese e seu crescimento — como outras nações do continente americano — conduzidos pela exploração exaustiva, sobretudo, da mão de obra trazida à força da África. Fontes atualizadas informam o quantitativo desse contingente de trabalhadores escravizados em mais de dez milhões de indivíduos, nas Américas e no Caribe, sendo quase a metade utilizada no Brasil.

O impacto dessa presença tornou-se muito amplo e intenso, e se estendeu por todos os ramos da sociedade que se ia formando: dos saberes tradicionais à linguagem; do fabrico de artefatos às técnicas de trabalho; da música e da dança aos jogos atléticos; da culinária à religiosidade etc. Entretanto, esgotadas as possibilidades econômicas do escravismo e obedecendo a ditames emanados da Europa, o Império brasileiro aboliu a escravidão. Mas o fez sem avaliar as graves consequências disso. Assim, após uma famigerada "Lei de Terras" ter cassado aos posseiros de glebas efetivamente cultivadas o direito à posse e garantido acesso às terras públicas (tomadas pelos colonizadores aos indígenas desde o século XVI) apenas àqueles que pudessem pagar por elas, uma abolição desacompanhada de medidas sociais em favor dos emancipados completou o quadro de desigualdade e exclusão que até hoje caracteriza a sociedade brasileira, punindo cruelmente a maior parcela da população.

De modo geral, o pensamento conservador costuma negar ou menosprezar essa realidade, muitas vezes brandindo o argumento da mestiçagem brasileira, com o qual buscam provar que no país não existe racismo, e sim, quando muito, casos eventuais de preconceito racial. Mas esse discurso foi contestado, entre outras opiniões de peso, pelo sociólogo Clóvis Moura (1925-2003). Segundo este cientista brasileiro, afrodescendente pelo lado paterno, os apologistas da mestiçagem tentam estabelecer uma ponte entre a miscigenação, que é um fato biológico, e a democratização, um fato político, buscando associar dois processos cientificamente independentes.

Segundo outro ilustre pensador afro-brasileiro, o saudoso historiador Joel Rufino dos Santos (1941-2015), uma definição clássica de racismo é aquela — registrada em seu livro *O que é racismo*, de 1984 — que conceitua o termo como "um conjunto de práticas, pessoais ou coletivas, de pequeno ou longo alcance, que afirmam a superioridade de um grupo étnico-racial sobre outro". Essas práticas, acrescentamos, podem ser mascaradas; mas suas consequências as denunciam.

E este é o caso da sociedade brasileira, em cuja contemporaneidade se constata a rarefação de pessoas negras (ou de origem indígena) em cargos de direção ou executivos em grandes organizações empresariais; frequentando as mais prestigiadas instituições de ensino, sobretudo universidades; e sendo alvo de avaliações baseadas em estereótipos etc., circunstâncias quase nunca percebidas como tal pela sociedade abrangente. Esses exemplos tipificam o fenômeno do "racismo estrutural", causado pela própria estrutura da sociedade, numa conceituação difundida pelo filósofo Silvio Almeida, também afrodescendente, no livro *O que é racismo estrutural*, de 2018. Mas retomemos o percurso "afro" da abertura deste texto.

BRANQUEAMENTO E INVISIBILIZAÇÃO

Sendo o maior país da América do Sul em extensão territorial, o Brasil, pela expressividade de sua população afrodescendente, faz parte do conjunto de regiões que modernamente se conhece como "Afro-América". Entretanto, neste país, como em quase todas as Américas, as raízes africanas da população muitas vezes foram vistas como potencial ameaça para as classes dominantes: antes, eram os senhores temendo aquilombamentos e insurreições dos escravizados; depois foi o pesadelo da ameaça de perda do status e dos privilégios senhoriais.

Em face desse perigo iminente, as estruturas de dominação criaram e puseram em prática todo um conjunto de ações táticas, partindo do pressuposto segundo o qual a miscigenação da população afro-brasileira iria fatalmente levá-la a um desejado "branqueamento fenotípico", tornando sua aparência cada vez mais próxima dos tipos europeu e caucasiano. Difundida pela propaganda oficial, essa estratégia teve como ponto principal o favorecimento à imigração europeia e a restrição à entrada de africanos e, até certo momento, de asiáticos no país. Com a imigração europeia, procurava-se arianizar (tornar semelhantes a indo-europeus) ou europeizar a aparência da população brasileira, consolidando-se, assim, um branqueamento já iniciado com o processo de mestiçagem.

Muitos cientistas e intelectuais de renome deram sustentação a essa estratégia que, avalizada por teses de eugenia ("aperfeiçoamento" da espécie) e higiene, ganhou prerrogativas de ideologia; e daí, contaminando até a mentalidade popular, consolidou-se em forma de política pública. Tanto que em 1946, por meio do decreto-lei n.º 7.967, a teoria era consagrada num dispositivo que estabelecia o seguinte: "Os imigrantes serão admitidos em conformidade com a necessidade de preservar e desenvolver, na composição étnica da população, as características mais convenientes da sua ascendência europeia."

Paralelamente, desde a década de 1930, popularizava-se certa literatura infantil que reforçava alguns estereótipos (convicções resultantes de generalizações falsas, baseadas na atribuição de qualidades negativas) de negros. Alguns eram dúbios, como o da "tia" negra, tão adorável e trabalhadora quanto medrosa, supersticiosa e ignorante; mas não deixavam de ser prejudiciais. Da mesma forma, os livros didáticos também difundiam ideias sobre a suposta inferioridade dos afrodescendentes. As teorias sobre o total branqueamento da população brasileira não se confirmaram. Mas as marcas dos procedimentos de exclusão e invisibilidade, que perpetuaram o quadro de dominação política e econômica dos tempos escravistas, ainda produzem efeitos desastrosos.

Tal invisibilidade decorre principalmente da estratificação da sociedade brasileira, na qual a ascensão de afrodescendentes é, inclusive, em termos relativos, mais difícil que nos tempos do escravismo. Daí a presença rarefeita, ocorrendo apenas como exceção, dos representantes deste segmento nos espaços de excelência, por causa dos raros laços de relacionamento (de parentesco, escolares, laborais, etc.) com os situados nos segmentos mais favorecidos. A ponto de, já neste século, um personagem da política nacional, eventualmente na chefia da pasta da Cultura, questionado sobre a ausência de afrodescendentes numa delegação de literatos enviada a uma feira internacional, afirmar que não tinha conhecimento da existência de escritores negros na literatura nacional.

IDENTIDADES VELADAS

Através da história do Brasil, o surgimento e o desenvolvimento de grandes nomes do povo negro foi, primeiro, dificultado pela escravidão, que, até certo tempo, negava a plena cidadania até mesmo para os livres ou libertos. Depois, com uma abolição desacompanhada de políticas educacionais e agrárias que possibilitassem ascensão social a esse segmento, seguida de uma política demográfica que visava ao branqueamento da população, tornou-se ainda mais difícil a evolução almejada. Apesar disso, aqui e ali, graças à filantropia ou a outras influências, alguns nomes despontaram.

Entretanto, atribuir origens africanas a grandes personalidades da vida nacional sempre foi, no Brasil, um tabu, pois em geral a simples menção dessa circunstância era considerada ofensiva, pesando como uma difamação. Assim, a ocultação das origens africanas de grandes vultos nacionais, associada à falta ou falsificação de suas iconografias, inclusive por fotografias retocadas, contribuiu lamentável e fatalmente para o desconhecimento sobre o peso real da contribuição de intelectuais, artistas e técnicos pretos e pardos — negros, enfim — na formação da cultura brasileira ao longo dos anos. E esse peso não foi nada desprezível, como agora veremos.

Chegadas ao Brasil ainda nos primeiros tempos da colonização, com os padres da Companhia de Jesus, a arquitetura e a escultura, utilizadas na construção e na decoração de igrejas, conventos e colégios, atingiram altíssimo patamar no século XVIII. Nesse ambiente floresceu, principalmente na Bahia e na região das Minas, o estilo denominado Barroco, que revelou, entre outros, artistas de ascendência africana como Aleijadinho, Manuel Ataíde, Manuel da Cunha e Mestre Valentim.

Apelidado "o Aleijadinho", Antônio Francisco Lisboa foi escultor, entalhador e arquiteto. Vivendo em Vila Rica, atual Ouro Preto, Minas Gerais, era filho de um português com uma negra escrava. Iniciando carreira ainda bem jovem, por volta dos 40 anos foi vitimado por uma doença degenerativa que acabou por privá-lo dos dedos dos pés e das mãos. Mas, apesar da deficiência, conseguiu criar uma obra que o credencia como o maior artista brasileiro de sua especialidade, em sua época. Seus mais conhecidos trabalhos, como os 12 profetas esculpidos em pedra-sabão e as 66 figuras em cedro que reproduzem os passos da Paixão de Cristo, estão na igreja de Bom Jesus de Matosinhos, em Congonhas do Campo, Minas Gerais.

Nos mesmos ambiente e época do Aleijadinho viveu Manuel da Costa Ataíde. Considerado o principal pintor mineiro de seu tempo, colaborou com o escultor na feitura das imagens dos *Passos da Paixão*, além de ter sido o executor das belas pinturas que adornam o teto da igreja de São Francisco de Assis, em Ouro Preto. Outro contemporâneo, na Bahia, foi Francisco Manoel das Chagas, sempre referido como Chagas, o Cabra, escultor cujas obras podem ser admiradas principalmente no Museu do Convento do Carmo e na Ordem Terceira do Carmo, na capital baiana.

Ainda nesse tempo, mas no Rio de Janeiro, sobressaiu o talento de Manuel da Cunha, que passou à posteridade como o "Escravo Cunha". Nascido, alforriado e falecido na terra fluminense, estudou em Lisboa e, ao regressar à cidade natal, dedicou-se à pintura religiosa e de retratos e à escultura, além de ministrar, em casa, concorridas aulas de pintura. Autor de murais conservados em várias igrejas cariocas, principalmente na de Nossa Senhora da Boa Morte, onde seu corpo foi sepultado, o Escravo Cunha foi contemporâneo de outro magistral artista afro-brasileiro, o célebre Mestre Valentim.

Batizado como Valentim da Fonseca e Silva e considerado o maior de sua arte no Brasil colonial, depois do Aleijadinho, esse mestre, filho de um português e uma negra brasileira, nasceu em Serro Frio, nas Minas, mas construiu sua legenda na cidade do Rio de Janeiro, onde findou sua existência aos 63 anos de idade. Escultor, entalhador e arquiteto, toda a sua produção de talhas e imagens de santos encontra-se no Rio, em igrejas como as da Boa Morte, do Mosteiro de São Bento, da Ordem Terceira do Carmo e de São Francisco de Paula. Além disso, toda a arquitetura e a decoração do Passeio Público no Rio de Janeiro, do portão às esculturas, são obra do seu talento.

Vejamos agora que, passada a era do Barroco, na primeira metade do século seguinte, no ambiente estético do estilo romântico, muitos artistas afro-brasileiros também se destacaram na pintura, como Estêvão Silva, Crispim do Amaral, os irmãos Timóteo da Costa, João e Arthur, Antônio Rafael Pinto Bandeira, Antônio Firmino Monteiro e, principalmente, Pedro Américo.

Estêvão Roberto da Silva, nascido na cidade do Rio de Janeiro, celebrizou-se como o maior pintor de naturezas-mortas da arte brasileira no seu tempo, sendo diversas vezes premiado, até se indispor contra a Academia Imperial, em 1880. Também fluminense da capital, Antônio Firmino Monteiro foi um renomado paisagista. Agraciado com a Ordem da Rosa por sua participação na 26.ª Exposição Geral de Belas Artes, a última do Império, é o autor da famosa tela *Fundação da cidade do Rio de Janeiro* e de outras, integrantes do acervo do Museu Nacional de Belas Artes.

Outro grande destaque afro-brasileiro das artes plásticas, no tempo do Império, foi Crispim do Amaral. Caricaturista, pintor e cenógrafo nascido na pernambucana Olinda e falecido no Rio de Janeiro, radicou-se em Paris, onde ganhou fama como cenógrafo da Comédie Française. Alguns anos mais novo, porém com mais breve existência, Antônio Rafael Pinto Bandeira foi outro entre os grandes artistas negros do Brasil imperial. Professor do Liceu de Artes e Ofícios da Bahia e ativo também no Rio de Janeiro, foi um dos primeiros afrodescendentes a integrar o seleto grupo de alunos da Academia Imperial de Belas Artes. Paisagista e retratista festejado, é autor de telas hoje pertencentes ao acervo permanente do Museu Nacional de Belas Artes. Também nesse acervo, outras obras importantes levam as assinaturas dos irmãos Timóteo da Costa, nascidos no Rio de Janeiro. Artistas renomados, ambos estão entre os maiores pintores acadêmicos do Brasil, com obras permanentemente expostas não só no citado Museu Nacional, mas também na Pinacoteca do Estado de São Paulo.

De todos esses artistas, certamente o mais festejado e conhecido é Pedro Américo de Figueiredo e Melo, pintor paraibano falecido em Florença, Itália. Doutor em ciências físicas pela Universidade de Paris, Pedro Américo foi, no Rio de Janeiro, catedrático da Academia Imperial de Belas Artes e pintor consagrado pela criação de telas célebres, como *Batalha do Avaí* e *Grito do Ipiranga*. O etnólogo Artur Ramos, no livro *O negro na civilização brasileira*, de 1937, descreve esse grande artista como "pintor mulato natural da Paraíba".

E, assim como surpreende essa revelação de Ramos, imaginemos quantas africanidades estão ainda por ser reveladas entre os grandes personagens da história e da cultura brasileiras. Feitos esses registros, observemos agora que, dos primeiros tempos da República — engajados ou não nas propostas estéticas então em vigor, como as impressionistas, simbolistas e expressionistas, passando pelo modernismo — até a época contemporânea, foram inúmeros os artistas afro-brasileiros que se destacaram no campo da pintura, da gravura, do desenho; das artes visuais, enfim.

DIVINA MÚSICA

Voltando ao século XVIII, vemos que o estilo artístico conhecido como Barroco abrangeu também a música, desenvolvida no mesmo contexto católico em que se expandiram a arquitetura e a escultura. Aí, também brilharam grandes músicos de origem africana, como, principalmente, os mineiros Lobo de Mesquita, Marcos Coelho Neto (pai e filho) e Francisco Gomes da Rocha; o baiano Damião Barbosa de Araújo; e o carioca padre José Maurício.

José Joaquim Emerico Lobo de Mesquita nasceu em Serro Frio, nas Minas, falecendo aos 58 anos de idade. Foi alferes e organista da igreja da Ordem Terceira do Carmo, em Diamantina. Segundo opiniões abalizadas, a desenvoltura de sua técnica de composição e a familiaridade com os mestres europeus, principalmente os sinfonistas italianos, até hoje surpreendem os estudiosos.

Nascido no Rio de Janeiro 21 anos depois de Mesquita, o padre José Maurício Nunes Garcia foi o maior nome da música brasileira em todo o período colonial. Sobre ele, quase tudo já se disse, restando-nos apenas salientar que antes de ser sacerdote já era músico; e que sua obra sobrevive através dos tempos, em sucessivas reedições de partituras e, hoje, em regravações e reproduções em CD, por artistas, grupos e orquestras especializados.

Confiante na amizade e no prestígio desse gênio, o músico afro-baiano Damião Barbosa de Araújo mudou-se para o Rio com 35 anos de idade. Filho de um sapateiro, iniciara carreira, na terra natal, como violinista e autor de músicas de teatro. Mas, na Corte, obteve o lugar de "adido à música da Brigada do Príncipe", tendo sido, mais tarde, admitido na Capela Imperial como violinista e mestre de uma banda de menores. Além de missas, credos, novenas e outros gêneros de música litúrgica, para coro e orquestra, Damião Barbosa legou à posteridade uma ópera-bufa, valsas, modinhas e quadrilhas. É dele, também, a melodia do *Hino ao Dois de Julho*, obra símbolo da cultura e da cidadania baiana, apresentada em 1829.

Interessante, agora, observar que a época colonial, para além da música religiosa, já via germinar as sementes daquilo que depois se conheceria como música popular brasileira. E também aí a presença da afrodescendência era notória, principalmente, com a música e a poesia de Caldas Barbosa. Nascido no Rio, filho de uma negra de Angola com um proprietário rico, Domingos Caldas Barbosa, depois de receber instrução regular, foi viver em Lisboa, tendo frequentado a Corte. Lá, seus lundus e modinhas, depois reunidos no volume de versos intitulado *Viola de Lereno*, fizeram grande sucesso, tornando-o, além de poeta, o grande precursor da música popular brasileira. Essa popularidade de Caldas Barbosa ocorria num momento em que danças e cantos de origem ou inspiração africana, desenvolvidos nas Américas desde os primeiros tempos coloniais, começavam a sair do ambiente folclórico para, incorporando informações musicais europeias, adquirirem efetivamente o caráter de música popular.

Veio daí o apogeu das modinhas, mas também do aprimoramento técnico, como demonstra a biografia do afro-baiano José Pereira Rebouças, que, no início do século XIX, se destacava como o primeiro brasileiro diplomado em música na Europa. Um pouco mais adiante, com a ajuda de um outro membro da família Rebouças, o engenheiro e abolicionista André, o compositor paulista Carlos Gomes, neto de uma liberta, encenava em Milão sua célebre ópera *O Guarani*.

Por esse tempo, além da canção, a própria música instrumental começava a ganhar cores nacionais, num momento em que até mesmo as fronteiras entre erudito e popular não eram, de certa forma, absolutamente rígidas. Assim, já na época imperial, músicos afro-

-brasileiros como, entre outros, Anacleto de Medeiros, Joaquim Antônio da Silva Callado, Francisco Braga, Henrique Alves de Mesquita se destacavam.

Louvado como o criador do tango brasileiro, depois popularizado sob a denominação "maxixe", Mesquita, compositor, trompetista, organista e maestro, nascido na capital do Império, é talvez o músico que melhor simboliza esse momento. Autor de um variado repertório no qual se incluem óperas, operetas, música religiosa e música popular, foi organista da capela de São Pedro, professor do Instituto Nacional de Música e regente da orquestra do Teatro Fênix. Em 1857 vai para a Europa, estudar no Conservatório de Paris, de onde regressa, depois de preso e expulso da escola, em razão de um caso amoroso, provavelmente reprimido pelo racismo.

Também compositor, instrumentista e regente, Anacleto de Medeiros, igualmente nascido no Rio, de mãe liberta (como a avó do célebre Carlos Gomes), aprendeu música no internato do Arsenal da Marinha. Aos 18 anos, ingressa no Imperial Conservatório de Música, onde obtém o certificado de professor de clarinete. Reconhecido como o criador do xote (gênero musical popular) brasileiro, Anacleto é autor de extensa obra, além de ter sido o organizador, em 1896, da Banda do Corpo de Bombeiros do Rio de Janeiro.

Professor no Imperial Conservatório à época em que Anacleto lá ingressava, Joaquim Callado foi principalmente flautista e compositor. Virtuose da flauta, condecorado por d. Pedro II como cavaleiro da Ordem da Rosa, legou à posteridade, além de vasto repertório, o formato tradicional de acompanhamento do estilo choro, à base de flauta, cavaquinho e dois violões.

Também aluno de internato, mas do Asilo de Meninos Desvalidos, no atual bairro de Vila Isabel, Francisco Braga, nascido na capital do Império, concluiu o curso no Asilo em 1886. Destacando-se como compositor, em 1890 classificou-se entre os quatro primeiros no concurso para escolha da melodia do *Hino Nacional Brasileiro*, o que lhe valeu uma bolsa de estudos em Paris, onde foi aluno do compositor Jules Massenet. Nos primeiros anos do século XX, Braga tornou-se bastante conhecido pela composição da melodia do *Hino à*

Bandeira, que recebeu letra do poeta Olavo Bilac. Catedrático do Instituto Nacional de Música e condecorado com a medalha da Legião de Honra pelo governo francês, Francisco Braga é autor de vastíssima obra, que inclui música sacra, dramática, de câmara e orquestral, entre outros estilos.

Chegamos então às primeiras décadas do século XX, quando a efervescência musical ocorrida no Brasil, a partir do Rio de Janeiro, com o advento das gravações elétricas e das transmissões radiofônicas, fez destacarem-se outros grandes talentos afro-brasileiros na canção popular e na música instrumental. Entre esses sobressaiu, por todo um largo período, o nome de Pixinguinha. Nascido no subúrbio carioca da Piedade em 1897, Alfredo da Rocha Vianna Filho, o Pixinguinha, foi um virtuose da flauta e do saxofone. Compositor inspirado e arranjador de rara criatividade, foi comparado ao alemão Johann Sebastian Bach na refinada arte da polifonia e do contraponto. Assim, consagrou-se como um dos fundadores da moderna linguagem musical brasileira e um dos maiores nomes da música popular nacional em todos os tempos.

Além dos artistas mencionados, muitos afro-brasileiros, de ambos os sexos, nascidos antes do século XX, destacaram-se em outros ramos de atividades, e até mesmo nos círculos do poder. Como exemplos, podemos citar os engenheiros Antônio Rebouças e Teodoro Sampaio; os professores Hemetério dos Santos e Antenor Nascentes; os cientistas médicos Luis Anselmo e Soares de Meireles, os jornalistas Justiniano da Rocha, Francisco Otaviano, José do Patrocínio e Ferreira de Menezes; os escritores Lima Barreto, Maria Firmina dos Reis, Machado de Assis; os poetas Gonçalves Dias, Pedro Kilkerry e Cruz e Souza; atores e atrizes como Francisco Vasques, Benjamim de Oliveira, Eduardo das Neves e Rosa Negra; cientistas e humanistas como Juliano Moreira; políticos como Nilo Peçanha, Rodrigues Alves, barão de Cotegipe, general Glicério, Monteiro Lopes etc. Inclui-se neste rol de notáveis, muito significativamente, o célebre jornalista Irineu Marinho, cuja afrodescendência é mencionada na biografia de seu filho Roberto Marinho, publicada pelo também jornalista Pedro Bial, em 2004.

UMA QUESTÃO DE ESTADO

Apesar de todos esses eloquentes exemplos, a face exposta da participação dos afrodescendentes na construção e no desenvolvimento da cultura nacional, no geral, foi depreciada, segregada nas rubricas de folclore, folguedos e entretenimento dos estudos etnográficos; ou omitida, por conveniência ou desconhecimento da ancestralidade de muitos personagens ilustres.

Deste modo, ainda no século XX, em boa parte das publicações disponíveis, a condição de "negro" definia, no Brasil, mais uma categoria social do que uma afirmação de identidade. Os "grandes homens", nessas publicações, quando afrodescendentes e pobres, eram mencionados apenas como "nascidos em lar humilde", e não em sua real dimensão étnico-racial. Em paralelo, a mitificação da mestiçagem brasileira mascarou, ao longo dos anos, a verdadeira face de muitos desses grandes homens, mencionados como "mestiços geniais", quando sua aparência física denunciava eloquentemente a predominância de sangue africano em sua composição biológica.

Na atualidade, embora rechaçada pelo pensamento conservador contemporâneo, a determinação numérica da presença de descendentes de africanos na população brasileira tem a urgência de uma questão de Estado. Na luta por melhores condições sociais, numa sociedade em que comprovadamente os pretos e afromestiços são sempre maioria nas camadas mais baixas e sem oportunidades de ascensão, é plenamente justificável a afirmação da identidade dos descendentes de africanos. Da mesma forma que se justifica a existência dos milhares de associações étnicas nacionais que aglutinam, de forma legítima, milhares de imigrantes e descendentes, de origem europeia e asiática, por todas as grandes cidades brasileiras.

Vale notar que em 1988 a Constituição Brasileira criava um dispositivo de proteção às manifestações da cultura afro-brasileira e definia como patrimônio cultural nacional os bens, materiais e imateriais, referenciais desta cultura, inclusive tombando, por exemplo, os "detentores de reminiscências históricas dos antigos quilombos". Na sequência, principalmente após a Conferência Mundial contra o

Racismo, Discriminação Racial, Xenofobia e Intolerância Correlata, realizada na África do Sul em 2001, o combate ao racismo na sociedade brasileira, reconhecido pelo presidente Fernando Henrique Cardoso em 1995, inspirou a criação, no Direito brasileiro, de leis como o "Estatuto da Igualdade Racial".

Trata-se da Lei n.º 12.288, de 20 de julho de 2010, destinada a "garantir à população negra a efetivação da igualdade de oportunidades, a defesa dos direitos étnicos individuais, coletivos e difusos e o combate à discriminação e às demais formas de intolerância étnica".

Entretanto, em vigor há duas décadas, este instrumento ainda vem sendo ignorado e ameaçado, sobretudo no momento de escrita deste texto, quando a conjuntura nacional é assustadoramente desfavorável a qualquer iniciativa no sentido de seu pleno cumprimento. Inclusive no que diz respeito ao objeto deste livro.

O EXEMPLO, DE CIMA

Em 1967 era publicado nos Estados Unidos o livro *The Negro Almanac*, espécie de "catálogo de vencedores", repertoriando trajetórias de sucesso de afro-americanos em diversos ramos de atividade no país. Quase três décadas depois chegava às livrarias *African America: Portrait of a People*, do escritor Kenneth Estell. Nesta obra, num volume de quase oitocentas páginas, o autor condensa uma enorme profusão de informações e sentimentos, criando um valioso painel destinado a ilustrar e desmitificar a comovente história dos negros na mais poderosa nação das Américas. Com esforço, técnica e paixão, Estell conecta essa história às realizações dos negros estadunidenses nos tempos atuais.

Para nós, do ponto de vista psicológico, dar visibilidade às realizações da inteligência e do talento dos afrodescendentes no Brasil é um reforço à autoestima de toda uma enorme população. Daí, o presente texto, que vai expor qualitativamente essas realizações, a partir de exemplos históricos e contemporâneos.

Uma das estratégias para tornar visível a participação da matriz africana na formação da sociedade brasileira e na civilização universal — embora utilizemos, ocasionalmente, em favor do melhor entendimento, as denominações "preto", "mulato", "afromestiço" etc. — é a afirmação de que Negro é, na Diáspora, todo descendente de negro-africanos, em qualquer grau de mestiçagem, desde que essa origem possa ser identificada historicamente e, no caso de personalidades contemporâneas vivas, seja reconhecida pelo indivíduo retratado. Ou, como aprofundou Wilson Honório da Silva, em *O mito da democracia racial*, de 2016, por todo aquele que tenha "uma relação de pertencimento e ancestralidade com a África" e a percepção de que sua vida foi marcada pela opressão escravista.

Este livro, então, é verdadeiramente despretensioso. Seu objetivo é contribuir para que a população afro-brasileira, na qual se inclui o autor desta obra, desenvolva de forma plena sua consciência, no caminho do conhecimento e da compreensão de sua identidade étnico-racial. E isso para que conheçamos adequadamente nossa realidade passada e presente, pois só assim reconquistaremos a identidade perdida por nossos ancestrais históricos na inenarrável travessia do Atlântico. E não só a identidade como também nossa autoestima coletiva.

Do ponto de vista numérico, as histórias de vida contidas neste livro nem de leve dão conta do quantos são, entre nós, os referenciais, exemplares e reluzentes. Pois a cada dia emergem em nosso meio mais Abdias, Dulces, Ivones, Flávias, Flávios, Marcelos, Paulos...

Difícil, portanto, incluir todos. Mas, para tanto, basta iluminar e fazer reluzir, ainda mais, o brilho intrínseco de cada um.

Nei Lopes, maio, 2019.

ABDIAS NASCIMENTO

UM GUERREIRO COM NOME DE PROFETA

Em 1997, em Nova York, durante a 52.ª Assembleia Geral das Nações Unidas, um negro brasileiro de 83 anos de idade criticava com vigor o fato de a delegação nacional, totalmente composta por pessoas de aparência "branca", fazer declarações "hipócritas" sobre a questão étnico-racial no Brasil. Duas décadas antes, em Lagos, antiga capital nigeriana, esse mesmo senhor — ator, dramaturgo, poeta e artista visual — fizera denúncia semelhante, com mais vigor ainda. Na ocasião, manobras orquestradas pela representação oficial do governo brasileiro tentaram impedir sua fala em nome da comunidade afro-brasileira durante o II Festival Mundial das Artes e Culturas Negras e Africanas, FESTAC. Dois anos depois do episódio nova-iorquino, o "inflamado agitador", como foi visto então, era focalizado em um alentado verbete da monumental *Africana: The Encyclopedia of the African and African American Experience*.

Lançado nos Estados Unidos, o livro, organizado por Kwame Anthony Appiah e Henry Louis Gates Jr., com uma equipe de centenas de colaboradores da área acadêmica, contém longos e bem fundamentados artigos, distribuídos por 2.093 páginas, em sua primeira edição, depois substituída por outra em vários volumes.

Sem dúvida a maior obra já publicada sobre a África, suas civilizações, a Diáspora de seus filhos escravizados e seu grande impacto na cultura mundial, a *Africana* foi um sonho acalentado durante anos pelo respeitado intelectual afro-americano W.E.B. Du Bois. Ela nasceu principalmente da carência de uma obra de cunho enciclopédico na qual se enfatizasse a origem africana de importantes instituições, realizações, eventos e personalidades em todo o mundo. Nas publicações disponíveis até então, a africanidade parecia ter apenas interesse etnográfico, nelas raramente figurando heróis, sábios, grandes homens realçados em sua circunstância étnica. Inclusive, no Brasil, para publicações desse tipo, em geral, o vocábulo "negro" define mais uma categoria social, já que os "grandes homens", quando afrodescendentes, são apenas "nascidos em lar humilde" e quase nunca efetivamente "negros".

Foi, então, seguramente para reparar essa grave omissão que o sonho de Du Bois se concretizou na elegante *Africana*. E lá na página 1.385 do volume impecavelmente impresso em papel couché está a entrada: "NASCIMENTO, Abdias (...) *Afro-brazilian playwright, poet, educator, artist, and political activist; one of the leading figures of Brazil's black movement.*" E segue-se o verbete, ilustrado por uma bela foto colorida do venerando brasileiro.

Nascido em Franca, no interior paulista, numa família operária, em março de 1914, Abdias (nome bíblico, de um profeta anterior a Cristo), foi sucessivamente entregador, servente de laboratório farmacêutico e faxineiro num consultório médico, atividade que acumulou com a de estudante de contabilidade num curso noturno. Até que, na década de 1930, se transfere para São Paulo e, depois, para o Rio de Janeiro.

A vida intelectual e artística na antiga capital federal fascina o jovem interiorano. A cidade fervilha, em especial no Centro, numa área nítida e simbolicamente demarcada pelos prédios da Biblioteca Nacional, da Associação Brasileira de Imprensa (ABI), do Theatro Municipal, da Câmara dos Vereadores e do antigo Senado. É ali, naquele ambiente efervescente de ideias, que, em 1944, levado pela constatação de que "num país de negros, o negro não podia representar papéis principais, mesmo quando os personagens desses papéis fossem especificamente negros", Abdias funda, dirige e atua no Teatro Experimental do Negro, (TEN).

Muito mais que uma simples companhia de teatro, o TEN foi uma das primeiras experiências de conscientização e luta pela cidadania dos descendentes de africanos no Brasil. Tendo a prática teatral como alavanca, o movimento religava os elos de uma corrente quebrada com a dissolução da Frente Negra Brasileira, alguns anos antes. A partir dessa primeira e decisiva experiência, Abdias organiza encontros nacionais para discutir a questão negra; funda e dirige o jornal *Quilombo* e o Museu de Arte Negra, este não um mero acervo físico de obras, mas um núcleo irradiador de conhecimento voltado para a estética afro-brasileira.

No exílio, nos anos 1970, fez-se professor na Universidade do Estado de Nova York em Buffalo, onde fundou a cadeira de cultura africana no novo mundo, tendo sido, ainda, professor visitante na Universidade de Yale e no departamento de línguas e literaturas da Universidade de Ifé, na Nigéria. A partir dessa década, tornou-se presença constante em congressos e fóruns de debates antirracistas nos Estados Unidos, na África e no Caribe, constituindo-se na primeira voz brasileira a ecoar no cenário do pan-africanismo.

Em 1982 coordenou e presidiu, na PUC-SP, o 3.º Congresso de Cultura Negra das Américas; em 1983 elegeu-se deputado federal; e a partir de 1991 assumiu, seguidamente, o Senado, na condição de suplente de Darcy Ribeiro, e os cargos de secretário de Estado de Defesa e Promoção das Populações Afro-Brasileiras e de Cidadania e Direitos Humanos, ambos no Governo do Estado do Rio de Janeiro.

Além de ter sido, durante muito tempo, a mais longeva liderança negra em atividade no Brasil, o pan-africanista Abdias Nascimento foi também, como verbetizou a enciclopédia *Africana*, ator, autor teatral, poeta e artista plástico. Guerreiro com nome de profeta, sua trajetória foi escrita com a lança e a pena da mais absoluta coerência. Coerência de quase 100 anos absolutamente bem vividos, dentro dos quais mais de setenta dedicados à luta pela afirmação, no Brasil e no mundo, do ser humano negro em todas as dimensões.

Na outra dimensão da existência, a essência de Abdias foi certamente se unir às dos mais notáveis lutadores por liberdade, igualdade e fraternidade entre os humanos, em todos os tempos. Mas não espantaria saber-se que, ao chegar lá, no outro Plano, o "inflamado agitador" — como foi visto por aqui — tivesse "bronqueado" contra a falta de afro-brasileiros, acaso por ele observada, no Reino da Bem-aventurança.

CONCEIÇÃO EVARISTO

BECOS DE MUITAS MEMÓRIAS

> *Há tempos e tempos, quando os negros ganhavam aquelas terras, pensaram que estivessem ganhando a verdadeira alforria. Engano. Em muito pouca coisa a situação de antes diferia da do momento. As terras tinham sido ofertas dos antigos donos, que alegavam ser presente de libertação. E, como tal, podiam ficar por ali, levantar moradias e plantar seus sustentos. Uma condição havia, entretanto: a de que continuassem todos a trabalhar nas terras do Coronel Vicêncio.*
>
> Conceição Evaristo, *Ponciá Vicêncio*

Maria da Conceição Evaristo de Brito nasceu em uma comunidade da Zona Sul de Belo Horizonte, capital do estado de Minas Gerais, em 29 de novembro de 1946. Filha de Joana Josefina Evaristo Vitorino e Aníbal Vitorino, segunda de uma prole de nove irmãos, viveu a infância em condições bastante difíceis. A melhora, embora pouca, veio com a mudança da família, já sem a presença do pai, para outro lugar. Mesmo assim, teve que conciliar os estudos com o trabalho de empregada doméstica até concluir o curso normal, em 1971, já aos 25 anos de idade. Como professora da rede pública, suas atividades docentes sempre incluíram conteúdos referentes à questão étnico-racial.

Funcionária da Secretaria Municipal de Cultura do Rio de Janeiro, trabalhou na Divisão de Cultura Afro-Brasileira. Foi também pesquisadora do Centro de Memória e Documentação da Cultura Afro-Brasileira, mais referido como "Centro Cultural José Bonifácio". Esse órgão da Prefeitura da cidade do Rio de Janeiro está instalado na Gamboa, nas dependências do antigo Colégio José Bonifácio, na zona portuária, próximo aos sítios históricos do Valongo e da Pedra do Sal. Criado em 1983 com o objetivo de preservar e divulgar a memória do povo negro no Brasil, cada uma de suas dependências, remodeladas, recebeu o nome de uma figura expressiva da cultura afro-brasileira em 1995: Cinevídeo Grande Otelo, Galeria de Arte Heitor dos Prazeres, Sala de Dança Mercedes Baptista, Sala de Teatro Aguinaldo Camargo, Restaurante Tia Ciata, Núcleo Solano Trindade, Sala Bispo do Rosário etc.

O prazer e o hábito de ouvir e contar histórias, Conceição adquiriu com uma tia, Maria Filomena, e também com a própria mãe. Nesse caminho, tendo iniciado seu ativismo em relação às questões sociais no movimento operário, Conceição acabou chegando à literatura. E chegou pela participação, entre 1987 e 1988, no Coletivo de Escritores Negros do Rio de Janeiro.

Nessa altura já residia na antiga capital federal, e logrou aprovação em um concurso público para o magistério, ao mesmo tempo que cursava letras na Universidade Federal do Rio de Janeiro, onde mais tarde se tornou a primeira pessoa de sua família a conquistar um diploma de curso superior.

Na década de 1980, iniciou contatos com o grupo Quilombhoje, de São Paulo, que reúne escritores afrodescendentes militantes da causa negra. Dez anos depois estreava na literatura, com obras na série *Cadernos Negros*, publicada por essa entidade.

Sem descurar de sua formação acadêmica, e já com o nome literário "Conceição Evaristo", a escritora tornou-se mestra em literatura brasileira pela PUC-Rio, depois doutora em literatura comparada pela Universidade Federal Fluminense, e atualmente é professora visitante na Universidade Federal de Minas Gerais. A partir de 2003, com o romance *Ponciá Vicêncio*, começou a se tornar efetivamente conhecida e admirada.

Suas obras — em especial esse primeiro romance, traduzido para o inglês e publicado nos Estados Unidos em 2007 — abordam antes de tudo temas como a discriminação racial, de gênero e de classe.

Militante do movimento negro, com grande participação e atividade em eventos relacionados à militância política social, em 2017 foi tema de uma "ocupação" artística feita nas dependências do instituto Itaú Cultural em São Paulo. E, no ano seguinte, em 18 de junho, oficializou sua candidatura à Academia Brasileira de Letras, entregando a carta de autoapresentação para concorrer à cadeira de número 7, originalmente ocupada por Castro Alves. Segundo o Portal da Literatura Afro-Brasileira, a autora escreveu na carta: "Assinalo o meu desejo e minha disposição de diálogo e espero por essa oportunidade." A eleição ocorreu em 30 de agosto, e Conceição recebeu apenas um voto.

Conceição Evaristo publicou pela Editora Malê, em 2016, seu livro de contos inéditos *História de leves enganos e parecenças*, e, em seguida, a editora recolocou no mercado as edições de *Insubmissas lágrimas de mulheres* (contos) e *Poemas da recordação e outros movimentos*. Além das obras individuais, Conceição ainda abrilhantou as coletâneas, também da Malê, *Olhos de azeviche: dez escritoras que estão renovando a literatura brasileira* e *Do Índico e do Atlântico: contos brasileiros e moçambicanos*. Em 2019, a 61.ª edição do Jabuti, tradicional prêmio literário do país, homenageará a escritora, que receberá o prêmio de Personalidade Literária pelo conjunto de sua obra.

Com um vasto cartel de obras fundamentais sobre a afro-brasilidade, publicadas no Brasil e no exterior, Conceição Evaristo é, sem favor algum, uma das mais exemplares personalidades nacionais.

MOACIR SANTOS

BENDITA OBSESSÃO

Só mesmo o Destino, com os vários nomes que tem, para transformar um negrinho do interior de Pernambuco, nascido menos de quatro décadas após a abolição da escravatura e órfão aos 3 anos de idade, em um dos músicos brasileiros mais reconhecidos, nacional e internacionalmente, em todos os tempos. Um menino que aos 14 anos nem sabia ao certo sua idade nem a grafia de seu nome. E que, impulsionado por uma força estranha, veio vindo, do sertão onde nasceu para o Recife, do Recife para João Pessoa, de João Pessoa para o Rio de Janeiro, do Rio de Janeiro para Los Angeles; e de Los Angeles para o mundo.

Maestro, arranjador, compositor e saxofonista, Moacir José dos Santos nasceu em Pernambuco, em julho de 1926. Aos 4 anos de idade o menino era entregue aos cuidados de uma família remediada, que lhe propiciou instrução ginasial e musical. Aos 14 anos, já dominando vários instrumentos de banda, além de banjo, violão e bandolim, fugiu de casa em busca de novos horizontes. E depois de passar por Serrania, Arcoverde e outros lugarejos, chegou à capital de seu estado.

Em 1942 mudou-se para o Crato, no Ceará, de onde foi para Timbaúba e depois retornou para o Recife, para tornar-se, num tempo em que a influência americana começava a entrar de rijo no Brasil, o "saxofonista negro", como era anunciado pelos radialistas Antônio Maria e José Renato.

Após esse período na Rádio Clube de Pernambuco, o jovem músico se mudou para João Pessoa, onde chegou ao posto de sargento-músico da Polícia Militar. Na PRI-4, Rádio Tabajara, foi chamado a integrar o conjunto que substituiria a legendária orquestra de Severino Araújo, que estava de mudança para o Rio, onde brilha até hoje, e para onde Moacir também acabou vindo, em 1948.

Ingressando na Rádio Nacional como saxofonista, o artista frequenta também a grande escola dos bailes, cumprindo o trajeto "banda de música-baile-rádio", feito pela esmagadora maioria dos instrumentistas da música popular de sua época. Mas, ao contrário de muitos dos seus pares, Moacir nunca descurou dos estudos. Assim, formou-se em regência, estudou com mestres como Cláudio Santoro, Guerra-Peixe, H.J. Koellreutter, de quem mais tarde seria assistente, e Ernst Krenek, com quem navegou pelos mares do dodecafonismo — sistema de organização de alturas musicais criado pelo compositor Arnold Schoenberg na década de 1920. E tudo isso ao mesmo tempo que trabalhava duro, em teatro de revista, como diretor musical de gravadoras e como funcionário da maior emissora de rádio de então.

Na Rádio Nacional, em 1951, Moacir Santos foi promovido a arranjador e regente, ao lado de nomes já então consagrados, como Radamés Gnattali, Léo Peracchi, Lyrio Panicali etc. E o reconhecimento de seu trabalho veio, efetivamente, na década seguinte, quando, no fim de 1960, foi eleito por seus colegas da Rádio como "o músico do ano". Naquela oportunidade, no aplaudido programa *Gente que Brilha*, o produtor e apresentador Paulo Roberto a ele se referia como "modesto menino pobre do estado de Pernambuco que, com esforço, dedicação e talento, tornou-se um dos mais brilhantes maestros da grande equipe de músicos da Rádio Nacional".

Paralelamente ao trabalho radiofônico, o maestro compunha trilhas sonoras para filmes como *Seara vermelha*, *Ganga zumba*, *Os fuzis* e *O beijo*, representantes do chamado Cinema Novo brasileiro. E, depois de aperfeiçoar-se com os mestres, passava a transmitir seus conhecimentos a músicos virtuosos como o violonista Baden Powell, o saxofonista Paulo Moura, os pianistas Sergio Mendes e João Donato, o trombonista Raul de Souza, o baterista Dom Um Romão, o guitarrista Bola Sete, entre muitos outros. Os então jovens músicos da bossa nova o reconheciam como uma espécie de patrono. Mas, para Moacir Santos, seu trabalho mais importante feito no Brasil foi a trilha sonora do filme *Amor no Pacífico* (*Love in the Pacific*), em cuja gravação teve a seu dispor uma grande orquestra composta por 65 excelentes músicos. E foi esse trabalho que lhe abriu o mercado internacional, determinando sua transferência para os Estados Unidos em 1967. Nesse país, gravou discos como solista de saxofone, um deles, o álbum *Maestro*, de 1971, indicado ao Grammy. Além disso, deu aulas e compôs trilhas para cinema, nas equipes de Henry Mancini e Lalo Schifrin. E assim construiu uma sólida reputação como compositor, arranjador e docente (foi membro da Associação de Professores de Música da Califórnia).

A partir de 1985, quando foi homenageado no 1.º Free Jazz Festival, o maestro visitou algumas vezes o Brasil, onde recebeu diversos tributos. Em 2001, os músicos e produtores Zé Nogueira e Mario Adnet regravaram parte de sua obra no CD duplo *Ouro Negro*, com participações de Milton Nascimento, João Bosco, Ed Motta, Gilberto Gil e Djavan, em letras especialmente compostas por Nei Lopes. Adnet e Nogueira também são responsáveis pelo relançamento em CD de *Coisas* (2004) e pela gravação de *Choros e alegrias* (2005), com músicas inéditas do compositor, além de três *songbooks*. Em 2006, Muiza Adnet grava *As canções de Moacir Santos*, com vocal do compositor em algumas faixas.

Segundo a crítica mais abalizada, Moacir Santos, falecido em Los Angeles, no dia 6 de agosto de 2006, produziu, nas décadas de 1960 e 1970, a música popular mais sofisticada e ao mesmo tempo mais enraizada nas tradições afro-brasileiras. E essa impressionante trajetória, do músico e do ser humano, desmente um vaticínio e confirma uma assertiva.

O vaticínio felizmente desmentido veio de alguém que lhe disse, aos 9 anos de idade, que "quem toca de ouvido nunca vai aprender a tocar música". E a afirmação é do poeta haitiano Jacques Stephen Alexis, que um dia disse: "A África não deixa em paz o negro, de qualquer país que seja, qualquer que seja o lugar de onde venha e para onde vá."

Bendita obsessão.

CARTOLA

FINDA A TEMPESTADE, O SOL RENASCEU

Numa certa noite, em 1935, o musicólogo Brasílio Itiberê visitou o morro da Mangueira. E foi recebido, na ponte sobre a linha férrea, por um grupo de ritmistas e pastoras da escola de samba Estação Primeira. Feitas as apresentações, a comitiva subiu em cortejo. E, como era de praxe, ao som do coro e da bateria; tendo à frente o baliza e a porta-estandarte; e sob o comando do apito do mestre de harmonia. Profundamente impressionado por essa visita, Itiberê fez sobre ela um relato minucioso, no qual fala de seu encantamento com um samba em especial, "Tragédia": "Prestai bem atenção que este é um samba do Cartola!", escreveu em seu *Mangueira, Montmartre e outras favelas*. "Não ouvireis tão cedo um canto assim tão puro, nem linha melódica tão larga e ondulante. Atentai como é bela, e como oscila e boia, sem pousar, entre a marcação dos 'surdos' e a trama cerrada dos tamborins", desmanchou-se.

Talvez em busca de um bom "gancho", em 2008, algumas pautas jornalísticas tentaram associar o centenário da morte de Machado de Assis ao de nascimento do compositor Cartola. Chegou-se até a especular se Cartola teria sido o "Machado de Assis do samba". Bobagem! Afinidades entre os dois, se as houve, foram, obviamente, as de origem étnica, além daquelas devidas ao grande talento de ambos, cada um em seu lugar. Porque, até na propalada vivência no "morro", Machado e Cartola foram muito diferentes.

O menino Joaquim Maria foi criado no morro do Livramento, na época ainda um conjunto de chácaras, e não um amontoado de casebres, como seria regra geral depois no Rio. Já Cartola, nascido Agenor de Oliveira, no dia 11 de outubro de 1908, no bairro do Catete, portal da Zona Sul, passou boa parte da infância na rua das Laranjeiras, então já servida por bondes elétricos, vizinho de insignes figuras, hoje com seus nomes sonoros em placas de ruas.

O compositor fascinante, que encantou o musicólogo Itiberê, já estava desde 1920 na Mangueira, então uma favela incipiente. Morrera-lhe o avô, sustentáculo da família, e a vida teve de mudar. Mas a semente de uma instrução pública rigorosa, como era a daqueles tempos, plantada em terreno fértil, frutificou. E como! Era 1935. E o compositor já tinha alguns belos sambas gravados por artistas famosos, como Francisco Alves, Carmem Miranda e Silvio Caldas. Só que, de repente, "tudo acabado, o baile encerrado" — como diz um de seus sambas.

É que em 1928, por força de lei, os compositores musicais foram equiparados, em termos de direitos autorais, aos autores de teatro. Abria-se, então, um novo campo profissional, num setor ainda inexplorado. E a turma da música teve que se abrigar sob as asas da Sociedade Brasileira de Autores Teatrais (SBAT), que, por seu perfil aristocrático, não os viu com bons olhos.

Logo, logo, instaurou-se o conflito: de um lado, a SBAT; do outro, os compositores populares. Sim, populares (alunos, à distância, dos fundadores do samba), mas de paletó e gravata e até "anel no dedo".

Os quais, assim, e, dizem, com dinheiro vindo de fora, organizaram-se em associação, para protagonizar os primeiros momentos da história dos direitos autorais musicais no Brasil. Enquanto isso, de longe, na calçada do outro lado da rua, olhando o burburinho do Café Nice, os pretinhos do samba não entendiam bem o que se passava.

Frustrados em sua expectativa de ascensão social por meio de sua arte, os sambistas continuaram em seus biscates e "virações", ocasionalmente de cunho artístico. E Cartola, mesmo admirado por Villa-Lobos e elogiado até pelo célebre maestro inglês Leopold Stokowski — que o ouviu no Rio em 1940 —, não foi exceção.

Por outro lado, em 1945, as rixentas sociedades autorais celebravam um armistício. No acordo, a SBAT ficava com os direitos de teatro, que até bem pouco tempo ainda eram chamados "grandes direitos", e os compositores "populares" ficavam com os "pequenos". E assim o pessoal do Estácio, do Salgueiro, da Mangueira, de Oswaldo Cruz foi mesmo saindo de cena. Cartola, pobre e doente, foi junto, no mesmo momento em que se consagrava a categorização "samba de morro", distinta dos sambas feitos pelos compositores efetivamente "do rádio".

Mas o destino, sábio, fez com que as escolas de samba crescessem em importância — e, com elas, Cartola se consolidasse como um verdadeiro mito. E isso aconteceu apesar de, em 1951, ele ter passado o bastão da harmonia mangueirense ao ex-portelense Olivério Ferreira, o famoso Xangô da Mangueira — até porque a "harmonia", no sentido técnico de conjunto de regras da tonalidade, ou de sons relacionados, não cabia mais nas escolas, as quais, já aí, sustentavam-se apenas na percussão.

Nos anos 1950 e 1960, então, Cartola, depois de comer o pão que o diabo amassou e ser dado como morto e acabado, veio vindo de novo à superfície. Primeiro, escorado aqui e ali, com um emprego subalterno em um ministério, conseguido por um político amigo; também com a abertura do restaurante e casa de shows Zicartola, com o capital de amigos bancando a aventura por eles mesmos inventada. Depois, com as gravações de "O sol nascerá", por Elis Regina, em 1964, e "Alvorada", por Clara Nunes, em 1972 — e das regravações de grandes sambas compostos no passado —, além do infalível e admirável companheirismo de dona Zica, mulher pra toda obra... Até que veio o êxito.

Entre 1974 e 1979, com "As rosas não falam", "O mundo é um moinho" e "Peito vazio", entre outras composições, com ou sem parceiros, Cartola, com dois LPs gravados em sua própria voz, chegou onde sempre deveria estar. Mas a "indesejada" logo cobrou seu tributo. E a 30 de novembro de 1980 o levou.

Cartola, como se diz por aí, "tinha tudo pra dar errado". Mas não deu. A ponto de, em 2008, tentarem compará-lo a Machado de Assis, o que, para mim, repito, é uma bobagem.

Machado de Assis — que muitos ainda insistem em não ver como um afrodescendente — é a reluzente imortalidade acadêmica. Cartola, negro, favelado, compositor popular, sambista e, apesar de tudo, um mito, é símbolo de resistência. Brilhante, também.

ALZIRA RUFINO

RESISTÊNCIA FEMINEGRA

> *Estudos oficiais de órgãos como o IBGE, IPEA, PNAD e OIT explicam que os maiores contingentes de mulheres negras estão distribuídos em duas categorias: no trabalho informal e no trabalho doméstico. O emprego doméstico no Brasil [...] pode ser visualizado como um indicador para demonstrar o nível de segregação vertical e horizontal no que diz respeito à desigualdade de gênero e de raça no mundo do trabalho.*
> Maria Conceição Lopes Fontoura

Alzira dos Santos Rufino nasceu em 6 de julho de 1949, na cidade portuária de Santos, litoral de São Paulo. Nascida em família pobre, numa casa de cômodos no bairro operário de Macuco, ela chegou a ouvir de seus amigos na escola que, se quisesse ficar branca como eles, deveria tomar banho de cândida (água sanitária). Em vez disso, enraizou-se em sua própria identidade e assumiu, desde muito cedo, um protagonismo que nenhum de seus colegas brancos conseguiu, colecionando prêmios literários no colégio e tornando-se uma das maiores autoridades brasileiras na luta contra a desigualdade racial.

Em um de seus poemas mais famosos e contundentes, "Resisto", fez questão de reforçar sua negritude, em um firme contraponto à crueldade de uma sociedade doente, na qual crianças negras são obrigadas a ouvir atrocidades como o tal banho de cândida: "De onde vem este medo? Sou/ sem mistérios existo/ Busco gestos de parecer/ Atando os feitos que me contam/ Grito de onde vem esta vergonha sobre mim?/ Eu, mulher negra, resisto."

Ainda na primeira infância, viu sua mãe sofrer violência doméstica e passou, ela mesma, por diversas situações de medo e insegurança. Aos 7 anos, incentivada por uma professora, passou a escrever um diário no qual poderia expressar seus sentimentos. Aquela pequena atitude foi um divisor de águas na vida de Alzira. Ali descobriu sua paixão pelas palavras, e nunca mais deixou de escrever.

Apesar da infância pobre — aos 9 anos ajudava o irmão a vender sacos vazios de cimento para reforçar o orçamento doméstico e fez faxina durante a adolescência —, Alzira nunca negligenciou os estudos. Sua mãe, que trabalhava como catadora de café, mantinha firme o propósito de dar educação formal aos filhos.

Aos 17 anos, trabalhava como auxiliar de cozinha em um restaurante e descobriu naquele ambiente uma vocação: queria ser enfermeira. Tanto que, dois anos depois, ingressou no curso de enfermagem e atuou durante anos na área de saúde. Foi justamente nessa época que a questão do feminismo passou a fazer parte de sua vida. Todos os dias precisava lidar com mulheres que chegavam ao hospital violentadas, machucadas, às vezes à beira da morte; todas vítimas de agressões praticadas por homens — a maior parte dentro da própria casa.

A compreensão de que algo precisava ser feito para mudar a realidade dessas mulheres levou Alzira a, no fim dos anos 1970, se envolver com diferentes frentes de movimentos políticos e sociais. Foi, por exemplo, uma das fundadoras do diretório santista do Partido dos Trabalhadores. No início dos anos 1980, passou a frequentar eventos do movimento feminino negro. Em março de 1985, organizou a Primeira Semana da Mulher da Região da Baixada Santista. A experiência bem-sucedida a levou a fundar, em 21 de março do ano seguinte, o Coletivo de Mulheres Negras, um dos mais antigos grupos do país a atuar em prol da emancipação da mulher negra na sociedade brasileira.

Como nunca parou de escrever, decidiu que era hora de publicar seus textos. Em 1987, reuniu dezenas de poesias em um livro intitulado *Eu, mulher negra, resisto* e partiu em busca de uma editora. Foi recusada por todas. Decidiu, então, bancar a publicação ela própria, lançando-a, finalmente, em 1988. Seu livro chamou atenção dos organizadores da III Feira Internacional do Livro Feminista, e Alzira foi convidada a participar do evento, no Canadá, como palestrante.

Dois anos depois, fundou a Casa de Cultura da Mulher Negra, uma ONG sem vínculos partidários ou religiosos, com o propósito de contribuir para o desenvolvimento profissional das mulheres negras, baseando-se em valores afrocentrados. Na organização, criou também um serviço de apoio jurídico e psicológico, voltado para vítimas de violência doméstica, sexual e de racismo.

Em 1991, foi eleita Mulher do Ano pelo Conselho Nacional da Mulher Brasileira. Em 1995, tornou-se coordenadora da Rede Feminista Latino-Americana e do Caribe contra a Violência Doméstica, Sexual e Racial, na sub-região Brasil, função que exerceu até 1998.

Sendo uma das responsáveis pela criação da Casa-Abrigo de Santos e de leis contra a violência e o racismo, sua atuação acabou por influenciar a instalação, em diversos municípios brasileiros, de serviços voltados para mulheres, com foco no aspecto da cultura, atendimento jurídico, psicológico e geração de trabalho e renda.

Para explicar seu papel na luta pelo feminismo negro, costuma usar a expressão "feminegra" para se autodesignar.

Adepta da tradição brasileira de culto aos orixás jeje-iorubanos, Alzira Rufino se fortalece com as forças de Onira (qualidade de Iansã, dona dos raios, relacionada à meiguice de Oxum) e Ogum, divindade do ferro, das ferramentas e da tecnologia. Impulsionada por essas vibrações, estendeu suas ações à educação artística, fundando o Coral Infantil Omó Oyá e o Grupo de Dança Afro Ajaína.

JOEL ZITO ARAÚJO

DESCONSTRUINDO A "CHANCHADA"

No princípio era a "chanchada", gênero cinematográfico popular de grande sucesso na década de 1950 e difundido principalmente a partir do Rio de Janeiro. Tendo como público-alvo as massas das grandes cidades, a produção do gênero contribuiu decisivamente para a fixação e a disseminação de estereótipos do negro — o "crioulo doido", a "mulata boa", o "crioulo malandro", o sambista etc. — em papéis em geral entregues a grandes atores, que raramente conseguiram mostrar suas reais possibilidades artísticas.

Em 1968, depois de Ruth de Souza ter brilhado no filme *Sinhá moça* (1953) e de Grande Otelo ter mostrado o seu talento e versatilidade, o Cinema Novo revelava Antônio Pitanga, Luiza Maranhão e outros. Mas só a partir de 1976, com Milton Gonçalves atuando na telenovela *Pecado capital*, da Rede Globo, num momento em que esse veículo já capitalizara todo o antigo potencial do teatro e do cinema, foi que se ofereceu ao consumo do grande público brasileiro o espetáculo de um ator negro de grande densidade dramática representando um personagem à altura do seu talento. Baseado nessa realidade, em 2000, o cineasta Joel Zito Araújo publicava livro denunciando a exclusão do ator negro na televisão brasileira.

Nascido em Nanuque, Minas Gerais, em 1954, Joel Zito é cineasta e escritor com carreira acadêmica respeitável, por força de sua condição de doutor em ciências da comunicação pela Universidade de São Paulo. Documentarista com toda a obra voltada para o combate à desigualdade sociorracial no Brasil, é autor de *A negação do Brasil: o negro na telenovela brasileira*, livro e documentário lançados em 2000, nos quais analisa e denuncia o pouco espaço dado aos atores negros na importante teledramaturgia nacional, o que caracteriza uma forma de segregação. Em 2004, depois de destacar-se como criador de mais de vinte documentários, teve seu longa de ficção *As filhas do vento* premiado em seis categorias no importante Festival de Gramado. O filme trata da história de duas irmãs cujas escolhas de vida levaram a uma separação durante décadas; poderia ser encenado por artistas de qualquer origem étnica, mas o cineasta escolheu um elenco totalmente composto por negros. A intenção estava longe de ser panfletária; pretendia apenas mostrar a trajetória de uma família brasileira, comentou o diretor na época, lembrando que metade da população do país é negra.

Ao tornar seu trabalho uma referência no combate à desigualdade, Joel Zito propositadamente inverte a representação da beleza e do próprio brasileiro comum por atores brancos, o que considera fruto da anormalidade das relações raciais no país. Adolescente, ele se deu conta da ausência de convites para frequentar a casa de amigos brancos. Uma namorada foi proibida pela família de continuar o relacionamento. Mais tarde, já sócio de uma produtora de vídeo, percebia o espanto de clientes ao conhecê-lo. Precisou adotar uma postura que inibisse qualquer demonstração de racismo em seus interlocutores. Uma postura que não discute preconceito, mas reflete sobre a realidade racial, um trabalho ficcional que apresentasse "uma história negra fora do estereótipo", ou seja, sem personagens que surgissem como coadjuvantes, em tramas paralelas ou aparições episódicas, em papéis de serviçais ou escravos.

Único de oito irmãos a completar curso universitário, Joel Zito formou-se em psicologia pela Fundação Mineira de Educação e Cultura (FUMEC) e fez mestrado em sociologia da educação na Universidade Federal de Minas Gerais. Exerceu a psicologia por cerca de um ano, mas participando de cineclubes nos anos 1980, despertou para a militância quando exibia filmes em bairros populares e trabalhava nos setores de educação e TV de entidades sindicais.

O roteiro do primeiro curta-metragem, *Memórias de classe* (1989), sobre negros no movimento operário paulista, foi premiado no Festival Ford/ANPOCS. Os curtas *Alma negra da cidade* (1990), *São Paulo abraça Mandela* (1991) e *Retrato em preto e branco* (1992) discutem o negro como agente ativo da cultura brasileira, além de questionarem o mito da democracia racial no país. Outro tema que se destaca em seus trabalhos é o protagonismo das mulheres negras, como no média-metragem *Almerinda, uma mulher de trinta* (1989), sobre Almerinda Farias Gama, advogada, jornalista e uma das primeiras negras na política do país.

Em 1999, sua tese de doutorado na Escola de Comunicação e Artes da Universidade de São Paulo analisa a representação negra em telenovelas entre 1963 e 1997. No ano seguinte, a tese é lançada em livro e serve de base para o documentário *A negação do Brasil*, com depoimentos sobre racismo e violência dos atores Milton Gonçalves, Ruth de Souza, Léa Garcia e Zezé Motta, entre outros.

Com pós-doutorado no departamento de rádio, TV e cinema e no departamento de antropologia da Universidade do Texas, nos Estados Unidos, Joel Zito continua fazendo de sua obra instrumento de luta contra a opressão. Em 2008, tratava da exploração sexual das mulheres pobres brasileiras que saem do país para tentar ganhar a vida na Europa e acabam vítimas da exploração sexual no documentário *Cinderelas, lobos e um príncipe encantado*. Em 2010, organizava o livro *O negro na TV pública*, lançado pela Fundação Cultural Palmares. Em 2012, lançou *Raça*, codirigido com a cineasta norte-americana Megan Mylan, que expõe a luta por políticas afirmativas. No longa *Meu amigo Fela*

(2019) conta a vida do músico nigeriano Fela Kuti. Ainda em aproximação com o continente africano, o diretor ajudou a criar um curso de pós-graduação em cinema no Mindelo, Cabo Verde. Também atuando em televisão, dirigiu o programa *Espelho*, apresentado pelo ator Lázaro Ramos e veiculado pelo Canal Brasil, da Globosat. Desconstruiu a chanchada e segue desconstruindo estereótipos.

ASFILÓFIO FILHO ("DON FILÓ")

ENGENHO, ARTE E MEMÓRIA

Na década de 1970, no auge da ditadura militar, eclodiu a partir da Zona Norte carioca o movimento sociocultural denominado "Black Rio". Surgindo no rastro dos movimentos de afirmação dos negros norte-americanos e a partir da onda do *soul music*, foi contestado como imitação colonizada. Depois, estruturou-se como aglutinador da juventude negra e serviu como base para a politização e a conscientização que se seguiram. Sua difusão foi amplificada por uma série de reportagens publicada no *Jornal do Brasil* em 1976, assinada pela jornalista afrodescendente Marlene Ferreira Frias, dita Lena Frias, falecida aos 61 anos, em 2004.

Asfilófio de Oliveira Filho, o "Don Filó", "Filó Filho" ou simplesmente "Filó", é produtor cultural e ativista do movimento negro. Criado em uma família da então rarefeita classe média negra carioca, viveu a infância e a adolescência no bairro do Jacaré, na região da antiga freguesia do Engenho Novo, cujo nome, no diminutivo, se estendeu ao da comunidade próxima, "Jacarezinho". Morando num lugar de acesso fácil a praticamente todas as partes da cidade, o filho do "Seu Filó" — por isto às vezes referido como Filó Filho — rodava por tudo quanto era lugar. Isso porque o pai, excelente vendedor, num tempo em que o nome "concessionária" não circulava como hoje, era dono de uma agência de automóveis. E quando o filho completou a maioridade tendo bom desempenho escolar, deu-lhe um carro, mas alertando que o agora adulto tinha de lutar para conseguir o próprio dinheiro. Foi o passaporte para a liberdade do garotão, carimbado com o atestado da confiança paterna. Aliás, desde os 14 anos "Filó Filho" já cuidava, com acerto, da contabilidade da agência.

O carro andava que andava. Da Zona Norte à Zona Sul e vice-versa, sempre buscando os melhores lugares frequentados pela boa juventude afrodescendente. E o combustível era pago com a renda dos perfumes e roupas da moda, importados, que Filó, também bom negociante, revendia. A década era a de 1970, e o turbilhão de ideias fervilhando na cabeça daquele idealista e empreendedor de vinte e poucos anos viu à sua frente um canal promissor, o Renascença Clube.

Agremiação fundada em 1951 no Méier e depois transferida para o Andaraí, na Zona Norte carioca, o "Rena", como é carinhosamente referido, nasceu para congregar a emergente classe média negra da época, tendo-se tornado conhecido em âmbito nacional pela participação em concursos de beleza feminina. Em 1964, sua representante Vera Lúcia Couto dos Santos foi eleita Miss Estado da Guanabara e participou de outro concurso, internacional, tendo sido a primeira afro-brasileira em certames desse tipo. Em 1972, Filó passou, junto com o amigo Haroldo de Oliveira, a integrar a diretoria do Rena.

Haroldo, ator e diretor teatral, falecido em 2003 com cerca de 60 anos de idade, vinha do cinema, onde estreou ainda criança no filme *Rio 40 graus*, de Nelson Pereira dos Santos. No início dos anos 1960, participou com afinco do Centro Popular de Cultura, o célebre CPC, da União Nacional dos Estudantes (UNE), ativo centro de produção do que na época se chamava de "cultura engajada", ou seja, atuante na direção política de um futuro melhor para o povo brasileiro. Os tempos já eram outros. Mas a dupla Filó e Haroldo se afinava em todos os pontos de vista. Os dois, apoiados por uma equipe de excelentes colaboradores, expandiram o âmbito da programação do clube, a qual teve como seu ponto mais alto a primeira remontagem teatral do clássico *Orfeu da Conceição*, com Zózimo Bulbul no papel-título. Mas a programação não deixou de incluir o samba nem o *soul music* dos *brothers* lá de cima.

Nessa altura, nosso herói já havia concluído o curso de engenharia, numa conquista até hoje considerada excepcional para um negro. A faculdade, particular, era de propriedade de uma família negra, cujo chefe, o professor José de Souza Marques, falecido em 1974, era pastor da Igreja Batista e político de orientação conservadora. Lá, entre os mais de quarenta alunos da turma de Asfilófio, só havia três negros além dele, todos militares. A figura do nosso estudante era considerada fora do padrão geral, e isso porque ele assumia sua identidade negra e agia em consonância com a estética e os ideais políticos e libertários daquele tempo. Por isso, nem um pouco enquadrado nos padrões da faculdade, no fim do curso ouviu da direção o ultimato: só faria os exames finais se mudasse de aparência. Ante a iminência do prejuízo, deu um passo atrás: diminuiu o volume do cabelo black power e passou a usar roupas convencionais. Assim, conseguiu fazer os exames e ser aprovado. Mas na formatura foi à forra: na entrega dos diplomas, no estádio do Maracanã, o formando vestiu a beca preta. Mas, por baixo dela, vestia um terno branco. E levava escondida uma cartola, branca também. Então, quando recebeu o diploma, o novo engenheiro pôs a cartola na cabeça, desabotoou a beca e ergueu o punho fechado, no conhecido gesto afirmativo do Poder Negro.

No Renascença Clube, emulando o som das boates da moda, onde percebia que em 70% das noites a programação era alimentada com música negra norte-americana mas os DJs eram sempre brancos, Filó criou com sua equipe uma atração batizada como "Noite do Shaft". O nome vinha do filme norte-americano do diretor Gordon

Parks, estrelado por Richard Roundtree, do gênero *blaxploitation* — neologismo conotando "exploração de negros", talvez depreciativo —, lançado em 1971. Filme de ação, tinha como personagem central o detetive Shaft, um negro alto, forte e muito bem-apessoado que enfrentava dois grupos de narcotraficantes adversários. A trilha sonora era de Isaac Hayes, músico negro notabilizado a partir do Festival de Woodstock, dois anos antes.

A Noite do Shaft virou moda, viajou para outros clubes e lugares, com tanto êxito que levou Filó a criar a Soul Grand Prix, uma das mais bem-sucedidas equipes de som da época. Rendeu também um disco na gravadora Warner, então dirigida por André Midani, que alcançou altos níveis de execução pública; e ainda inspirou a criação da Banda Black Rio, produzida por Don Filó (cognome agora adotado, a partir da forma de tratamento "Don" usada entre os blacks como demonstração de amizade e respeito). Mas o samba não ficou de fora.

A rapaziada do Rena tinha um grupo de samba, o Embalo Sete, que primeiro animou as programações do Cordão da Bola Preta e depois foi para o Rena. Nascia aí a primeira "roda de samba" — tipo de apresentação diferente das rodas tradicionais, com os cantores e músicos no palco e usando microfone — de grande frequência na década de 1970. Na do Renascença, chegaram a se apresentar artistas famosos como Martinho da Vila, Paulinho da Viola e Beth Carvalho. Sob a direção suave e discreta de Don Filó.

Em meados da década de 1980, nosso personagem, depois de viajar aos Estados Unidos e voltar com duas malas de equipamentos, entre os quais se incluía uma câmera de VHS, sistema doméstico de gravação em vídeo, e a cabeça cheia de projetos, já com vários cursos feitos e cursando o da Escola Superior de Propaganda e Marketing, resolveu tornar-se também *videomaker*. E pôs mãos à obra, filmando tudo o que lhe parecia significativo.

A atividade de *videomaker*, desenvolvida à frente da produtora Cor da Pele, criada em 1988 — ano de estreia na TV Rio do programa de variedades *Radial Filó*, voltado para a comunidade negra, do qual foi produtor e apresentador —, não sofreu interrupção. Nem mesmo na década seguinte, quando assumiu, com status de secretário de Estado, o cargo de presidente da Superintendência de Esportes do Estado do Rio de Janeiro (SUDERJ). A documentação de todas essas experiências rendeu à cultura brasileira um verdadeiro tesouro representado pelo enorme, variado e relevante volume de material gravado, que hoje constitui o CULTNE, Acervo Digital de Cultura Negra. Abrangendo a década de 1980 até a atualidade, nele, é possível rever um cardápio variadíssimo em produções plenas de verdade histórica e bom gosto, desde a visita de Bob Marley ao Brasil em 1970 e a de Nelson Mandela em 1991, até a de Michael Jackson, dirigido por Spike Lee na Bahia.

"Seu Filó" deu o carro e o filho fez seu caminho, com seriedade e responsabilidade, chegando longe, muito longe. E assim continua...

DIDI

O GÊNIO DA FOLHA-SECA

"Olhem bem para a África! Quando um rei negro for coroado, a libertação estará próxima!" Essa profecia, verbalizada pelo líder pan-africanista Marcus Garvey, realizou-se em novembro de 1930, quando o rás (príncipe) Tafari Makonnen foi conduzido ao trono da Etiópia sob o nome de Hailé Selassié. Ele descendia de Menelik, filho de Makeda, a rainha de Sabá, com o rei Salomão de Judá. Menelik era o guardião da Arca da Aliança, onde estão guardadas as duas placas de pedra contendo os dez mandamentos e que simbolizam o compromisso dos humanos com o Deus Supremo. A coroação do Rás Tafari foi potencializada pelo fato de a Etiópia — cuja história remonta, mesmo, aos tempos bíblicos — ser o único país africano jamais colonizado por qualquer potência europeia. Vem daí o mito do "príncipe etíope". Perfeito! Mas não como figurante de um "rancho carnavalesco".

Waldir Pereira, o "Didi", foi um jogador de futebol nascido em Campos dos Goytacazes, estado do Rio, em 1928, e falecido na capital fluminense, em 2001.

Aos 14 anos de idade, em sua cidade natal, o futuro craque machucou a perna em uma pelada e esteve sob ameaça de amputação durante algum tempo. Felizmente, a cura foi conseguida, e ele pôde ingressar na equipe do clube Americano, no qual encetou carreira profissional, e se celebrizou, na posição então referida como de "meia-armador", pelo futebol clássico, criativo e sobretudo elegante.

Em 1949, já profissionalmente encaminhado, e reconhecido como "bom de bola", o craque mudou-se para o antigo Distrito Federal, onde, depois de uma breve passagem pelo modesto Madureira Atlético Clube, ingressou no Fluminense. Nesse clube, conhecido como o "Tricolor das Laranjeiras", em alusão ao bairro da Zona Sul onde se erguem suas suntuosas instalações, o jogador permaneceu até 1956, quando se transferiu para o Botafogo.

Em 1957, no "Glorioso" — epíteto criado pela inspirada crônica do futebol carioca —, Didi consagrou a "folha-seca", um chute em que a bola sobe, desenha no ar uma curva sinuosa, quase sai, e então descai, entrando no ângulo do gol adversário. Meio-campista sempre virtuoso e cerebral, sagrou-se campeão e bicampeão mundial em 1958 e 1962, confirmando sua fama como um dos maiores estilistas do futebol brasileiro.

Após a Copa de 1958, o genial futebolista transferiu-se para o Real Madrid, permanecendo na Espanha até 1961. No ano seguinte, após a Copa do Mundo, foi atuar no Peru, onde, de 1966 a 1970, cumpriu brilhante trajetória como técnico, dirigindo inclusive a seleção nacional daquele país, para onde levou, segundo opiniões abalizadas, o estilo de futebol artístico, insinuante, malicioso, acrobático e muito bom de se ver, nascido no Brasil, sobretudo no âmbito da afrodescendência. Mas a história de Waldir Pereira — que depois do Peru ainda foi técnico na Turquia e na Arábia Saudita, e foi entronizado em 2000 no "Hall da Fama" da FIFA — pode ser contada também por outro enfoque.

Observe-se que, no Brasil dos anos 1950, ainda se publicavam livros divulgando teorias como a da "desigualdade das raças", forjada pelo famigerado conde Gobineau, como foi o caso da *Teoria geral do Estado*, de Darcy Azambuja. E a catastrófica derrota da Seleção Brasileira diante da uruguaia, no primeiro ano da década de 1950, foi muitas vezes "explicada" por esse viés.

À época da publicação do mencionado livro, o mais bem pago jogador do futebol brasileiro era o nosso Didi. O craque jogava no Fluminense, clube de origens aristocráticas que, coerente com o espírito da época, tratava seus atletas apenas como empregados, sem direito a frequentar as dependências "sociais" da sede, à qual só tinham acesso pela entrada de serviço.

Em 1949, o Fluminense tinha comprado Didi ao Madureira, o "tricolor suburbano", pela "bolada" de 500 mil cruzeiros. Aí, depois de outros investimentos, o "timinho", como era referida sua então desacreditada equipe, conquistou a Copa Rio de 1952, no qual Didi se consagrou como a maior estrela do clube e chegou às manchetes dos jornais.

Elegante e altivo, fazendo questão de entrar pela porta da frente da sede social das Laranjeiras, Didi passou a ser "marcado" com truculência por certo setor da imprensa, que se alimentava também de fatos da sua vida pessoal. Os comentários giravam em torno da sua separação da conterrânea campista, Maria Luíza, com quem se casara ainda no tempo do Madureira, e do seu romance com Guiomar Baptista, cantora de rádio, baiana e "branca", que, mulher decidida, muitas vezes saiu em campo, revidando as "botinadas" que recebia e denunciando as malandragens com que cartolas tricolores estariam tentando driblar o seu amado. Nesse momento, Guiomar se tornava a precursora das mulheres empresárias/agentes, como as de muitos famosos artistas da atualidade.

Líder e grande "maestro" da Copa de 1958, Didi foi um vencedor. E grande parte de seu triunfo, inclusive como técnico de dimensão internacional, deveu-se à ação de Guiomar Baptista, companheira com quem teria comemorado Bodas de Ouro no ano de seu falecimento (numa festa, que chegou a ser programada, na bela casa da Ilha do Governador).

E quanto ao epíteto "Príncipe etíope de rancho", criado pelo genial jornalista, escritor e dramaturgo Nelson Rodrigues, embora pareça um elogio, alguns mais argutos dizem o contrário, já que, ao que consta, o autor de *Bonitinha, mas ordinária* via em Didi um presunçoso, vaidoso, que "enfeitava" as jogadas sem necessidade. Como um mestre-sala de "rancho", forma carnavalesca da qual se originaram as primeiras escolas de samba.

Seja como for, Didi foi imenso e controverso. E ganhou uma biografia "à altura de sua grandeza", como afirmou João Máximo no prefácio de *Didi: o gênio da folha-seca*, de Péris Ribeiro, obra na qual se baseia boa parte deste texto.

DOMÍCIO PROENÇA FILHO

AFRODESCENDÊNCIA NA ACADEMIA

Fundada no Rio de Janeiro em 1897, para congregar a elite da literatura do país, a Academia Brasileira de Letras (ABL) contou, entre seus membros fundadores, com alguns escritores de comprovada ou alegada descendência afromestiça, como José do Patrocínio, Olavo Bilac, Pedro Rabelo e Machado de Assis, aclamado seu primeiro presidente. Entre os quarenta sócios efetivos da Academia, contam-se, de confirmada ou suposta afrodescendência, Antônio Joaquim (A.J.) Pereira da Silva, cadeira n.º 18; Castro Alves, cadeira n.º 7; Evaristo da Veiga, n.º 10; Francisco Otaviano, n.º 13; Gonçalves Dias, n.º 15; Franklin Dória, n.º 25; Laurindo Rabelo, n.º 26; e Tobias Barreto, n.º 38. Até meados da década de 1980, na mesma condição, integravam ou tinham integrado os quadros da ABL os seguintes escritores: Pedro Lessa, Dom Silvério Gomes Pimenta, Paulo Barreto (o João do Rio), João Ribeiro, Cassiano

Ricardo e Viriato Correia. Em 2006 foi eleito Domício Proença Filho, intelectual afrodescendente e autorreferido como tal.

Domício nasceu no Rio de Janeiro, em 25 de janeiro de 1936. Filho de Maria de Lourdes Proença e de Domício Proença, fez o curso primário na Escola Joaquim Manuel de Macedo, na Ilha de Paquetá, onde viveu sua infância e adolescência. Completou os cursos ginasial e clássico no Colégio Pedro II em regime de internato. Em seguida, tornou-se bacharel e licenciado em letras neolatinas pela antiga Faculdade Nacional de Filosofia da Universidade do Brasil, atual UFRJ. Logo depois, doutorou-se em letras e conquistou o título de livre--docente em literatura brasileira pela Universidade Federal de Santa Catarina. Mais tarde concluiu curso de especialização em língua e literatura espanholas. Titular de literatura brasileira e professor emérito da Universidade Federal Fluminense, aposentou-se após 38 anos de trabalho docente nos cursos de graduação e de pós-graduação. Além disso, atuou em inúmeros outros estabelecimentos de ensino médio e superior no Brasil e no exterior

Também um mestre da literatura, Domício Proença destacou--se como ensaísta, crítico literário e poeta, sendo autor de *Dionísio esfacelado* (*Quilombo dos Palmares*), de 1984, *Oratório dos inconfidentes*, de 1989, *Capitu, memórias póstumas*, de 1999, entre outros muitos livros publicados. Em 23 de março de 2006 foi eleito na sucessão do acadêmico Oscar Dias Corrêa, sendo recebido em 28 de julho de 2006 pelo acadêmico Evanildo Bechara, como o quinto ocupante da cadeira n.º 28, cujo patrono é o escritor Manuel Antônio de Almeida.

Na solenidade, o acadêmico Bechara, também professor universitário, evocava o vaticínio feito na década de 1940 pela professora de Domício na escola pública de Paquetá de que o menino um dia ainda chegaria à Academia de Letras. Segundo o discurso de recepção na ABL, a profecia tinha por base a voracidade com que o menino, ainda na primeira infância, se atirava à leitura na biblioteca da escola, como o Tibicuera de Erico Verissimo e o Cazuza de Viriato Correia, preferências infantis daquele tempo.

Aluno estudioso e esforçado, o menino Domício garantiu a oportunidade de estudar no Internato do Colégio Pedro II, que se tornou um dos mais expressivos produtos da escola pública de boa qualidade, de um tempo em que elas, como regra geral, ofereciam as melhores condições, tanto para alunos quanto para professores e funcionários. Estudante exemplar, desde cedo o futuro mestre se acostumou, não só por solidariedade mas também por prazer, a esclarecer dúvidas de colegas quanto a conteúdos transmitidos em aula. No curso de línguas neolatinas da Faculdade de Filosofia da então Universidade do Brasil, que fez a seguir, já estava quase pronto para exercer profissionalmente o magistério.

Por essa época, o novo professor foi convidado para exercer as funções de auxiliar de ensino da cadeira de língua e literatura espanhola, sem remuneração mas com possibilidade de conquistar posição mais compensadora, o que realmente aconteceu com o ingresso nos quadros do Instituto de Cultura Hispânica e da Faculdade Santa Úrsula. Depois veio o mestrado stricto sensu em literatura brasileira, na então recém-criada Universidade Federal do Rio de Janeiro, cujo complemento natural foi o doutorado em letras pela Universidade Federal de Santa Catarina. Na sequência, a aprovação, mediante concurso de provas e títulos, no edital para professor titular de literatura da Universidade Federal Fluminense fechou um ciclo.

Ao longo de 38 anos, no Brasil, Domício Proença foi professor de literatura brasileira, língua portuguesa e didática em algumas das mais conceituadas instituições de nível superior no Rio de Janeiro, bem como em prestigiosos estabelecimentos de ensino, públicos e particulares, de nível fundamental e médio. Na Alemanha, na década de 1980, exerceu o magistério como professor visitante na Universidade de Colônia e no Institut für Romanische Philologie der Rheinisch Westf. Technischen Hochschule, em Aachen, em ambos lecionando literatura brasileira, a partir de um temário especialmente preparado sobre *A poesia brasileira do modernismo e tendência da prosa brasileira contemporânea*.

Além do trabalho no campo da formação acadêmica, do magistério e da riquíssima produção de livros, o mestre Domício Proença destacou-se também na área da promoção cultural, como criador do Projeto Bienal Nestlé de Literatura Brasileira, além de outras dezenas de projetos desenvolvidos pela Secretaria Municipal de Educação e Cultura do Rio de Janeiro, entre 1975 e 1979, e também pela ABL. Foi ainda consultor editorial e organizador de obras de autores da literatura brasileira para importantes casas editoriais.

Ao conjunto de realizações, homenagens e honrarias recebidas pelo insigne professor e acadêmico, soma-se o título de Doutor Honoris Causa, pela Universidade Clermont — Auvergne, da França. E também, evidentemente, a eleição, por seus pares, para o cargo de presidente da Academia Brasileira Letras, função que exerceu com o brilhantismo habitual, no biênio 2016-2017.

CAROLINA MARIA DE JESUS

CLARO ENIGMA

Carolina foi pobre soberba. "Crioula metida", diziam os vizinhos, que a apedrejaram quando o caminhão de sua mudança saiu. Com o filho nas costas, enfiando papéis e restos de comida num saco, mantinha ares de mulher bonita, "que sabe ler e escrever", capaz de dialogar com polícia e autoridades. Só namorava brancos, de preferência estrangeiros, evitando pretos e nordestinos. Saiu da pobreza e retornou a ela em menos de dez anos.

Joel Rufino dos Santos

Carolina Maria de Jesus nasceu em Sacramento, Minas Gerais, em 1914, filha de negros humildes que migraram para a cidade no início das atividades pecuárias na região. No início de 1923 foi matriculada numa escola de orientação espírita, o colégio Allan Kardec, na qual crianças pobres eram mantidas por pessoas influentes da sociedade local. Lá estudou por apenas dois anos, sustentada por uma senhora para quem sua mãe trabalhava como lavadeira, recebendo apenas um pouco da instrução básica.

Ali pelos 16 anos de idade, Carolina saiu de Minas com a mãe para morar em Franca, no interior paulista, onde trabalhou em serviços domésticos por cerca sete anos. E em 1947, depois da morte da mãe, Carolina mudou-se para a capital do estado, onde continuou como doméstica, passando mais tarde para a coleta de papelão.

Por esse tempo, a pauliceia, em pleno processo de modernização, via surgir em seu território as primeiras favelas. Numa delas, a do Canindé, Carolina e seus três filhos — João José de Jesus, José Carlos de Jesus e Vera Eunice de Jesus Lima — fixaram moradia e residiram por um bom tempo. Sem a presença de um pai ou companheiro mais velho, a família vivia de catar papéis, ferros e outros materiais recicláveis nas ruas da cidade, vindo desse ofício a sua única fonte de renda. Não obstante, leitora voraz de livros e de tudo o que lhe caía nas mãos, Carolina logo adquiriu o hábito de escrever. E assim iniciou sua trajetória de memorialista, passando a registrar o cotidiano do "quarto de despejo" da capital nos cadernos que recolhia do lixo e que se transformariam mais tarde nos "diários de uma favelada".

A expressão "quarto de despejo" designa o cômodo que, nas casas antigas, acumulava objetos sem serventia, armazenados à espera de qualquer destinação. Algumas fontes, entretanto, dão como compartimento onde se guardam máquinas, ferramentas e outros instrumentos de trabalho. Quando definiu a favela como o "quarto de despejo da cidade", Carolina pode ter usado como comparação qualquer uma destas duas figurações.

A revelação de Carolina como escritora ocorreu na década de 1950, a partir do momento em que, numa praça vizinha à favela, o jornalista Audálio Dantas a viu censurando pessoas que destruíam brinquedos lá instalados para as crianças. Exasperada, ela ameaçava denunciar os vândalos, fazendo-os personagens do "livro de memórias" que escrevia nos inúmeros cadernos em que narrava o drama de sua indigência e o cotidiano do Canindé. O saudoso jornalista, homem de convicções socialistas e também afrodescendente, interessou-se pelos escritos e se empenhou em publicá-los.

Em 1960, o livro surpreendeu o meio literário e conseguiu um sucesso inimaginável. Segundo a também escritora e afrodescendente Cidinha da Silva, há registros de que foram vendidos seiscentos exemplares na noite de autógrafos, dez mil exemplares na primeira semana e cem mil exemplares em um ano. Consoante a mesma autora, algumas análises creditaram esse alto volume de vendas a um trabalho midiático inédito envolvendo o livro. Para ela, entretanto, pesou também o contexto sociopolítico, de grande ebulição cultural, vivido pelo Brasil naquele momento, potencializado por uma certa curiosidade, às vezes mórbida, em se conhecer a vida de uma favelada.

Verbetizada no *Dicionário mundial de mulheres notáveis*, publicado em Lisboa por Lello & Irmão, e em outras publicações internacionais, o sucesso, entretanto, não trouxe a Carolina Maria de Jesus tranquilidade nem realização financeira: faleceu em 13 de fevereiro de 1977, na periferia de São Paulo, quase esquecida pelo público e pela imprensa, tendo sido até mesmo alvo de calúnia por parte de críticos que atribuíram a criação de seu primeiro livro ao jornalista que a descobriu.

No entanto, com diversas publicações póstumas reunidas e organizadas por editores e estudiosos da sua obra, entre elas *Diário de Bitita*, primeiro na França em 1982 e depois no Brasil em 1986, *Meu estranho diário*, em 1996, *Antologia pessoal*, também em 1996, e *Meu sonho é escrever...*, em 2018, novas luzes sobre Carolina confirmaram seu brilho... E as múltiplas razões de seu temperamento.

HAROLDO BARBOSA

MAGNÍFICO, MÚLTIPLO

Em 1967 era publicado o livro *Cor, profissão e mobilidade: o negro e o rádio de São Paulo*, do professor João Baptista Borges Pereira. Fruto de tese acadêmica enfocando o ambiente radiofônico na capital paulista, no período de 1959 a 1961, a publicação trazia dados eloquentes, os quais, em essência, eram proporcionalmente semelhantes aos apuráveis no Rio de Janeiro, como o seguinte exemplo, referente ao setor de criação de programas: "Com referência aos 1176 radialistas desse setor de atividades, a participação da mulher e do homem de cor é, portanto, respectivamente, de apenas 1% e 5,9%."

Radialista, jornalista, publicitário e compositor, Haroldo Barbosa nasceu no Rio de Janeiro, em 1915, e faleceu na mesma cidade, em 1979. Nasceu no bairro de Laranjeiras, filho de Maria Isabel do Espírito Santo, porta-bandeira fundadora do célebre rancho carnavalesco Ameno Resedá, segundo menção de Haroldo Costa no livro *100 anos de Carnaval no Rio de Janeiro*. Aos 7 anos mudou-se com a família para o bairro de Vila Isabel, morando numa casa de vila, onde o pai teve morte trágica. Crescendo no ambiente boêmio do bairro, aprendeu um pouco de cavaquinho com Hélio, irmão de Noel Rosa. E, durante parte de sua adolescência, apresentou-se com um grupo musical, animando bailes nas redondezas. Estudante do curso ginasial, aprendeu inglês, o que o ajudou na interpretação de canções americanas do estilo foxtrote, em voga na época. Mais tarde, evidenciando talento em diversas áreas, atuou sobretudo como redator e produtor de programas, especialmente humorísticos, para o rádio e a televisão.

O primeiro emprego veio aos 18 anos, na Rádio Phillips, como contrarregra do *Programa Casé*. Nesta função — de prover todo o necessário, do ponto de vista material e técnico, para manter o programa no ar —, assumiu a vaga do irmão, o compositor Evaldo Ruy; e, além de contrarregra, organizou a discoteca e atuou como locutor esportivo.

Em 1936 transferiu-se para a Rádio Nacional, onde pela mesma época trabalhou também como repórter do jornal *A Noite* e no *Diário da Noite*. Neste último, no início dos anos 1940, criou a coluna de turfe *O Pangaré*, escrita com humor e picardia. De grande sucesso entre o público aficionado, a coluna foi levada com o autor para o jornal *O Globo*, na década seguinte.

No ano de 1952, Haroldo Barbosa foi para a Rádio Mayrink Veiga, contratado para escrever cinco programas semanais e uma crônica diária, para a locução refinada de Luís Jatobá, um dos maiorais da época. Nesse período, ajudou a impulsionar carreiras como as dos mais tarde famosos Chico Anysio e Sergio Porto, o "Stanislaw Ponte Preta".

Em 1957, o grande radialista estreou na televisão, na TV Rio, como autor dos humorísticos *Chico Anysio Show*, *O Riso é o limite* e *Noites cariocas*. Em 1963, foi para a TV Excelsior, trabalhar na criação do musical *Times Square*, com Max Nunes, numa parceria que durou mais de vinte anos. A sintonia entre os dois foi tanta que chegaram a montar um escritório, com arquivos e mais arquivos de textos, para atender à impressionante procura pelos scripts humorísticos da dupla. Em 1965 foram para a TV Globo, que teve sua programação de humor enriquecida com títulos como *Bairro feliz* e *Riso sinal aberto*, reunindo atores e atrizes do quilate de Agildo Ribeiro, Berta Loran, Grande Otelo e Milton Gonçalves, entre outros. Nesse conjunto estavam os popularíssimos *Balança mas não cai* (1968) e *Faça humor, não faça guerra*, ganhador do troféu Antena de Ouro como melhor programa de humor em 1971. Haroldo foi também responsável pelos musicais *Globo Music Hall, Noite de gala, Oh, que delícia de show, Mister show* e *Uau, a companhia*.

Chegados os anos 1970, a grande dupla emplacou *Satiricom*, em que satirizava telenovelas, telejornais e programas de rádio. Com *Planeta dos homens*, vinha a popularização, em esquetes curtos, de uma galeria de personagens, como o Doutor Sardinha, interpretado por Jô Soares, caricaturando o então ministro da Agricultura, Delfim Netto. Nesses esquetes, muitos bordões ganharam as ruas, na boca do povo: "Não me comprometas", "Perguntar não ofende", "Não se pode elogiar", ditos pelos personagens de Agildo Ribeiro, Paulo Silvino, Costinha e Berta Loran, por exemplo.

Haroldo Barbosa, pai da também autora Maria Carmem Barbosa, faleceu em consequência de uma enfermidade insidiosa. Meses antes da sua morte, a Globo exibiu um programa em sua homenagem. O especial apresentou uma depoimento do humorista pontuado por apresentações musicais e esquetes de humor. Aracy de Almeida, Nora Ney, Nana Caymmi e Cauby Peixoto foram alguns dos cantores que interpretaram canções de sua autoria.

Autor prolífico e múltiplo, foi um reluzente, tanto por seu enorme talento; quanto por ter sido autor de conteúdos para rádio e televisão numa época em que talvez nenhum outro afrodescendente, autodeclarado ou não, tivesse ainda atingido o patamar de excelência e popularidade a que ele chegou.

Como percebeu o mestre João Baptista Borges Pereira.

MÃE STELLA DE OXÓSSI

CAÇADORA, SEMEADORA, PROVEDORA

Conta a tradição que, certo dia, tendo que fazer um ebó (uma oferenda) em benefício de Oxum, o sábio Orumilá necessitou de um pássaro muito raro. Para tanto, confiou a tarefa a um de seus filhos, o caçador Oxóssi, que, mesmo avisado da dificuldade da empreitada, partiu em busca do pássaro. Acompanhado de Ogum, andou pela mata muitos dias e noites, atirando em vão, sem encontrar o que precisava. Faltando apenas um dia para o momento do ritual, eis que Oxóssi viu uma ave, estranhamente linda, e a identificou como a desejada. Para sua angústia, entretanto, o caçador viu que só dispunha de uma flecha. O que fazer? Não havia outra alternativa. Então o caçador retesou o arco e disparou a flecha. Que atingiu mortalmente a caça. De volta à aldeia, o caçador encheu o Pai de alegria. E este, em recompensa, lhe deu de presente o reino de Queto — onde o caçador, pelas mãos de Oxum, se tornou o Alaqueto, o rei — e fez dele o Orixá da caça e senhor de todas as florestas.

"Mãe Stella de Oxóssi" é a forma pela qual foi mais referida. Maria Stella de Azevedo Santos nasceu em 1925 na cidade de Salvador, Bahia, filha do casal formado por Esmeraldo Antigno dos Santos e Thomázia de Azevedo Santos numa prole de seis filhos. Sua avó materna, Theodora Cruz Fernandes, era filha de Maria Konigbagbe, africana do povo Egbá, um dos grupos etnolinguísticos que compõem o conjunto dos hoje chamados "iorubás" ou "nagôs" do sudoeste da atual Nigéria. Essa bisavó, segundo a memória da família, teria vindo cativa para trabalhar escravizada no Brasil.

Na infância de Stella, uma tia chamada Arcanja era detentora de cargos sacerdotais em duas das mais antigas e prestigiosas comunidades religiosas dos nagôs na Bahia, a do Gantois e a do Axé Opô Afonjá, em São Gonçalo do Retiro, onde era afilhada da ialorixá Mãe Aninha. Como Stella, com cerca de 13 anos, passou de repente a se comportar de modo estranho, a tia buscou a ajuda de um "olhador", Pai Cosme de Oxum, o qual "leu" nos búzios que a menina devia ser iniciada no culto aos Orixás; e que seu destino era ser também uma ialorixá.

Diante disso, dona Arcanja resolveu encaminhar a sobrinha ao terreiro da depois famosa Mãe Menininha, no terreiro do alto do Gantois, e para tanto pediu a uma amiga que a levasse; e Stella foi. Mas, depois de longa espera, e havendo muitas pessoas aguardando seu momento, uma das filhas da casa anunciou o fim das consultas daquele dia, e a tia, agastada, tomou outro rumo, o do Opô Afonjá.

Era o dia de Natal de 1937 quando a menina Stella foi apresentada a Ana Eugênia dos Santos, a Mãe Aninha (Obá Biyi), já quase septugenária, a qual a entregou aos cuidados de Maria Bibiana do Espírito Santo, a futura Mãe Senhora (Oxum Muiuá), que dois anos depois, assumindo a chefia da comunidade de culto fundada por sua antecessora, procedeu à iniciação da jovem, sob as vibrações de Oxóssi. A menina Stella recebeu o nome iniciático Odé Kayodê.

A partir daí, Maria Stella foi cumprindo suas obrigações rituais e ascendendo na escala hierárquica do terreiro. Paralelamente, estudava no colégio Nossa Senhora Auxiliadora, dirigido pela professora

Anfrísia Santiago, para mais tarde formar-se pela Escola de Enfermagem e Saúde Pública e exercer a função de visitadora sanitária por mais de trinta anos.

Em 1964, conquistando o título de *kolabá*, privativo de sacerdotisas do culto de Xangô, tornava-se a principal "assessora" de Mãe Senhora. Até que, três anos depois, com o falecimento de sua iniciadora, a chefia da comunidade foi entregue a Mãe Ondina Iwintonã, que foi a ialorixá da comunidade até seu falecimento em 1974. Na sucessão dessa ialorixá, de infelizmente breve presença à frente do Axé, em março do ano seguinte, a aguerrida Stella Azevedo (Odé Kayodê), cumprindo-se a decisão dos búzios manejados pelo celebre Pai Agenor Miranda, tornava-se a quinta ialorixá do Ilê Axé Opô Afonjá.

Aqui, esclareçamos que a expressão "mãe de santo" é uma tradução equivocada do iorubá *iya olorisa*, o qual, corretamente vertido, deveria dar em português "mãe daquele(a) que tem orixá", o que evitaria mais uma dubiedade sobre tradição tão séria e importante. Feito o esclarecimento, afirmemos que à frente de sua prestigiosa comunidade Mãe Stella destacou-se como uma das grandes ialorixás (aí, sim) baianas, projetando-se na dimensão de Mãe Aninha e de Mãe Senhora.

Em 1981, em viagem a Oxogbo, na Nigéria, visitou templos e casas de orixá. A cada lugar que ia, cumprimentava as pessoas na língua local, e, em certa ocasião, ao entoar um canto a Oxum, sentiu a emoção de ouvir várias vozes incorporando-se ao seu canto. O mesmo se deu nas cidades de Ilê-Ifé e Edé. Em 1983, o professor Wande Abimbola, à época reitor da Universidade de Ilê-Ifé, fez questão de realizar em Salvador a "Segunda Conferência Internacional da Tradição dos Orixás e Cultura", porque sabia haver na cidade baiana raízes profundas da cultura iorubana. Esclarecida, enérgica e sempre assumindo posições firmes, nesse encontro, Mãe Stella manifestou-se contra os desvios da ortodoxia da tradição jeje-nagô, notadamente contra o chamado "sincretismo afro-católico", num pronunciamento de grande repercussão. Seis anos depois, a grande ialorixá integrou a comitiva organizada por Pierre Verger nas comemorações da "Semana Brasileira" na República do Benin. Sua presença mereceu destaque e as homenagens que recebeu foram as prestadas a grandes lideranças religiosas.

Em 1993, Mãe Stella teve publicado o livro *Meu tempo é agora* e, em fins de 1999, durante as comemorações pelos seus sessenta anos de iniciação, recebeu das mãos do ministro da Cultura a medalha da Ordem do Mérito Cultural, conferida pela Presidência da República, como reconhecimento por sua luta em defesa da identidade negra do Brasil. Nesse mesmo ano, conseguiu o tombamento do Ilê Axé Opô Afonjá pelo Instituto do Patrimônio Histórico e Artístico Nacional (IPHAN), órgão ligado ao Ministério da Cultura.

Dentre as honrarias recebidas em vida por Mãe Stella, contam-se: em 2001 ganhou o Prêmio Jornalístico Estadão, na condição de "fomentadora de cultura"; Doutora Honoris Causa da Universidade do Estado da Bahia; Ordem do Mérito Cultural, do Ministério da Cultura; Ordem do Cavaleiro, Governo do Estado da Bahia (2009). E, além destas, foi eleita por unanimidade para ocupar a cadeira n.º 33 da Academia de Letras da Bahia, cujo patrono é o poeta Castro Alves, tomando posse em 12 de setembro de 2013.

Justificando essa merecida inclusão, enfileiram-se, entre outros, os seguintes livros: *E daí aconteceu o encanto*, escrito com Cléo Martins, em 1988; *Meu tempo é agora*, de 1993; *Òsósi: o caçador de alegrias*, de 2006; *Owé — Provérbios*, de 2007; *Epé Laiyé — terra viva*, de 2009; e *Opinião*, uma coletânea de textos publicados no jornal *A Tarde*, lançado em 2012.

Mãe Stella faleceu em 2018, em um hospital da cidade de Santo Antônio de Jesus, no Recôncavo Baiano.

NILZE CARVALHO

CHORO DE MENINA EM CANTO DE MULHER

Brasil, Rio de Janeiro, década de 1990. A cena se passa numa pequena chácara a uns sessenta quilômetros da antiga Cidade Maravilhosa, refúgio e descanso do proprietário nos fins de semana. Num sábado, gostosamente espichado na rede à sombra de uma árvore frondosa, ele lê um livro leve, ao som do choro dolente de um solo de bandolim. De relance, o "patrão" percebe o filho do caseiro, de uns 8 anos de idade, olhando atônito a fonte do som. Indagado sobre a razão do espanto, o menino responde com uma pergunta: "No rádio tem música sem cantar, é?"

Nilze Carvalho é o nome artístico de Albenise de Carvalho Ricardo, instrumentista, compositora e cantora nascida em Nova Iguaçu, no Rio de Janeiro, em 1949. Ainda criança, aos 5 anos de idade, foi "flagrada" pelo irmão mais velho tocando, no cavaquinho do pai, as notas iniciais de "Acorda, Maria Bonita", motivo sertanejo inspirado na saga do bandoleiro Lampião, cuja autoria é atribuída ao ex-cangaceiro Volta Seca. Já ali, Albenise começava a rascunhar sua importante história na música popular brasileira.

Chamada de "Nilze" pela família, aos 6 anos ela já se apresentava ao público na principal rádio iguaçuana, a Solimões. Nessa época, Nova Iguaçu — considerada a cidade-mãe da Baixada Fluminense — era uma das regiões mais importantes do estado do Rio de Janeiro, o que propiciou que a menina virasse atração em programas musicais de emissoras de rádio e TV cariocas, inclusive na extinta TV-Rio e na então recente TV Globo, atuando como solista de cavaquinho e bandolim.

A menina negra, com o cabelo ao natural, de vestido de festa, sapatinhos de verniz e meia soquete, chamava atenção tocando aquele instrumento de cordas da família do alaúde medieval surgido na Itália do século XVI. Afinal, assim como o piano, o bandolim por muito tempo foi o instrumento preferido das senhoras das classes mais altas, que o usavam para exibir seus dotes musicais em saraus e recepções domésticas.

Dos 11 aos 14 anos, Nilze gravou a série de LPs *Choro de menina*, e em dois deles teve acompanhamento do celebrado conjunto Época de Ouro, o preferido do grande mestre Jacob do Bandolim. Nesses registros, ela sola clássicos como "Doce de coco", "Lamento", "Naquele tempo" e "Noites cariocas". Aos 15 anos, fez sua primeira turnê internacional, passando por diversos teatros europeus. Na década de 1990, apresentou-se nas principais cidades dos Estados Unidos, e realizou diversas temporadas no Japão. Nos anos seguintes, Nilze tocou em palcos na China, na Austrália e na Argentina.

Aqui, voltamos ao episódio do menino da chácara para afirmar o seguinte: no Brasil, dentre as atividades ligadas à música, como compositor, regente, orquestrador etc., a de cantor é a mais prestigiada. Certamente por força da sociedade de mercado (que dita as regras do consumo, inclusive de música), é raro um instrumentista, por exemplo, ter o destaque e a possibilidade de ascensão merecidos, sobretudo entre as camadas populares, de que desfrutam cantores e cantoras. Da mesma forma, compositores, em geral, só são reconhecidos e prestigiados quando se tornam também intérpretes vocais. Daí a surpresa do menino da chácara, que não conhecia (ou não distinguia) música instrumental.

Talvez reconhecendo essa perversidade do "sistema", Nilze Carvalho, reunindo um grupo de colegas do curso de licenciatura em música da Universidade Federal do Estado do Rio de Janeiro liderou em 2000 a formação e as atividades do grupo vocal e instrumental Sururu na Roda. O harmonioso conjunto, inicialmente um quarteto formado por Nilze, Camila Costa, Fabiano Salek e Silvio Carvalho, irmão da líder, gravou cinco CDs e dois DVDs, além de se apresentar em países como Costa Rica, Guatemala, Tunísia, Belize, Estados Unidos, Vietnã, Taiwan e Japão.

Em 2002, o grupo integrou o elenco dos shows *O samba é a minha nobreza*, de Hermínio Bello de Carvalho, e *Lembranças cariocas*, de Lefê Almeida. Três anos depois, em sua nova carreira como cantora solista, Nilze lançou *Estava faltando você (Fina flor)*, com o qual foi indicada ao Prêmio Tim de Melhor Cantora de Samba.

A cantora também participou de duas edições do Prêmio da Música Brasileira. Na primeira, em 2010, venceu as categorias Melhor CD e Melhor Cantora com o álbum *O que é meu*, lançado pela gravadora Biscoito Fino. Na segunda, em 2014, com o Sururu, conquistou o prêmio de Melhor Grupo de Samba.

Prosseguindo suas apresentações internacionais, Nilze, agora atuando principalmente como cantora, levou sua música a cinco continentes. No Brasil, ela participou de espetáculos e gravações importantes, como a série Samba Social Club, o DVD *Gafieira*, de Zeca Pagodinho (além da coletânea *Sambabook* do cantor), o DVD *Cidade do samba* (ao lado da saudosa Dona Ivone Lara), o CD *Palavras de guerra*, de Olivia Hime, entre muitos outros.

Em 2015, seu *Verde amarelo negro anil*, com produções e arranjos da própria artista, foi indicado ao Grammy Latino na categoria Melhor Álbum de Samba/Pagode. Em 2016, com o Sururu na Roda, lançou o DVD *Made in Japan*, registro de um show do grupo no Kanagawa Prefecture Hall. Atualmente, está no palco com *Choro canção*, espetáculo em que visita clássicos do choro, que vão de Callado a Marisa Monte.

Esta é, enfim, Nilze Carvalho, virtuose do bandolim e cantora de voz forte e bem timbrada, com sua musicalidade inata e técnicas adquiridas na teoria e na prática ao longo de extensa e vitoriosa carreira. Assumindo o microfone, sem abandonar o bandolim, revelou-se uma das maiores intérpretes vocais de seu tempo. E retomando o protagonismo vivenciado por grandes cantoras afro-brasileiras, como Ângela Maria, Elizeth Cardoso, Dolores Duran e outras, fez a "Maria Bonita" de sua infância (no caso, a música popular brasileira) ficar mais bonita ainda.

CARLINHOS SETE CORDAS

O FEITIÇO DA VILA

Na década de 1920, o bairro de Vila Isabel — cujo nome evoca a princesa que assinou a abolição da escravatura no Brasil — concentrava uma grande parte da população negra carioca. Ali, diversos grupos de samba, sociedades musicais, blocos e associações carnavalescos foram criados.[1] A Vila era, enfim, um dos epicentros da música popular carioca e brasileira. Onde, meio século depois, floresceria um grande talento afrodescendente.

Carlos Eduardo Moraes dos Santos, o Carlinhos Sete Cordas, nasceu em Providência, distrito mineiro de Leopoldina, em 1966, mas foi criado em Vila Isabel, aonde chegou aos 6 meses, sendo batizado

---

[1] Bem ali havia uma sociedade musical dançante chamada Africanos de Vila Isabel, importante grupo e bloco carnavalesco carioca, no qual alguns integrantes se tornaram figuras históricas do samba brasileiro. Um deles era Candinho Trombone, músico formado no Asilo de Meninos Desvalidos, depois contramestre da banda da fábrica de tecidos Confiança, a dos "Três Apitos" da canção de Noel Rosa.

na Igreja de Nossa Senhora de Lourdes, na avenida Boulevard 28 de Setembro.

Observe-se que a história do choro consigna um Carlinhos Sete Cordas anterior, nascido em 1944 em Italva (RJ) e batizado como José Carlos da Silva. Mas o nosso perfilado é da geração seguinte. E ligou-se ao violão de uma forma inusitada.

Ali pelos 12 ou 13 anos, Carlinhos soltava pipa com alguns colegas quando um deles viu, no terreno baldio, um violão jogado no lixo. Curiosos, os garotos brincaram um pouco com o instrumento quebrado, mas o único que conseguiu extrair dele algo parecido com música foi Carlos, que, na volta para casa, levou consigo, abraçadinho, o pobre violão em frangalhos. Quando o viu, a mãe passou uma descompostura no filho, afinal, a pequena família era pobre, mas limpa, não tinha por que levar "porcaria" para casa. O pai, por outro lado, não disse nada. No sábado, ao acordar, Carlos viu encostado à sua cama um violão, modesto, mas novinho em folha, que os pais haviam comprado para ele. Entretanto, com o menino ainda aturdido com o "presente de Natal" extemporâneo, dona Eunice foi taxativa: "Agora que você tem um violão, vai ter que aprender, pra tocar direito."

Seu primeiro mestre foi seu Sebastião, pai de um colega de escola. Apenas sete meses depois da primeira aula, o professor chamou dona Eunice e recomendou que ela matriculasse o Carlinhos na Escola de Música Villa-Lobos, estabelecimento público vinculado à Fundação de Artes do Estado do Rio de Janeiro. E ela assim o fez. Carlinhos estudou ali por dois anos, seguindo depois para o CIGAM, um centro carioca de ensino musical, de pedagogia inovadora, cujo lema, cheio de personalidade, diz: "Não ensinamos música; formamos músicos." Já com essa bagagem, no início dos anos 1980, na Vila, Carlinhos foi um dos músicos principais do Corre pra Sombra, uma roda de samba que leva esse nome devido à curiosa circunstância de sua localização.

A reunião musical acontecia todo sábado na calçada de um botequim. A marquise do bar era estreita, mas na calçada havia uma árvore, e sua sombra só protegia a mesa dos músicos até certa hora da tarde. A partir daí — e era justamente quando a festa estava no auge —, a música tinha de ser interrompida para que a mesa fosse colocada em outro lugar, com sombra. Então, a verve carioca, lá personificada por grandes figuras da música e do "bairro de Noel", cravou o nome.

O Corre pra Sombra, frequentado pela nata do samba, inspirou o programa *Pagode*, que teve duas récitas gravadas e apenas uma levada ao ar pela TV Globo no dia 15 de setembro de 1987.

Aqui, lembramos que o termo "pagode", presente na língua portuguesa desde o século XVI, com a acepção de "festa ruidosa" (talvez como crítica cristã aos templos orientais), ganhou, no Rio, o simples significado de "reunião de sambistas". Mas voltemos ao Carlinhos.

Conta a história que a primeira vez que ele subiu profissionalmente no palco foi tocando cavaquinho ao lado do violão "de seis" do grande Cláudio Jorge no Pavilhão de São Cristóvão, num evento chamado Kizomba, organizado por Martinho da Vila. No ano seguinte, o jovem violonista fazia sua primeira "viagem fantástica", para participar do 1.º Canto das Águas do Mel, na longínqua mas aprazível cidade gaúcha de Iraí, na fronteira com Santa Catarina.

Aos poucos, então, Carlinhos foi se tornando um dos violonistas mais requisitados para gravações e shows. Assim, nos anos 1990, passou a integrar a banda da cantora Beth Carvalho, além de ajudar a fundar o grupo vocal-instrumental Toque de Prima. Anos depois, gravou ainda os álbuns *Espiritu*, com o pianista Guilherme Vergueiro (lançado nos EUA e na Inglaterra), e *O violão e o samba* (Zambo Discos), ao lado de Dorina e Cláudio Jorge.

Em dezembro de 2015, o Canal Brasil exibiu a série *Sete vidas em 7 cordas*, produzida e apresentada pelo violonista gaúcho Yamandu Costa. Composta por sete episódios de cinquenta minutos sobre os segredos do violão, a produção o mostrou como o grande responsável por pequenas revoluções musicais, em que uma simples corda mais grave, tangida por artistas de grande talento, trouxe contrapontos harmônicos e melodiosos fundamentais para sambas e choros.

A série se dedica à vida e à carreira de sete personagens fundamentais para a história do instrumento, sendo Carlinhos o tema do segundo episódio. Em todos os programas são exibidas *jam sessions* exclusivas de Yamandu com seus entrevistados.

Em sua trajetória, o violonista gravou e tocou com grandes intérpretes, como Alcione, Beth Carvalho, Caetano Veloso, Chico Buarque, Maria Bethânia, Maria Rita etc. Ele também se destacou ao lançar novos nomes do samba, como a cantora e compositora curitibana Branka (novo nome artístico de Karyme Hass), indicada ao Grammy Latino pela trilogia *Flores douradas*. Com o mesmo sucesso, fez a produção musical para o mercado externo, acompanhado de artistas como os africanos Carlito Vieira Dias, João Oliveira e Vum Vum Kamusasadi.

Em meados de 2019, entrou em turnê nacional como acompanhante de Maria Bethânia no show *Claros breus*. Mas entre uma turnê e outra — mais por prazer que por compromisso —, também costuma se apresentar em rodas de samba, como a Entre Amigos, que acontece todo segundo domingo do mês no espaço cultural de resistência negra Quilombo do Grotão, na Serra da Tiririca, Niterói (RJ). Ao lado do filho Hudson Campanha Moraes dos Santos, a quem legou o sobrenome artístico Sete Cordas, o artista bota em prática o que mais ama fazer: tocar seu instrumento.

LUIZ CARLOS DA VILA

BENZA, DEUS!

> *Ele não quer falar com Deus: ele fala com Deus e agradece. E tudo com muito estilo, o que é uma marca de grande artista. Não é difícil reconhecer quando uma canção tem o dedo dele, seja pela força atávica de sua construção, seja pela forma original com que aborda a linguagem (aliás, que relação invejável tem ele com as palavras!).*
>
> Roberto M. Moura

Luiz Carlos Batista, mais tarde celebrizado como Luiz Carlos da Vila, nasceu em 1949 no bairro carioca de Ramos, na zona leopoldinense (servida pela Estrada de Ferro Leopoldina). Morador do bairro Vila da Penha, teve essa circunstância associada ao nome com que passou a ser conhecido no mundo do samba — associação que se tornou definitiva a partir de 1977, ano de seu ingresso na ala de compositores da escola de samba Unidos de Vila Isabel, na "outra Vila" de sua história.

Sua primeira experiência musical foi com o acordeão, instrumento popularizado no Rio de Janeiro, a partir de 1950, com o surgimento de Luiz Gonzaga, cujo sucesso motivou uma verdadeira "febre" na classe média, semelhante à do piano décadas antes. Depois, com o advento da bossa, veio o violão — e Luiz ganhou um, ainda na adolescência. Mas, por força de problemas financeiros enfrentados pela família, foi obrigado a interromper as aulas que fazia.

Na década de 1970, o jovem artista tinha como vizinho próximo uma grande figura do samba. Chamava-se Carlos Alberto de Oliveira, ou Carlão Elegante, era 14 anos mais velho que Luiz e atuou como uma espécie de padrinho do rapaz no mundo da música. Carlão era compositor da escola de samba Unidos de Lucas, na qual foi autor, dentre outros, do samba-enredo de 1976, ano em que foi eleito cidadão-samba. Bom violonista e excelente cantor, o "padrinho" gravou discos, estrelou um filme e participou de uma novela da TV Globo; mas, vitimado por grave doença que o levou à morte em 1994, não teve como participar do grande momento do amigo, vivido no auge da carreira.

Após o falecimento do sambista Candeia, em 1978, Luiz Carlos da Vila integrou a Ala de Compositores do G.R.A.N.E.S. Quilombo, seleto grupo de sambistas que fizeram das posições e atitudes do líder uma espécie de ideologia musical, compondo sambas em que reafirmavam a força e a clareza de suas ideias.

Por essa época, estreava em disco com o Conjunto Nosso Samba — acompanhante oficial de Clara Nunes —, interpretando a sua "A graça do mundo" (1978). Com "Horizonte melhor", composta com Adilson Vitor e gravada com sua voz no compacto de mesmo nome em 1981, Luiz começava a ser efetivamente conhecido. A partir daí, viria aos poucos consolidando sua fama de um dos grandes nomes do samba, tendo, além de registros em sua própria voz, obras gravadas por intérpretes do porte de Martinho da Vila, Beth Carvalho, Fundo de Quintal e Simone, que grava um samba feito no ambiente e no espírito do Quilombo, como "Por um dia de graça". Mas o mais forte, porém, ainda estava por vir.

O ano de 1988 marcava o centenário da abolição da escravatura no Brasil, e a escola de samba Vila Isabel preparou para seu desfile o enredo "Kizomba, a festa da raça". A disputa de samba-enredo foi vencida por Luiz, em parceria com os veteranos campeões Rodolfo de Souza e Jonas. Ao final do inesquecível desfile, a escola do bairro de Noel Rosa tornava-se a indiscutível campeã daquele Carnaval. E os ecos da fama do compositor mais novo chegavam a todo o Brasil.

Além das "três Vilas" — a da Penha, a Isabel e também a Vila Kennedy, de sua esposa Jane —, Luiz Carlos foi intimamente ligado ao bairro onde nasceu, através do bloco carnavalesco Cacique de Ramos, berço de uma nova geração de compositores de Carnaval e em cuja sede foi criado, nos anos 1980, o novo estilo de composição e interpretação do samba batizado como "pagode". No Cacique, Luiz Carlos esteve ao lado de compositores e intérpretes como Jorge Aragão, Arlindo Cruz, Sereno, Sombrinha e Zeca Pagodinho, entre outros.

Em 2003 criou, com Dorina e Mauro Diniz, o grupo Suburbanistas, que, ao mostrar a obra de grandes compositores do subúrbio carioca, fez muitos espetáculos e foi, inclusive, tese de mestrado de alunos de jornalismo. No Carnaval, com o Suburbanistas transformado em bloco, Luiz Carlos saiu às ruas de Irajá, Vila da Penha, Vista Alegre, Brás de Pina e chegou até Santa Tereza, o bairro das artes, no centro do Rio. Cantou na Europa um ano antes de falecer, como já havia cantado em Havana, no final da década de 1990, numa caravana organizada pelo Centro Popular de Cultura da União Metropolitana dos Estudantes, UMS, de São Paulo.

No dia 20 de outubro de 2008, o grande artista faleceu, vítima de um câncer insidioso. O corpo foi velado na quadra da Unidos Vila Isabel e sepultado no dia seguinte no Cemitério de Inhaúma. Durante todo o mês do falecimento, o compositor recebeu diversas homenagens em vários programas de rádio, TV e rodas de samba por todo o país, principalmente no Rio de Janeiro e em São Paulo. Uma das primeiras homenagens oficiais aconteceu no domingo posterior ao seu falecimento, na roda Samba Novo, de Cláudio Jorge e Hugo Sukman, no Renascença Clube, no Andaraí.

Em 2009, o Governo do Estado do Rio de Janeiro inaugurou, na comunidade do Jacarezinho, o Colégio Estadual Compositor Luiz Carlos da Vila, primeira obra realizada pelo Programa de Aceleração do Crescimento (PAC) no Rio. Em 2013, o espaço cênico da casa de samba Carioca da Gema foi reinaugurado com o nome de Palco Luiz Carlos da Vila. No Carnaval de 2015, a escola de samba Viradouro desfilou com o enredo "Nas veias do Brasil, e a Viradouro em um Dia de Graça", inspirado em duas composições de autoria do saudoso artista. Em 2018, foi publicado o livro *Princípio do infinito: Um perfil de Luiz Carlos da Vila* (Numa Editora), escrito por Luiz Antonio Simas e Diogo Cunha, com capa ilustrada por Mello Menezes.

Luiz Carlos da Vila vive. E ainda brilha.

EDIMILSON DE ALMEIDA PEREIRA

ESQUENTANDO OS TAMBORES

"Rakitundê pé/ Pangoma/ Vai cumê no kakuru Kaié. É mandano os otro morrê, é mandano os outro ir pro inferno. É Candombe pra pique, canta notra língua pra ninguém entendê, porque assim às vez o outro num sabe o que que é. Tá xingano ele e ele num sabe nada." Essa fala foi gravada na década de 1980, na voz de um praticante do candombe, ritual de origem africana que integra as celebrações do congado em Minas Gerais. Essa estranha fala está num livro de 2005, lançado por um professor mineiro, então com 42 anos de idade.

Edimilson de Almeida Pereira nasceu em Juiz de Fora, Minas Gerais, em 18 de julho de 1963. Poeta, estreou na literatura aos 22 anos, com o volume de poemas *Dormundo*. A partir daí, graduou-se em letras na Universidade Federal de Juiz de Fora (UFJF), onde também cursou o mestrado em ciência da religião. Já o grau de doutor em comunicação e cultura foi obtido na Universidade Federal do Rio de Janeiro, e o de pós-doutor em literatura comparada, na Universidade de Zurique.

Publicou numerosas e relevantes obras de poesia e crítica, e também importantes trabalhos de cunho etnográfico, fruto de pesquisas de campo que o levaram a analisar a heterogênea produção cultural oriunda da diáspora africana no Brasil.

Com produção tão vasta quanto reconhecida, em 1988 ele conquistou o primeiro prêmio do Concurso Nacional de Literatura, promovido pela Editora UFMG, na categoria Poesia. No mesmo ano, venceu também o Concurso Nacional de Poesia Helena Kolody, da Secretaria de Cultura do Paraná, e, em 2004, foi vencedor do Concurso Nacional de Literatura da Academia Mineira de Letras. Além de poesia e ensaios, o professor Edimilson escreveu livros infantis e diversos estudos sobre a cultura popular brasileira.

Sobre sua obra, na pesquisa e lirismo se intercruzam, uma das mais adequadas análises foi feita por Maria José Somerlate Barbosa em *Literatura e afrodescendência no Brasil*, livro organizado por Eduardo Duarte, ao afirmar que:

> Tanto nos trabalhos de antropologia como em muitos textos literários, Pereira curva-se sobre uma Minas Gerais negro--mestiça e multifacetada, resgatando a memória cultural afrodescendente, homenageando a pluralidade cultural mineira e construindo pontes entre seus textos. Talvez por isso, parte de sua escrita apresente uma preocupação em analisar a fala cotidiana das comunidades mineiras, buscando na oralidade os "ritmos de ouvido" que permeiam a sua poesia [...] Os poemas analisam o mundo que o circunda, poetizam as coisas voláteis, efêmeras e imprecisas e homenageiam os traços indeléveis da história, das relações afetivas e familiares. Ainda que a história e a experiência sejam fontes culturais nas quais nutre o veio poético, a sua poesia desvincula-se da representação meramente historicista, abrindo espaço para o processo individual.

Revelando os propósitos e estratégias de seu trabalho como cientista social, Edimilson Pereira diz que através do estudo da religiosidade traça alguns roteiros para analisar a passagem do período escravista para a sociedade brasileira contemporânea, a partir da constatação de que "os atores afrodescendentes negociam seus papéis e seus espaços de atuação", já que, segundo sua percepção, "a linguagem do sagrado foi um dos elementos que as populações negras empregaram para mapear as representações de si mesmas e da sociedade brasileira".

ELIANA ALVES CRUZ

OS ELOS DA CORRENTE

Diz uma velha e boa tradição negro-africana que todos os seres, segundo a qualidade de sua força vital, integram-se numa hierarquia. Acima de tudo está o Ser Supremo, que é a Força por si mesma e a origem de toda a energia que move o Universo. Depois d'Ele vêm os primeiros ancestrais dos seres humanos, os fundadores das diferentes linhagens, que são os mais próximos intermediários entre os humanos e o Ser Supremo. Após esses fundadores, estão os mortos ilustres de cada grupo, por ordem de idade. Estes são os elos da cadeia de transmissão da força vital. E estão também hierarquizados, pelo grau de seu parentesco com os antepassados, ou seja, segundo a potência de sua força vital.

Eliana Alves Cruz, nascida no Rio de Janeiro em 1966, cresceu entre Realengo, na Zona Oeste carioca, e Madureira, famoso bairro da Zona Norte. Sua família migrou da Bahia para o Rio no final dos anos 1930, início dos anos 1940: por parte de pai, seus familiares buscavam melhores condições de trabalho no Sudeste, enquanto, por parte de mãe, a mudança se devia a questões políticas. Seu avô, que era um pintor, pedreiro e artista plástico de convicções socialistas, participava ativamente de sindicatos em Salvador e precisou sair da cidade devido a perseguições e contendas da época do primeiro governo de Getúlio Vargas. Mas a ancestralidade paterna de Eliana também tem "história".

Seu bisavô, Mateus Cruz, decano dos mecânicos da Bahia, depois de viajar à Inglaterra como maquinista do vapor inglês Sandringham, projetou e montou engenhos de açúcar e destilação, além de oficinas para reformas de locomotivas em várias cidades. Em Salvador, entre outras tarefas, mestre Mateus foi o responsável pela montagem das caldeiras dos antigos Elevador Lacerda e Plano Inclinado Gonçalves. Faleceu em 1939, já octogenário mas ainda ativo, como membro do Conselho Consultivo do Estado da Bahia. O que, entretanto, não bastou para a permanência dos descendentes na "boa terra".

Os pais de Eliana, o advogado Eloá e a professora e assistente social Lina Maria, constituíram uma família de classe média baixa que sempre entendeu o valor da educação como arma para a mobilidade social. Com todos os sacrifícios comuns a milhões de brasileiros, seus pais se formaram, passaram em concursos públicos e quando ascenderam, já observando o crescimento da violência na área onde viviam, mudaram-se para a Tijuca, bairro mais abastado e essencialmente "branco". Era o final dos anos 1970 e início dos 1980, e Eliana, pré-adolescente e afrodescendente, diante de uma vizinhança hostil, na qual se incluía o tristemente célebre DOI-CODI, pressentiu o perigo, que logo se materializou. Das agressões psicológicas e físicas que sofreu nessa fase da vida, a jovem adquiriu real consciência de quem era e da necessidade urgente de resistir para literalmente não sucumbir. A família sempre exerceu e manteve sua autoestima, de maneira quase obsessiva, por meio de muita leitura, conversa e informação de qualidade. Os pais eram totalmente conscientes da hostilidade muda e das tensões que cercavam seu grupo familiar; e, por isso, se fortaleciam com armas espirituais, morais e intelectuais.

"Jovem empolgada com a abertura política, decidi cursar jornalismo", assim escreveu Eliana em comunicação pessoal ao autor destas linhas.[2] "Minha mãe faleceu de infarto fulminante, aos 46 anos, quando eu estava no segundo período do curso. Sua morte precoce hoje credito ao peso que as mulheres negras são forçadas a arrastar por séculos. Não há progresso possível no Brasil que não passe pela valorização da mulher negra desta nação. Trabalhei duas décadas como chefe de imprensa de esportes, viajando o mundo entre competições, até que a vida deu a guinada necessária para a literatura."

Diferentemente da maioria das famílias negras brasileiras, os Alves Cruz possuem sólidas informações sobre seus antepassados, e o convívio com grande parte deles despertou em Eliana a vontade de registrar a saga familiar em um romance. Assim nasceu o livro *Água de barrela*, que conta a trajetória da família da avó paterna, começando na metade do século XIX, atravessando todo o século XX e parando na segunda década do século XXI. O livro conquistou o Prêmio Oliveira Silveira de 2015, da Fundação Cultural Palmares/Ministério da Cultura, e recebeu menção honrosa do Prêmio Thomas Skidmore 2018, do Arquivo Nacional e da Universidade Brown, dos Estados Unidos.

Nascia aí também, para o grande público, a escritora Eliana Alves Cruz, cujo segundo romance, *O crime do cais do Valongo*, mereceu do historiador e escritor Luiz Antonio Simas a seguinte avaliação: "Um livro escrito por uma autora negra, com protagonistas negros e contado a partir dos saberes afro-cariocas já seria importante em um país em que o mercado editorial reproduz nossa desigualdade gritante. Além disso, *O crime do cais do Valongo* é literatura da melhor qualidade e firma Eliana Alves Cruz como uma voz poderosa e contundente da literatura brasileira."

---

[2] Comunicação via e-mail a Nei Lopes em 30 de junho de 2019.

Até aqui, a escritora participou de antologias, como a da série *Cadernos Negros*, n.os 39 e 40; de *Conta forte, conta alto — contos baseados nas canções de Martinho da Vila*; de *Do Índico e do Atlântico*, uma reunião de textos de autores brasileiros e moçambicanos; publicando também *Perdidas: histórias para crianças que não têm vez*.

"Meu projeto literário é negro, pois contar é nossa maior habilidade", proclama a autora. "Nascemos para narrar e para construir com esta narrativa outros mundos possíveis e melhores para existirmos em plenitude. Em minha opinião, não há lugar mais confortável para uma pessoa negra do que o de narradora, nas mais diversas formas de expressão. Sempre soubemos fazer isto com muita maestria. Apenas precisamos a todo momento relembrar."

Eliana une ancestralidade e posteridade.

LUIZ GONZAGA

O MAR VIROU SERTÃO

Até meados da década de 1940, a música popular produzida no Nordeste brasileiro era pouco conhecida no eixo Rio-São Paulo. Sua difusão se restringia ao ambiente das comunidades do sertão, nas festas e nos "forrobodós" dos trabalhadores rurais. Mas, então, no ambiente estimulante do pós-guerra, chegava à capital da República, com sua "sanfona e sua simpatia", como logo passaria a ser anunciado, aquele que seria consagrado o Rei do Baião. Depois dele, nunca a música popular brasileira foi a mesma. Verdadeiramente.

Luiz Gonzaga do Nascimento veio à luz em 1912, no sertão de Pernambuco, na cidade de Exu, cujo nome, ao que consta, é originado de "enxu" ou "inxu", uma espécie de abelha preta, outrora muito comum na região. Filho do mestre Januário, "sanfoneiro de oito baixos", e de dona Ana Batista de Jesus, teve sete irmãos e aprendeu a tocar simplesmente observando o pai. O menino cresceu ajudando a família nos trabalhos da roça e também fazendo pequenos serviços para fazendeiros da vizinhança. O mais próximo dele foi o coronel Manuel Aires de Aguiar, que o colocou sob sua proteção e lhe emprestou o dinheiro com que, aos 13 anos, comprou sua primeira sanfona. Com o instrumento, Luiz passou a ganhar também pequenas recompensas pecuniárias, tocando em festas, como casamentos, aniversários e batizados. Assim, logo percebeu que o seu caminho era o da música.

Aos 17 anos, por causa de um namoro proibido, levou uma surra da mãe e se escondeu no mato. Pouco tempo depois, decidiu fugir mesmo, de vez. Em uma festa no Crato, no Ceará, vendeu a sanfona e rumou para Fortaleza, onde, almejando uma vida melhor, ingressou no Exército, sentando praça no 23.º Batalhão de Caçadores em 5 de junho de 1930. Logo depois, deflagrada a Revolução nos estados de Rio Grande do Sul, Minas Gerais e Paraíba, o soldado foi transferido para o 22.º Batalhão, em João Pessoa, para combater os revoltosos na cidade paraibana de Sousa. Em seguida, foi mobilizado para o 25.º Batalhão, em Teresina, para lutar no interior do Ceará e na capital do Piauí, onde conseguiu "engajamento" e foi para o Centro-Sul do país: Rio de Janeiro, Belo Horizonte, Campo Grande e, finalmente, Juiz de Fora, onde, no então 10.º Regimento de Infantaria, ganhou fama no Exército e o apelido de "bico de aço", pela habilidade como corneteiro.

Por volta de 1933, em Minas Gerais, tentou ingressar na banda de música do Regimento, mas não sabia ler em pauta. Então, comprou uma sanfona e com ela foi ter aulas, provavelmente de teoria musical, com Domingos Ambrósio, renomado músico mineiro. Mais preparado, teve a oportunidade de tocar em um clube social, na cidade de Ouro Fino.

Em 1939, já no Rio de Janeiro, Luiz Gonzaga, depois de nove anos sem dar notícias à família, deu baixa do Exército, resolvido a voltar para o lar. Enquanto esperava o navio para voltar para Pernambuco, ficou abrigado no Batalhão de Guardas do Rio de Janeiro, onde um soldado o aconselhou a ganhar dinheiro tocando na cidade. Logo, estava tocando nos bares do Mangue, nas docas do porto, nas ruas em busca de trocados. Acabou sendo convidado a tocar nos cabarés da Lapa.

Por esse tempo, seu repertório era o exigido pelo público: tangos, rumbas, valsas e os estilos trazidos pelo cinema americano, como o foxtrote. Com esses ritmos, participava de programas radiofônicos de calouros, tentando aprovação, sem conseguir. Até que, em certa ocasião, um grupo de estudantes cearenses o incentivou a tocar as músicas de sua origem, dos sanfoneiros do sertão nordestino. Então, ao participar do programa tocando "Vira e mexe", um número buliçoso e ritmado, Luiz conseguiu o ansiado primeiro lugar.

Depois disso, certo dia, Luiz foi procurado por Januário França para acompanhar Genésio Arruda, pioneiro da música sertaneja, numa gravação. Luiz se saiu tão bem que foi convidado pelo diretor artístico da gravadora RCA, Victor Ernesto Morais, para gravar como solista de seu instrumento. No dia 14 de março de 1941 aconteceu a gravação. No primeiro registro, a mazurca "Véspera de São João" e "Numa seresta". No segundo, "Saudade de São João del Rei" e "Vira e mexe", um chamego de sua autoria.

Durante os primeiros cinco anos de carreira no rádio e no disco, Luiz Gonzaga fez força para cantar e gravar as músicas nordestinas. Mas só em abril de 1945 gravou seu primeiro disco como sanfoneiro e cantor. Em busca de um parceiro também nordestino, encontrou o advogado cearense Humberto Teixeira, com quem compôs boa parte de seus primeiros retumbantes sucessos, agora gravados em sua voz, com o acompanhamento tradicional de zabumba e triângulo. Entre os sucessos contavam-se canções imorredouras como "Baião", "Asa Branca", "Paraíba", "Assum Preto" etc.

Gonzaga estava, enfim, bem posicionado. Tinha chegado à poderosa Rádio Nacional. Segundo as melhores fontes históricas, a Nacional o teria contratado por conta da boa imagem que trazia do sertão de onde provinha, na condição simbólica de "sanfoneiro nordestino" para realizar o projeto político do governo de Getúlio Vargas de integração nacional por meio da música. Afinal, Canudos e o Ciclo do Cangaço já haviam ficado bem para trás, e nada melhor para integrar esse projeto do que um sertanejo como aquele: simpático, sorridente e bem-disposto. Excelente músico, grande artista e criador excepcional, Gonzaga desempenhou o papel com brilhantismo. E ao transformar o antigo baião em um produto contemporâneo, bom de dançar e de ouvir, inclusive pelas letras inspiradas, tanto líricas e sentimentais quanto bem-humoradas e satíricas, dentro da tradição popular do Nordeste, o sanfoneiro se tornou o Rei do Baião.

Depois de longos anos distante, Luiz Gonzaga foi rever o Nordeste. Em Recife, apresentou-se em vários programas de rádio; e, no retorno à capital federal, trouxe sua família para morar no Rio de Janeiro. Nessa mesma época, conhece o médico Zé Dantas, com quem integrou uma nova parceria de sucessos, como "Vem morena", "A dança da moda", "Cintura fina", "A volta da Asa Branca".

Entre 1948 e 1954, Luiz Gonzaga morou em São Paulo, de onde viajava para todo o país. Inclusive para cantar na recepção ao papa João Paulo II em Fortaleza (1980) e se apresentar em Paris, em uma produção da cantora amazonense Nazaré Pereira.

Desde cerca de 1983, Gonzagão — como passou a ser chamado depois da estreia de seu filho Luiz Gonzaga Junior, o Gonzaguinha, no ambiente dos festivais da canção, na década de 1970 — enfrentava problemas de saúde, os quais motivaram seu falecimento no dia 2 de agosto de 1989, no Hospital Santa Joana, em Recife. Seu filho Gonzaguinha faleceu dois anos depois, em abril de 1991. Em 2012, quando se celebrou o centenário de nascimento do Rei do Baião, a memória de ambos foi saudada com o lançamento do filme *De pai para filho*, cujo tema era a difícil relação dos dois.

A partir de Luiz Gonzaga, a música nordestina, conhecida apenas em seu ambiente de nascença, ganhou o Brasil. O Rei do Baião fez, então, com que sob o rótulo de "forró" diversos ritmos dançantes, com forte acento afro-brasileiro, fossem consumidos em todo o país, por todos os segmentos sociais.

SANTA ROSA

CENTENAS DE TELAS E CENAS

Apesar de o Teatro Experimental do Negro, TEN, haver iniciado as suas atividades em 1944, somente em 1947 recebeu a colaboração de Santa Rosa, mais precisamente no Festival Castro Alves, realizado no Teatro Fênix. Pouco antes da estreia, os atores ainda não tinham o que vestir. Santa Rosa buscou alguns lençóis brancos em casa e improvisou túnicas, prendendo-os com alfinetes. Mesmo assim, o espetáculo alcançou uma boa repercussão.

Cássio Emmanuel Barsante, *Santa Rosa em cena*

Tomás Santa Rosa Júnior nasceu em João Pessoa, capital da Paraíba, em 1909. Filho de Maria Alexina Santa Rosa com o senhor de quem o menino herdou o nome, foi o primogênito de uma família de três filhos. Seu talento artístico aflorou na infância, quando, aos 5 anos de idade, resolveu pintar "painéis de grandes proporções", expressão brincalhona usada por ele, em uma entrevista concedida em 1956, para se referir às paredes de casa.

Sua instrução escolar iniciou-se na Quinta Cadeira Mista da Paraíba, prosseguiu no Grupo Escolar Thomas Mindelo e consolidou-se no Liceu Paraibano, onde concluiu o Curso Comercial e bacharelou-se em ciências e letras. Mas desde os 6 anos de idade sabia escrever, e lia o *Jornal das Crianças*, com o qual soube do fim da Primeira Guerra Mundial. O evento inspirou-lhe uma homenagem às forças Aliadas, representadas no desenho artístico que fez das bandeiras dos países vencedores do conflito. Impressionado com a qualidade da obra, o governador de seu estado, Camilo de Holanda, manifestou o desejo de custear seus estudos na Europa, com o que sua mãe, zelosa e preocupada, não concordou. Afinal, o artista tinha apenas 9 anos. Mas isso não foi empecilho para o menino demonstrar e desenvolver, cada vez mais, seu talento artístico.

Aos 14 anos, Tomás foi trabalhar em uma repartição do governo, próxima ao liceu onde estudava. Mas em 1931, já adulto, aprovado em concurso para o Banco do Brasil, foi nomeado para uma agência em Salvador, Bahia, da qual foi transferido posteriormente para Maceió e depois para Recife. Mas o sonho do artista era a cidade do Rio de Janeiro. Então, em junho de 1932, abandonou o emprego no Banco do Brasil e partiu para a velha capital federal.

Tomás Santa Rosa, já mais referido pelo sobrenome, chegou à Cidade Maravilhosa com o firme propósito de aperfeiçoar seu trabalho criativo como artista plástico. Foi morar no bairro do Catete, onde dividiu um quarto de pensão com o futuro escritor José Lins do Rego. Autodidata, sempre estudou sozinho, e a vida lhe ensinava. Dessa forma, entrou em contato com a pintura, a ilustração, a diagramação, a cenografia e o figurino, dedicando-se também ao ensino das técnicas que dominava, com um talento que ia das artes plásticas ao teatro e à literatura.

Destacando-se primeiro como desenhista, ilustrando obras de grandes escritores nacionais contemporâneos, mais tarde projetou e executou cenários para importantes montagens, tanto de peças teatrais quanto de balés.

Fascinado pela obra de Portinari, com quem trabalhou e dividiu uma grande amizade, suas primeiras criações como cenógrafo foram em 1937 com *Ásia*, de Lenormand, montada pela Companhia de Arte Dramática Álvaro Moreyra; *Uma loura oxigenada*, de Henrique Pongetti, dirigida pelo ensaiador Eduardo Vieira, no Teatro Rival; e *Anna Christie*, de Eugene O'Neill — as duas últimas, representadas pela companhia teatral de Jayme Costa. Em 1938, juntamente com Luiza Barreto Leite e Jorge de Castro, fundou o grupo de teatro amador Os Comediantes, que estreou em 1940 com a peça *A verdade de cada um*, de Luigi Pirandello, cujos cenários, realizados por Santa Rosa, receberam muitos aplausos.

Na encenação de *Orfeu*, de Jean Cocteau, entusiasmou a plateia ao conceber espelhos, confeccionados com papel celofane que, realçados pelo reflexo de luz prateada, pareciam verdadeiros. Mas a grande consagração de sua carreira foi a execução, em 1943, do cenário de *Vestido de noiva*, de Nelson Rodrigues, sob a direção de Ziembinski, espetáculo que consolidou o processo de modernização do teatro brasileiro. De acordo com o crítico Álvaro Lins, como visto em Santa Rosa em cena, "desdenhando os cenários e construindo a arquitetura cênica — com um bom gosto e uma penetração psicológica à altura da peça —, Santa Rosa ficou sendo visto como uma espécie de coautor de *Vestido de noiva*".

Talento múltiplo, em 1945, Santa Rosa, indicado por Alceu Amoroso Lima, tornou-se crítico de arte do *Diário de Notícias*, ocupando o lugar deixado por Di Cavalcanti. Professor admirado e respeitado, lecionou na Fundação Getúlio Vargas, na Escola Nacional de Belas-Artes e no Museu de Arte Moderna. Ativista de movimentos culturais, participou ativamente do Teatro Experimental do Negro, fundado em 1944 por Abdias Nascimento, destacando-se nos seguintes espetáculos: *Recital Castro Alves* (1947); *Terras do sem-fim* (1947), de Jorge Amado; *O filho pródigo* (1947), de Lucio Cardoso; *A família e a festa na roça* (1948), de Martins Pena; *Aruanda* (1948), de Joaquim Ribeiro; e *Filhos de santo* (1949), de José Moraes Pinho.

Em *A rainha morta* (1946), de Henry de Montherlant, o crítico do *Correio da Manhã* Paschoal Carlos Magno fez elogios entusiásticos e valorizou minuciosamente seus figurinos. Mais adiante, trabalhou com o Teatro de Equipe — ao fazer a cenografia de *Massacre*, de Emmanuel Roblès, sob a direção de Graça Mello — e com Renato Viana, Mário de Andrade, Bibi Ferreira e outros. Cenografou e confeccionou figurinos para óperas e bailados, ilustrou livros, principalmente para a editora José Olympio, para a qual colaborou por 22 anos.

Em junho de 1954, Santa Rosa ocupava o cargo de secretário do Conselho Nacional de Teatro quando foi convidado para dirigir o Conservatório Nacional do Teatro; e, ao largo desta e de outras funções públicas, participou do júri da I e da II Bienal de São Paulo. Da mesma forma, teve também sua arte julgada e honrada com diversos prêmios, tais como a medalha de ouro da Associação Brasileira de Críticos Teatrais (ABCT) pelos cenários de *Vestido de noiva* e *Senhora dos afogados*, de Nelson Rodrigues, e de *A morte do caixeiro-viajante*, de Arthur Miller.

Em 1956, o Santa Rosa representou o Brasil na Conferência Internacional de Teatro, realizada em Bombaim, na Índia. Durante a viagem, adoeceu, foi hospitalizado e faleceu no dia 27 de novembro daquele ano, em Nova Déli.

Sua morte causou perplexidade e tristeza não só entre seus amigos e admiradores, mas também entre o grande público, que acorreu ao seu velório no *foyer* do Theatro Municipal do Rio de Janeiro e ao sepultamento de seu corpo no cemitério de São João Batista.

LENA FRIAS

IDENTIDADE BRASILEIRA, ANTES DE TUDO

Vida íntima de escola de samba é novelo difícil de desenrolar. Sempre foi capítulo de parágrafos violentos, jogos de interesses. Cabe ao presidente eleito fixar as normas de comportamento da sociedade que frequenta a escola, formada por uma gama de pessoas que se estende das famílias modestas e proletárias do próprio morro, e dos parques residenciais vizinhos, aos clientes do asfalto. Entre esses dois polos, os garotos rotulados de marginais, o homem do tóxico, o do jogo, a gente de atividades paraoficiais ou paramarginais, sempre as mais lucrativas. Fala-se em milhões, dentro de casebres miseráveis. De onde vem e para onde vai esse dinheiro? As respostas são lacônicas ou tortuosas. Tornam ainda mais complexa a densa problemática atual das agremiações de samba.

Lena Frias, *Jornal do Brasil*

Marlene Ferreira Frias, nascida em Niterói, Rio de Janeiro, em 1943, e falecida na capital fluminense em 2004, foi uma grande jornalista brasileira, celebrizada pelo nome profissional Lena Frias. Formada em comunicação pela UFRJ e especialista em cultura brasileira, integrou o Conselho de Carnaval da Cidade do Rio de Janeiro e o Conselho Estadual de Cultura. Com carreira iniciada na sucursal carioca do jornal *O Estado de S. Paulo*, destacou-se, a partir da década de 1970, pela produção de densas matérias de denúncia e comportamento.

Incansável pesquisadora e ao mesmo tempo corajosa repórter investigativa, transitava tanto pelos meandros dos morros quanto pelos salões nobres das universidades e academias. Entusiasta do samba, do choro e da cultura tradicional brasileira em geral, seus trabalhos primavam pelo viés social, privilegiando temas de real importância para a sociedade. Seus artigos eram expressão de um amplo olhar que se estendia por todas as latitudes do território brasileiro. Assim, escreveu tanto sobre o cantador Azulão na Feira de São Cristóvão e o Movimento Armorial, de Ariano Suassuna, quanto sobre superstições e lendas ou sobre as raízes pré-ibéricas do boi-bumbá de Parintins. Considerava a cultura brasileira um valor de identidade e dedicava-se a tudo que pudesse revelar suas matrizes. Sem descurar dos problemas e suas causas, foi autora, nos anos 1970, de reportagens de grande profundidade e de alto teor investigativo sobre a Cidade de Deus (comunidade na Zona Oeste do Rio de Janeiro), tornando-se especialmente conhecida pela série de matérias sobre o fenômeno Black Rio, publicada no *Jornal do Brasil* na mesma década.

Boa parte da vida jornalística de Lena Frias se passou na redação do *Jornal do Brasil*, prestigioso órgão da imprensa que, após sofrer perseguição da ditadura militar, inclusive com a prisão de seu presidente em 1970, acomodou-se aos novos tempos nos quais, segundo algumas versões, teria conseguido confortável situação financeira, através de lucros significativos. Com a redemocratização, tais ganhos desapareceram e o jornal logo entrou em crise, durante a qual a jornalista viu-se afastada da redação.

Na década de 1980, em licitação do Governo Federal para concessão para exploração de uma rede de televisão de âmbito nacional, o grupo Jornal do Brasil perdeu para os grupos Silvio Santos e Bloch, que ingressaram no mercado respectivamente com o SBT e a Rede Manchete. Em 2001, o grupo arrendou o título por sessenta anos a um empresário conhecido por comprar empresas em estado de quase falência, saneá-las e depois revendê-las. Nesse momento, Lena Frias, que retornara em 1994, pediu demissão, mas a tempo de publicar um texto de despedida.

Nele, ela dizia que, sete anos após seu retorno, deixava de vez o *Jornal do Brasil*, onde vivera os episódios mais intensos de sua carreira profissional, numa relação que, segundo ela, não merecia encerrar-se melancolicamente. Pouco mais de um ano antes, a grande jornalista se vira afastada do caderno de cultura, embora gozasse da amizade e consideração da editora e do principal executivo do jornal. Segundo sua constatação, o saber e a experiência que acumulara ao longo de três décadas não interessavam ao *JB*. Ou não interessavam o seu olhar e a sua abordagem, "expressão de um efetivo compromisso jamais traído com a cultura brasileira", a qual jamais tratara como curiosidade ou exotismo, mas como "valor de nossa identidade". O Brasil e sua gente, frisava a jornalista, eram o centro do seu interesse como profissional da cultura e de sua emocionalidade enquanto criadora e intelectual. E isso, tanto pela multiplicidade e diversidade da nossa cultura quanto pela capacidade que "nós brasileiros temos de reinventar o viver, dentro de um cotidiano de desvalia e desvalorização daquilo que nos é fundamental como povo".

Depois de outras considerações, concluía Lena Frias: "Por isso mesmo, e pelo contraditório que se instalou, considerei ser a hora de deixar o jornal com que tenho laços tão vivos de afeto: os donos da verdade nos meios de comunicação não parecem sensibilizados ou mesmo interessados em tão profunda brasilidade." Finalmente, assinava esse verdadeiro manifesto denunciando a falta de respeito que era a desqualificação da cultura brasileira, por ela representada na redação do *JB* naquele momento, e frisando como destaques dessa representação desqualificada a cor "sépia" (amarronzada) de sua pele e seus conhecimentos, adquiridos nas fontes populares, mas com muito estudo e empenho.

Antes desse final, em 1999, Lena Frias passara a integrar o Conselho de Carnaval da Cidade do Rio de Janeiro. No mesmo ano, assumia uma das cadeiras do Conselho Estadual de Cultura do Rio de Janeiro. Em ambas as posições, destacou-se como entusiasta da ação e da obra de artistas populares como Clementina de Jesus, Cartola, Nelson Cavaquinho e Candeia, entre diversos outros, tendo participado da elaboração do livro *Rainha Quelé: Clementina de Jesus* ao lado de Hermínio Bello de Carvalho, Nei Lopes e Paulo César de Andrade, com organização de Heron Coelho, lançado em 2001 pela Editora Valença, da cidade natal da focalizada. Seu último trabalho publicado foi o *press release* do último CD lançado por Dona Ivone Lara, em 2004. Nesse ano, Lena Frias faleceu. No dia 12 de maio.

CELSO ATHAYDE

PERFIL DE UM SOBREVIVENTE

O nome "favela" nasceu para denominar o conjunto de moradias erguido de modo improvisado e desordenado, no morro da Providência, no centro do Rio, na última década do século XIX. O apelido veio do morro de mesmo nome, então existente no cenário do clássico *Os Sertões*, de Euclides da Cunha. A alcunha passou a todos os aglomerados que a pobreza alastrou pelas encostas das serras cariocas ao longo do século XX. Entretanto, boa parte dos moradores de algumas dessas localidades, embora estigmatizados como "favelados" e não atendidos pelas mesmas atenções prestadas sobretudo aos habitantes dos bairros litorâneos, vem criando representações significativas por meio de um conjunto homogêneo de produção cultural, múltiplo e inovador, que chega a toda a cidade e ao Brasil.

O produtor cultural Celso Athayde nasceu em Olinda, distrito de Nilópolis, na Baixada Fluminense, em 28 de fevereiro de 1963. Quando tinha 6 anos, seus pais se separaram. Na época, a mãe, sem ter onde morar, se instalou com os dois filhos debaixo de uma marquise no bairro de Marechal Hermes, na Zona Norte do Rio de Janeiro. Depois se mudaram para debaixo do viaduto Negrão de Lima, em Madureira. O pai nunca soube que eles moravam na rua. Celso conta que só o reencontrou no enterro do irmão, César, assassinado em 1995.

Quando morava na rua, Celso, segundo conta, sobrevivia de pequenos furtos. Ele e o irmão não passavam fome porque "se viravam", e quando não havia comida cheiravam cola de sapateiro para enganar a fome. Conseguiram sair da rua depois de uma grande enchente no Rio de Janeiro. A Prefeitura estava recolhendo os desabrigados, e a família disse à Defesa Civil que morava num barraco que fora destruído. Recolhidos a um abrigo público, o Pavilhão de São Cristóvão, de lá foram remanejados para o conjunto habitacional Doutor Octacílio Camará, conhecido como "Cesarão", em Santa Cruz, no extremo oeste do Rio. Dali se mudaram para um apartamento da Cohab em Senador Camará, um pouco mais abaixo, mas ainda na Zona Oeste da grande cidade. Foi nesse bairro, na Favela do Sapo, que Celso diz ter sido criado. Havia ali, perto de uma pedreira, uma rinha, onde os lutadores não eram galos, mas garotos. O menino começou a trabalhar na rinha, levando dinheiro para policiais militares numa barraca de cana-de-açúcar, comprando remédio e cigarro, ajudando a socorrer os perdedores. Mas também participou de algumas lutas. Quem dominava a rinha era um narcotraficante, o Bagulhão (Rogério Lemgruber), tido como fundador da facção criminosa Falange Vermelha, e que costumava aconselhar o menino.

Aos 19 anos, Celso começou a procurar emprego. Passou nos exames para a Polícia Militar, mas largou a corporação seis meses depois para virar camelô em Madureira. Nessa época, começou a produzir bailes de "charme" no viaduto sob o qual havia morado. O charme é um estilo de dança suave e romântico, surgido entre a juventude negra e de classe média baixa dos subúrbios cariocas no começo dos anos 1980, em contraposição à agressividade do funk e seus derivados. E Celso, apesar de entender a importância do charme como manifestação de jovens negros, depois de um tempo passou a achar que o movimento era pacífico demais, o que o estimulou a se envolver com o hip-hop.

Nesta vertente, Celso Athayde trabalhou por dez anos com o grupo Racionais MCs e outros nomes do movimento hip-hop. Quando produzia um show do Racionais, no Império Serrano, em Madureira, foi convencido a deixar um jovem nascido na Cidade de Deus fazer a abertura. Esse jovem era Alex Pereira Barbosa, que ficaria conhecido no país como MV Bill e que se tornaria seu parceiro em diversos projetos. Foi com o rapper que dirigiu o documentário *Falcão, meninos do tráfico*. O programa foi exibido em 19 de março de 2006 no *Fantástico*. Comparando o documentário de Athayde e MV Bill com outras obras que tratam do tráfico de drogas nas periferias brasileiras, o crítico Karl Erik Schøllhamer escreveu que "os autores evitam o olhar sociológico, de quem vem de fora para denunciar uma injustiça, e prestam mais atenção à voz dos entrevistados, à opinião e à visão que têm de sua própria realidade, criando um resultado muito mais agudo e claro do que se poderia esperar de crianças e jovens na maioria analfabetos e iletrados. [...] Ambos conversam com os envolvidos com a franqueza de quem cresceu enfrentando os mesmos problemas, e estimulam os jovens a falar sem hesitações, com grande sinceridade e afeto". O documentário se desdobraria em dois livros: *Falcão: meninos do tráfico* (2006) e *Falcão: mulheres do tráfico* (2007).

Recuando ao final dos anos 1990, vamos encontrar o produtor achando que o movimento hip-hop, até então visto apenas como uma maneira de protesto, deveria não apenas protestar, mas também agir. Depois de muito pensar e planejar, Athayde convocou os rappers MV Bill e Nega Gizza para juntos darem forma à CUFA, Central Única das Favelas, com o objetivo de formar e qualificar jovens dos territórios periféricos para disputar espaços fora das favelas.

Criada a entidade, Celso percebeu que o passo seguinte deveria ser criar redes de empreendedores vindos das áreas mais pobres. Fundou, em 2012, a Liga dos Empreendedores Comunitários, buscando parceria com a Fundação Dom Cabral e o Sebrae. Daí surgiu a ideia de uma "holding social", a Favela Holding, que funciona como incubadora de empresas de cunho social e como mediadora para empresas que quisessem fazer parceria com empreendimentos sociais. O primeiro grande projeto da holding foi a Favela Distribuições, que distribui e vende nas favelas produtos de empresas como Procter & Gamble, Natura e Tim. Também nessa área, criaram o programa Recomeço, que contrata ex-presidiários. É também à holding que está ligada a Data Favela, um instituto de pesquisa que pretende romper com os papéis tradicionais do negro e do favelado. Ali, os moradores da comunidade são objeto e sujeito das pesquisas, e não "ratos de laboratório".

Hoje, Celso é o coordenador-geral da Central Única de Favelas (CUFA), instalada debaixo do viaduto Negrão de Lima, em Madureira — onde ele morou quando criança —, que já recebeu apoio de empresas e entidades como Fedex, UNESCO, Fundação Ford e Procter & Gamble e está em 17 países e 412 cidades. Além de projetos educacionais, a organização promove atividades culturais e esportivas, como a Taça das Favelas, competição de futebol que envolve 96 mil jovens por ano só no Rio de Janeiro, e o Hutúz, um dos maiores eventos do país dedicados exclusivamente à cultura hip-hop.

Athayde já sofreu críticas pelo foco em empreendedorismo e consumo. "Eu ficava sempre perguntando: qual é o mal em você trabalhar muito e ter sorte ou competência para poder ter uma vida melhor? O favelado é um empreendedor por excelência. Desde o momento em que ele está numa feira, carregando o carrinho de uma madame ou a bolsa dos outros", disse à *Folha de S.Paulo*.

Mas a defesa da iniciativa dos negros e dos favelados não significa que Athayde não acredite na necessidade da intervenção do Estado. Por isso, foi um dos apoiadores da Frente Favela Brasil, um partido político que lideraria uma bancada da favela ou dos negros. Como explicou aos entrevistadores do *Roda Viva* quando pediram que ele avaliasse a intervenção federal no Rio de Janeiro em 2018, que levou operações militares a favelas e bairros pobres: "Se você pergunta para a favela se ela quer intervenção, ela quer intervenção. Mas não intervenção militar. Ela quer intervenção social."

Olhando para trás, Celso Athayde contabiliza: "Me tornei camelô na estrada do Portela, promovi bailes de charme, fiz uma revista *black*, participei da formação de um partido político de pretos, o PP-Pomar, Partido Popular Poder para a Maioria, participei da articulação da CUFA, Central Única das Favelas, ajudei a criar a Maria Maria, organização de mulheres, participei da criação de um prêmio nacional de rap, de um festival com uma semana inteira dedicada ao hip-hop nacional, o Hutúz, dirigi e produzi documentários, assim como videoclipes, fui dono de birosca, joguei futebol, guardei carros em Botafogo, em frente à CNEN, Comissão Nacional de Energia Nuclear, fui segurança da Nuclebrás, toquei violão na noite, montei escritório de distribuição de discos, fali, desisti, insisti, respondi a vários processos por apologia ao crime, e ainda respondo, mas também fui premiado pelos mesmos atos, dentro e fora do Brasil, viajei o mundo: África, Estados Unidos, Europa."

Este é o resumo que Celso Athayde faz de sua trajetória desde sua juventude em *Cabeça de Porco* (2005), livro escrito com MV Bill e o antropólogo Luiz Eduardo Soares. Um resumo polêmico, no qual, dialeticamente, o Bem e o Mal se alimentam de maneira mútua. Como na Vida. E que nem por isso deixa de ser reluzente.

Muito pelo contrário.

DULCE MARIA PEREIRA

EMBAIXATRIZ DA FALA BRASILEIRA

"A língua portuguesa, falada e escrita por mais de 250 milhões de pessoas em cinco continentes, constitui um poderoso instrumento de unidade, de trabalho e de afirmação da importância de seus falantes neste mundo global em que seremos cada vez mais levados (obrigados) a utilizar este idioma e a trabalhar com ele, ao ponto de, perto do final deste século, cerca de 450 milhões de pessoas poderem usar o português como língua de comunicação, de criação de novas oportunidades e de resoluções de nossos problemas comuns, para transformação do mundo." Assim pensa a Comunidade dos Países de Língua Portuguesa (CPLP), que no raiar deste século teve em sua liderança uma jovem mulher afro-brasileira.

No ano 2000, depois de superar o medo do temível bug do milênio, o mundo continuava avançando de forma implacável no desenvolvimento tecnológico para aproximar pessoas, romper fronteiras e facilitar a vida de todos. No Brasil, outro tipo de evolução enfim aconteceu. No caso, socialmente: exatos quinhentos anos após a chegada das primeiras naus portuguesas, uma pessoa negra foi escolhida para assumir, pela primeira vez na história, um cargo diplomático no exterior. A ruptura com o preconceito e com o racismo estrutural foi uma vitória sobre o atraso secular da sociedade brasileira, habituada a discriminar cidadãos simplesmente pela cor de sua pele.

A responsável por tal conquista foi Dulce Maria Pereira, nascida em 10 de novembro de 1954, em São José do Rio Preto, no interior paulista. Filha de um enfermeiro e de uma dona de casa que tiveram, ao todo, quatro filhos, Dulce passou por privações financeiras durante toda a infância. Costuma lembrar que faltava dinheiro para comprar uniforme escolar e até comida. No início dos anos 1960, a crise econômica doméstica foi tão grave que o único tipo de alimento que havia em sua casa era macarrão.

A velha questão étnico-racial também era uma barreira quase intransponível. No Instituto de Educação Monsenhor Gonçalves, Dulce e outros colegas negros ouviam rotineiramente provocações e xingamentos verbalizados por crianças brancas. Por isso, desde muito nova ela teve consciência de que era vulnerável ao racismo e a um tipo de desestruturação emocional e psicológica provocada pela sociedade.

Mas, apesar das dificuldades, sua família compreendia que o único caminho para crescer era pela educação. Então, todos os sacrifícios foram feitos para garantir conhecimento e cultura a Dulce, que, por sua vez, soube tirar proveito desse esforço coletivo para progredir.

Aos 17 anos, a primeira grande conquista: participou de um concurso e ganhou uma bolsa de estudos integral para cursar o último ano do ensino médio nos Estados Unidos. Foi uma revolução em sua vida. Durante um ano, morou com uma família branca em South

Milwaukee, no estado de Wisconsin. Na escola onde estudou, era a única negra. Mas o apoio de seus "pais" americanos, Joe e Mary Baer, foi fundamental para que superasse as dificuldades. Tanto que, mesmo vivendo em uma cidade em que mais de 80% da população era branca, Dulce começou a participar do movimento negro local, lutando pelo reconhecimento da igualdade racial e fazendo contato — e amizade — com membros do Congresso Nacional Africano.

Em 1973, Dulce retornou ao Brasil para cursar arquitetura na Universidade de Brasília, já completamente engajada em movimentos sociais, sobretudo os que lutavam contra o racismo. No início dos anos 1980, filiou-se ao recém-criado Partido dos Trabalhadores, onde continuou colocando em prática todo o conhecimento que acumulou ao longo de quase duas décadas de ações de defesa dos direitos humanos, especialmente da população negra.

Na mesma época, foi trabalhar na TV Cultura, em São Paulo. Na emissora, comandou diversos projetos jornalísticos que tratavam de temas relevantes para a sociedade, em geral, e para as minorias, em particular. Entre os programas que apresentou estava o *Constituinte 87*, uma mesa de debates sobre os principais temas ligados à reforma da Constituição, a primeira depois da redemocratização do Brasil.

Nos anos seguintes, Dulce ampliou sua atuação política, sendo considerada uma das vozes mais ativas do movimento negro brasileiro. Atuou na gestão de Luiza Erundina, na Prefeitura de São Paulo, e foi suplente de Eduardo Suplicy no Senado Federal a partir de 1991. Em 1996, já no governo Fernando Henrique Cardoso, foi chamada para assumir a presidência da Fundação Cultural Palmares, responsável pela valorização, preservação e dinamização da cultura negra no Brasil, onde também registrou a marca do pioneirismo. Passou quatro anos na função.

Em 2002, sua mais relevante conquista: foi indicada pelo presidente da República ao cargo de secretária executiva da CPLP, cargo diplomático de extrema importância. O organismo, com sede em Lisboa, é responsável pela comunicação dos seus países-membros com a União Europeia, os Estados Unidos e o resto do mundo. No discurso de posse, a reafirmação de um objetivo: buscar a integração política, econômica, social, cultural, científica e jurídica entre os sete países que falam português e tentam se unir por meio dessa comunidade — Brasil, Portugal, Angola, Cabo Verde, Guiné-Bissau, Moçambique e São Tomé e Príncipe.

Nos últimos anos, passou a dedicar-se à academia, como professora da Universidade Federal de Ouro Preto (UFOP), onde coordena diversos projetos ligados à formação e à capacitação em educação ambiental, inclusão e temas socioambientais.

SALGADO MARANHÃO

DA TERRA BRUTA, OS VOCÁBULOS

É na fé desdobrável/ que o gueto rascunha/ seu grito, sua jihad/ chã.// Na linfa onde o amor/ peçonha sua melanina/ de pólvora. Por isso// nos bate à porta/ essa ópera de cinzas; essa/ flor desossada.// Cresce a selva de dardos/ que amanhece a terra/ bruta e os vocábulos// de pedra. Cresce o chão/ ferido do desejo na orla/ do que vejo sem querer.// Plantaram sobre mim/ uma cidade vã, uma/ enciclopédia de vertigens. E/ essa boca infindável/ em que como raios/ para romper a noite.

Salgado Maranhão, "Lacre 5"

Em 1971, o poeta e letrista Torquato Neto tinha voltado de um período em Londres, onde alguns exilados brasileiros haviam se refugiado da repressão do regime militar, e escrevia a coluna Geleia

Geral no jornal *Última Hora*. Nascido em Teresina em 1944, Torquato — que, em 1972, tiraria a própria vida — foi visitar seu pai e queria conhecer os poetas mais jovens da cidade. Um deles, José Salgado Santos, então repórter no jornal *O Dia*, foi entrevistá-lo.

Aquele encontro foi essencial para que José Salgado terminasse de "mudar de pele". Torquato, conta o poeta, "me apresentou a poesia concreta, sugeriu que eu tivesse um nome artístico, disse que José Salgado parecia nome de arquivista. E disse que meu lugar era no Rio". E José Salgado Santos virou Salgado Maranhão.

Nascido em Cana Brava das Moças, distrito maranhense de Caxias, cidade de Gonçalves Dias, o futuro poeta só foi registrado aos 16 anos — e por ele mesmo — com a data de nascimento em 1953. O pai, Moacyr dos Santos Costa, era comerciante e administrador da fazenda onde trabalhava a mãe, Raimunda Salgado dos Santos. "Primeiro filho homem, após três filhas bem mais velhas de seu casamento oficial, ele quis me levar para casa, mas minha mãe não aceitou, dizendo que 'quem doa os filhos é cadela'", contou Salgado a Antônio Carlos Miguel. Viveu até os 15 anos em uma casa simples na zona rural, trabalhando na roça. A mãe plantava até maconha, que era usada como chá para digestão. Algo dessa época ficou no poeta de "Autorretrato", que escreve: "passei a infância/ correndo atrás do sol,/ pés descalços pelos matagais/ por entre cascavéis e beija-flores./ cedo aprendi o milagre/ das sementes: minha mãe/ abria a terra/ e eu semeava os milharais, os campos de arroz e as colheitas."

Em 1968, a família se mudou para Teresina. Foi só no Piauí que completou sua alfabetização, mas já vivia num mundo de poesia, povoado pelos versos de cantadores e violeiros, pela literatura de cordel e pelo tambor de crioula maranhense. Nos primeiros tempos de Teresina, trabalhava vendendo imagens de santos na rua. Foi quando descobriu a Biblioteca Municipal Anísio Brito. "Um dia abri", contou ele em depoimento para a *Folha de S.Paulo*, "um livro cuja capa era vinho e verde, as cores da bandeira de Portugal, e que tinha um poema que dizia: 'Que sei eu do que serei/ Eu que não sei o que sou?/ Ser o que penso?/ Mas há tantos que pensam ser a mesma coisa/ Que não pode haver tantos.' Era Fernando Pessoa." Foi assim que sua pele começou a mudar: pela descoberta da poesia. "Em algum poema eu digo que meu 'nome é nômade', porque eu sou aquele que a poesia salvou."

Seguindo o conselho de Torquato, o maranhense foi em 1973 para o Rio de Janeiro, de ônibus e com pouco dinheiro. No ano seguinte ganhou bolsa da Pontifícia Universidade Católica do Rio e começou a estudar comunicação. Morava na Casa do Estudante Universitário (CEU) e se envolveu com um grupo que vinha na esteira da poesia marginal. Liam seus poemas em botequins e teatros. A partir de 1976, Salgado começou a colaborar em publicações como *Música do planeta Terra*, a convite de Júlio Barroso, editor da revista, e *Encontro com a Civilização Brasileira*. Em 1978, surgiu a oportunidade de preparar um livro por uma editora grande. Saiu *Ebulição da escrivatura: treze poetas impossíveis*, coletânea organizada por Salgado Maranhão, Sergio Natureza e Moacyr Félix e que trazia poemas de Sergio Natureza (assinando Sérgio Varela), Antônio Carlos Miguel (sob o pseudônimo de Antônio Caos), Éle Semog, Mário Atayde, Tetê Catalão, entre outros.

Salgado Maranhão reconhece que a poesia marginal ajudou a combater a rigidez com leveza, numa época em que a poesia se dividia entre os concretos e os neoparnasianos. Ele queria, no entanto, seguir um caminho próprio, sem medo de assumir um tom lírico e sensual que a ironia dos poetas marginais evitava. E conseguiu. Produziu uma poesia muito atenta à polissemia das palavras. Segundo o também maranhense Ferreira Gullar (1930-2016), Salgado Maranhão combina "uma rara mescla de encantador de palavras e artesão exigente". Sua obra também se diferenciava dos contemporâneos pela discussão da história racial brasileira, como em "Negro soul": "sou negro,/ orgulhosamente bem-nascido/ à sombra dos palmares,/ da grandemocracia/ racial/ ocidental/ tropical. [...]/ (negro é feito de cana no moedor,/ sofre e tira mel da própria dor.)"

Salgado foi também um dos fundadores, em 1973, do Centro de Culturas Afrosiáticas (depois Instituto de Pesquisa das Culturas Negras) e foi integrante do Grupo Negrícia, que debatia literatura e cultura negra, principalmente entre 1984 a 1992. Além de Salgado, participavam do grupo Éle Semog, Deley de Acari e Conceição Evaristo.

Nos anos 1970, o poeta conheceu compositores como Vital Farias, Paulinho da Viola, Elton Medeiros, Ivan Lins, e se tornou também letrista de música popular. Com mais de cinquenta músicas gravadas por nomes como Amelinha, Elba Ramalho, Ney Matogrosso, Rosa Marya Colin e Zizi Possi, uma das mais conhecidas é "Caminhos de Sol", com Hernán Torres, que entrou na trilha sonora da novela *A viagem*, da Rede Globo, em 1994. Um de seus parceiros, Ivan Lins, o considera "um dos mais brilhantes poetas da geração": "Um encantador de serpentes literárias e libertárias. Um emotivo nato."

Apesar do reconhecimento da crítica, durante muito tempo o poeta viveu como massoterapeuta e professor de tai chi chuan, praticando técnicas que conheceu com um padre jesuíta. "Ganhei uma certa notoriedade e, em 1991, montei um consultório no Club Med de Angra dos Reis. Ayrton Senna foi meu cliente, assim como vários banqueiros de São Paulo." Ainda trabalhava no consultório quando, em 1999, recebeu o Prêmio Jabuti pelo livro *Mural de ventos*. E este foi apenas um de uma série de prêmios. Com mais de dez livros individuais publicados, ganhou, em 1998, o Prêmio Ribeiro Couto, da União Brasileira dos Escritores, com o livro *O beijo da fera*; em 2011, o Prêmio Machado de Assis de Poesia, da Academia Brasileira de Letras, com *A cor da palavra*; e o Prêmio Pen Clube de Poesia de 2014 com *O mapa da tribo*. Além disso, seu livro *Sol sanguíneo* (2002) foi traduzido para o inglês por Alexis Levitin e publicado como *Blood of the Sun* (2012).

Menino que ajudava a mãe a lavrar a terra e poeta premiado, migrante que partiu do Maranhão para o Rio de Janeiro, passando por Teresina, e letrista de sucesso, Salgado Maranhão tem uma obra tão múltipla quanto sua história, recorrendo a técnicas variadas para tratar de temas tão diversos como o erotismo, a própria palavra e a questão do negro na sociedade brasileira. Mas é o poeta quem melhor se define: "Quem olha na minha cara/ Já sabe de onde eu vim/ Pela moldura do rosto/ E a pele de amendoim/ Só não conhece os verões/ Que trago dentro de mim."

FREI DAVID

APOSTOLADO DE EDUCAÇÃO E CIDADANIA

> *No ano do cinquentenário da emancipação do nosso município, terra onde viveu João Cândido e onde ainda moram seus filhos, queremos homenagear este homem que tem dedicado sua vida à emancipação do povo negro de nosso país. Como presente desta comunidade que o respeita, desejamos a você, David, um Axé muito grande. Valeu, Zumbi! Valeu, David!*
>
> Vereador Jorge Florêncio, na concessão do título de Cidadão Meritiense a Frei David, em 1997

David Raimundo dos Santos, conhecido como "Frei David", nasceu em Nanuque, norte de Minas Gerais, em 17 de outubro de 1952, filho de Manuel Rosalino dos Santos, um homem negro, e Maria Pereira Gomes, uma mulher branca. Com 1 ano e meio, mudou-se com a família para Vila Velha, no litoral capixaba, onde a rotina de lazer passou a incluir, claro, a praia, uma dádiva para o pequeno David, que se habituou a estar com a pele do corpo bronzeada a maior parte do tempo.

Em casa, o impacto da mudança de cidade foi enorme. Afastados da família de seu pai, David e os irmãos só conviviam com a da mãe, toda formada por brancos. Anos mais tarde, ele chegaria à conclusão de que foi uma estratégia identitária de seu Manuel Rosalino, que rejeitava, ele próprio, a raça negra. Tanto que, durante a infância e a juventude, nunca houve qualquer tipo de conversa sobre a ancestralidade daquela família. Nada sobre sua origem nem sobre a história ou a cultura dos povos africanos, a escravidão a que foram submetidos no Brasil por 354 anos, o abandono que se seguiu à assinatura da Lei Áurea.

Para todos os efeitos, David era branco. Cresceu acreditando nisso. Enxergava-se, no máximo, "bronzeado" de praia. E foi assim até os 23 anos de idade, quando viveu a experiência de ser confrontado com sua negritude no Seminário Franciscano de Petrópolis, na Região Serrana do Rio de Janeiro. A "brincadeira" feita pelos seminaristas de origem europeia consistiu em criar um "navio negreiro" no refeitório, onde os negros deveriam almoçar naquele fatídico 13 de maio de 1976, data do 88.º aniversário da Lei Áurea. David não entendeu por que deveria estar com os outros sete rapazes de origem africana. Revoltou-se. Somente à noite, após uma longa conversa com um frei, é que se deu conta da realidade. Ao mostrar uma foto do pai ao tutor, que tentava demovê-lo da ideia de abandonar o seminário, David ouviu a verdade: "Seu pai é negro!"

Sua trajetória de militância começou, segundo conta, naquele 13 de maio, quando o jovem David Raimundo dos Santos descobriu que sofria de "ideologia do embranquecimento". Confrontado com sua negritude pela primeira vez na vida, achou indigno ser colocado em um grupo que era humilhado por outro, bem maior, formado por brancos de origem alemã e italiana. A certeza de que estava sofrendo uma agressão foi tamanha que ele chegou a arrumar as malas para abandonar o Seminário Franciscano de Petrópolis, onde entrara dois meses antes.

Ao finalmente compreender que havia rejeitado sua própria raça por duas décadas, e que sua família também agia assim, David ficou em estado de choque. O despertar da consciência racial foi disruptivo e revolucionário. Do choque inicial, que gerou nele uma paralisia, nasceu um sentimento novo. De absoluta liberdade. Livre do racismo estrutural que havia desconstruído sua identidade. Ele decidiu que, por mais complicada que fosse a missão, ia ajudar outros negros a se libertar da ideologia do embranquecimento. A partir daquele momento, a vocação religiosa encontrava um propósito de vida. David Raimundo dos Santos não seria franciscano porque São Francisco tem uma proposta de vida e um projeto de sociedade. Ele iria ser franciscano porque queria colocar a estrutura da Igreja e de sua congregação a serviço dos negros. Desde então, o movimento negro brasileiro ganhou um de seus mais orgulhosos e aguerridos ativistas.

Ordenado sacerdote em 16 de julho de 1983, tornou-se oficialmente Frei David, epíteto pelo qual passou a ser conhecido desde então. Com formação em filosofia e teologia pelo Instituto Teológico e Filosófico Franciscano e mestrado em teologia litúrgica com ênfase em inculturação pela Pontifícia Universidade Nossa Senhora da Assunção (SP), Frei David foi influenciado desde o início de sua vida religiosa pela Teologia da Libertação, que prega a aproximação da Igreja Católica aos setores mais pobres da população. Nessa caminhada, reafirmou a certeza de que os negros no Brasil precisavam de apoio. Em sua maioria, eram excluídos da sociedade, oprimidos pelos brancos, sem oportunidades concretas de crescimento. Assim, contribuiu sobremaneira para o desenvolvimento da Teologia Negra, na qual a fé cristã é discutida sob uma ótica africana, respeitando a diversidade religiosa dos afro-brasileiros.

Ainda nos anos de 1980, organizou na Baixada Fluminense a Pastoral do Negro, uma das mais importantes articuladoras da movimentação social, cultural e política sobre as questões raciais no país. Em 20 de novembro de 1988, data em que se homenageia o herói negro Zumbi dos Palmares, Frei David celebrou sua famosa Missa Afro na Catedral de Santo Antônio, em Duque de Caxias. A cerimônia incorporava elementos dos cultos afro-brasileiros aos ritos católicos

O trabalho com as comunidades carentes levou Frei David a concluir que só pela educação seria possível avançar na luta contra a desigualdade social. Assim, mais de uma década antes do surgimento dos sistemas de cotas raciais nas universidades brasileiras, o religioso criou o Pré-Vestibular para Negros e Carentes (PVNC), permitindo a dezenas de jovens afrodescendentes ingressar no curso superior. Aliás, o termo "afrodescendente" ganhou relevância justamente nessa época, tendo em Frei David um de seus principais divulgadores e defensores.

Com a evolução do PVNC, surge em 1993 o EDUCAFRO, Educação e Cidadania de Afrodescendentes, uma ONG que organiza e estimula a criação de cursos pré-vestibulares nas periferias de todo o Brasil, promovendo "a inclusão da população negra (em especial) e pobre (em geral) nas universidades públicas e particulares com bolsa de estudos".

No final dos anos 1990, Frei David participou ativamente das discussões sobre a adoção do sistema de cotas para negros nas universidades públicas. Em 2001, a Assembleia Legislativa do Estado do Rio de Janeiro aprovou lei destinando 40% de vagas para candidatos autodeclarados negros e pardos nas universidades estaduais. O EDUCAFRO fez uma série de manifestações, exigindo o cumprimento da lei até que a UERJ finalmente cedeu, tornando-se a primeira grande instituição de ensino superior do Brasil a implementar o sistema de cotas para o ingresso de alunos.

Outra luta pessoal de Frei David, durante os anos 2000, foi a criação do Programa Universidade para Todos (PROUNI), instituído por lei federal em 13 de janeiro de 2005, e que concede bolsas de estudo integrais e parciais em instituições privadas de ensino superior. Desde então, o EDUCAFRO vem conseguindo incluir, em média, mil alunos por ano em universidades de todo o país, seja por acesso direto, sistema de cotas ou PROUNI.

Mais recentemente, tem avançado em sua luta pela libertação dos negros, atuando com vigor nas articulações para a inclusão de afrodescendentes no mercado de trabalho e no serviço público, por meio de sensibilização e orientação de parlamentares ligados ao movimento para a criação de leis municipais e estaduais nesse sentido.

À época deste texto, o EDUCAFRO continuava atuando com grande sucesso, conseguindo altos índices de aprovação.

D. JOSÉ MARIA PIRES

OPÇÃO PELOS POBRES E OPRIMIDOS

Em 1958, o futebol se consolidava como uma espécie de religião para o povo brasileiro. Às vésperas da Copa da Suécia, que consagraria a Seleção Brasileira como a melhor do mundo, os jogadores do "*scratch* canarinho" eram conhecidos por todos os torcedores do país. Um deles, em especial, chamava atenção: Pelé, um craque de apenas 16 anos, que enchia de esperança os brasileiros, ainda frustrados com a acachapante derrota de 1950 e com a eliminação precoce de 1954. Ser chamado de Pelé, portanto, era um grande elogio. Assim, o mineiro da Roça que, aos 38 anos se tornou o primeiro negro a ser ordenado bispo no Brasil, recebeu com carinho o apelido de "Dom Pelé", pelo qual ficou conhecido.

José Maria Pires nasceu no dia 15 de março de 1919, em Córregos, distrito do município de Conceição do Mato Dentro, Minas Gerais. Filho de Eleutério Augusto Pires, de família portuguesa, e Pedrelina Maria de Jesus, com sangue africano e cigano, viveu em uma casa pobre, como tantas outras habitadas por negros e descendentes de escravos que foram levados para a região no período áureo da extração de diamantes.

Aos 11 anos de idade entrou para o seminário, algo absolutamente comum naquela época, mas raríssimo para crianças negras. O menino José Maria era o único de sua origem étnica naquele ambiente dominado por brancos. E, habituado aos absurdos entranhados na sociedade brasileira por conta do racismo estrutural, passou anos aceitando pacificamente as agressões e violências que lhe eram impostas pelo simples fato de ser negro, embora não fosse preto. De fato, segundo suas próprias palavras, décadas depois, ele não achava que aquele tipo de tratamento fosse "discriminação". Mesmo assim, diversos episódios ficaram registrados para sempre em sua memória.

Um deles, ocorrido no primeiro ano de seminário, foi fundamental para plantar a semente de que algo deveria ser feito para quebrar aquela estrutura cruel: após um desentendimento banal com um colega branco, os dois foram mandados para o castigo. O diretor da escola viu a cena e mandou liberar o outro garoto. Suas palavras nunca mais saíram da memória de José Maria: "Este aqui é um menino muito bom, de boa família. Esse negro é que não presta."

Aos 22 anos, foi ordenado padre em Diamantina, onde atuou como pároco, diretor de colégio e missionário diocesano. Desde essa época, já achava estranha a enorme distância existente entre os fiéis e os sacerdotes, que celebravam as missas de costas para o povo, falando em latim. Afinal, sua compreensão do cristianismo passava muito mais pela questão dos "pés no chão", pela proximidade com a sociedade, em especial com os mais oprimidos e necessitados.

Em 1957, aos 38 anos de idade, foi ordenado bispo — em 450 anos de história da religião católica no Brasil, o primeiro negro. Sua ordenação aconteceu na mesma Diamantina que o havia acolhido. Foi nesta época que recebeu o apelido de "Dom Pelé", que o acompanhou até o fim da vida. Mas esse não foi o único. Anos mais tarde, por conta de sua incessante luta pelos direitos dos negros, José Maria Pires também seria conhecido como "Dom Zumbi," em alusão a Zumbi dos Palmares, símbolo maior da consciência negra no Brasil.

Entre 1957 e 1966 foi bispo de Araçuaí, no norte de Minas Gerais, próximo à divisa com a Bahia e o Espírito Santo. Sua atuação junto à comunidade chamou atenção de Roma. Ele, então, foi convidado a participar do Concílio Ecumênico Vaticano II, fazendo-se presente em todas as sessões, entre 1962 e 1965. A assembleia, a mais importante da história recente da Igreja Católica, projetou uma nova imagem da congregação e, sobretudo, uma nova imagem do sacerdote católico, acabando de vez com aquela figura tradicionalmente isolada, que vivia de batina, celebrando missas de costas e em latim.

Ao final do Concílio, d. José Maria, ao lado de d. Hélder Câmara, dos paraibanos d. Luiz Gonzaga Fernandes e d. Antônio Batista Fragoso e outros 38 bispos de várias partes do mundo, foi um dos signatários do Pacto das Catacumbas. A denominação vem da catacumba de Santa Domitila, em Roma, local onde o grupo, reunido, assumiu o compromisso de viver sem roupas exuberantes, sem moradias luxuosas, sem carros caros, enfim, sem ostentação. De fato, era uma escolha política dentro da religião — opção inspirada na vida e na prática de Jesus, que escolheu os pobres como prioridade de sua evangelização.

Em 1966, já como arcebispo, d. José Maria assumiu a Arquidiocese da Paraíba, onde permaneceu por trinta anos, até se aposentar. Não foi uma missão fácil, em especial porque o religioso estava intrinsecamente ligado às diretrizes da ruptura proposta pelo Concílio. Como agravante, o Brasil havia caído sob o domínio de uma ditadura militar, e sua postura de lutar pelos direitos humanos e pelos oprimidos passou a ser traduzida como uma ligação com o comunismo. Tanto que ele e d. Hélder, na época arcebispo de Olinda e Recife, passaram a ser chamados de "bispos vermelhos" e foram vigiados pelos novos detentores do poder.

Mas o "Dom Pelé" não se intimidava. Pelo contrário. Quanto mais desafiado pelo poder vigente, mais intensa era sua vontade de defender suas crenças. Em 1971, criou na Arquidiocese da Paraíba o Centro de Defesa dos Direitos Humanos, o primeiro do gênero na América Latina. Sob sua tutela, a Igreja passou a prestar outros tipos de assistência ao povo, inclusive jurídica.

A causa negra também continuou sendo uma das principais bandeiras de d. José Maria Pires. Em 20 de novembro de 1981, presidiu a Missa dos Quilombos, em Recife. Com texto escrito por d. Pedro Casaldáliga e Pedro Tierra, com música de Milton Nascimento, o ato religioso denunciou as consequências da escravidão e do preconceito no Brasil. Em sua histórica homilia, o arcebispo acusou a Igreja de não ter apoiado suficientemente a causa dos negros e não ter combatido a violência contra eles.

D. José Maria Pires morreu aos 98 anos, no dia 27 de agosto de 2017. A data coincide com os aniversários de morte de d. Hélder Câmara (27 de agosto de 1999) e d. Luciano Mendes de Almeida (27 de agosto de 2006), a quem foi estreitamente ligado ao longo da vida e nas lutas por uma Igreja mais fraterna e direcionada aos pobres e oprimidos.

ELZA SOARES

RESILIÊNCIA INQUESTIONÁVEL

> *Onde eu cresci tem um rio com água de toda cor/ Minha vida é hoje tudo que este rio me ensinou/ Amizade pros amigos, chibatada pro feitor / Foi nestas águas do rio que meu pai me batizou/ Já briguei briga de foice/ Já remei contra a maré/ Hoje em dia tenho grana pro cigarro e pro café/ Com meu bem sempre do lado me fazendo cafuné/ Quem quiser ter tudo isso peça a Deus que assim dá pé.*
>
> "Como lutei", samba de Wilson Moreira e Nei Lopes, gravado por Elza Soares em 1980

A adolescente Elza Gomes da Conceição foi apresentada ao Brasil com a ousadia que demonstraria cantando pelas sete décadas seguintes. Quando o compositor Ary Barroso, ao microfone da Rádio Tupi, sarcasticamente perguntou à jovem caloura, magra e mirrada, de que planeta ela vinha, a resposta foi pronta: "Do planeta Fome."

A menina atrevida queria ganhar o prêmio em dinheiro de um concurso de canto. Pretendia comprar remédios para o filho pequeno, doente. Arrebatou o público depois de cantar o samba-canção "Lama", foi chamada de estrela por Ary, que se tornou um de seus maiores incentivadores e mandou um carro levá-la até sua casa, no subúrbio de Água Santa. O dinheiro, no entanto, só veio na semana seguinte. O filho da jovem cantora faleceu logo depois.

Penúria e muitas tragédias pontuam a história de Elza. Filha de um operário e de uma lavadeira, ela nasceu em 1937 na atual Vila Vintém, favela no subúrbio carioca de Padre Miguel. Cresceu em Água Santa, num cortiço sem conforto, tendo que, bem cedo, aprender a equilibrar latas d'água na cabeça para suprir a falta de abastecimento em casa. Dos oito filhos que teve, quatro morreram, dois bem pequenos, um menino e outro adulto. A única filha, Dilma, foi sequestrada por um casal ainda bebê e só retornou a seu convívio depois de grande. O primeiro marido morreu de tuberculose quando ela tinha 21 anos.

O ingresso no meio artístico não a afastou das dificuldades. Depois do programa de Ary Barroso, foi contratada como *crooner* de uma orquestra. Uma nova gravidez a afastou da música. Quando o marido adoeceu, Elza foi trabalhar como encaixotadora e conferente numa fábrica de sabão. Ao retomar a carreira, viúva, fez shows, foi convidada por Mercedes Baptista a integrar sua companhia de balé e seguiu em turnê para a Argentina.

Em 1959, sua regravação de "Se acaso você chegasse", samba de Lupicínio Rodrigues lançado em 1937 por Ciro Monteiro, fez sucesso. Instintivamente, pois não tinha referências do jazz americano, Elza faz vocalizações alterando a voz em *scat*, repetindo sílabas ou palavras sem sentido em tom gutural, no estilo consagrado por Louis Armstrong. Elza só conheceu o célebre intérprete no Chile, entre as disputas da Copa do Mundo, quando ele fazia shows como representante artístico dos Estados Unidos e ela era a madrinha da Seleção Brasileira.

E foi também no Chile que Elza se apaixonou pelo jogador Mané Garrincha, com quem viveu um relacionamento conturbado.

Casado e alcoólatra, Garrincha demorou para se separar de sua mulher. Somente em 1966 foi viver com Elza, e a opinião pública não perdoou. Para a cantora não faltaram acusações de ser a destruidora do lar do jogador, notório namorador, ídolo das massas pela excelência no futebol. A dependência do álcool era pouco mencionada, mesmo quando Garrincha provocou o acidente de carro em que a mãe de Elza foi arremessada do carro, morrendo na hora, na Via Dutra, em 1969.

Apesar da repercussão negativa do romance com Garrincha, a cantora, no auge do sucesso, continuava respeitada e aclamada. Nos anos 1960 teve o maior número de sucessos na carreira, desde o relançamento de "Se acaso você chegasse". Gravou "Beija-me", "Mulata assanhada", "O mundo encantado de Monteiro Lobato" e discos clássicos, como *O máximo em samba* (1967), *Elza Soares & Wilson das Neves* (1968), além de três álbuns com Miltinho. Correu o risco de desagradar o governo militar participando de um show do compositor Geraldo Vandré, conhecido por suas posições de oposição ao regime. A partir de então, começou a receber telefonemas e cartas ameaçadoras. Garrincha jogava pelo Botafogo, que contratou um segurança para vigiar a família. Quando a casa onde viviam foi metralhada, foram morar em Roma por seis anos. Elza voltou para o Brasil grávida. Em 1976, nasceu Garrinchinha, o único filho biológico do casal, que já havia adotado uma menina.

Na década de 1970 ainda lançou sucessos, como "Salve a Mocidade" e "Malandro", de Jorge Aragão. As dificuldades conjugais, no entanto, se refletiam no trabalho. O casamento acabou em 1982. Novamente Elza foi criticada, dessa vez por deixar Garrincha em plena decadência, arruinado pelo alcoolismo. O jogador faleceu no ano seguinte de cirrose hepática. Elza chegou a pensar em parar de cantar, mas foi convidada por Caetano Veloso, em 1984, para gravar "Língua" no álbum *Velô*, voltando a atrair a atenção da imprensa.

A nova tragédia a abater sobre a cantora foi a morte de Garrinchinha em um acidente de carro ocorrido em 1986. Deprimida com a perda do filho, Elza passou nove anos cumprindo agenda de shows na Europa e nos Estados Unidos. A carreira no Brasil foi retomada em 1994, com Elza sempre transitando por outros gêneros além do samba, cantando funk, rap e tango. Reverenciada como uma das mais completas intérpretes da MPB, ela, entretanto, passou por mais duas duras experiências pessoais: submeteu-se a uma cirurgia na coluna vertebral em consequência de uma queda do palco, em 1999, e enfrentou a morte do filho Gilson, com problemas renais, aos 59 anos, em 2015.

Apesar da "ferida sempre aberta", como se refere à perda dos filhos, com mais de 80 anos continua colecionando títulos e homenagens. Algumas, distantes da música, como o título de Doutora Honoris Causa da Universidade Federal do Rio Grande do Sul. Pelo disco *A mulher do fim do mundo*, recebeu o Troféu APCA da Associação Paulista de Críticos de Arte, o Prêmio da Música Brasileira e o Grammy Latino de Melhor Álbum de MPB. Em 1999, foi premiada como a Melhor Cantora do Milênio pela BBC. E, mesmo inquieta, com dificuldade para se movimentar, a cantora ainda faz shows.

Da mesma forma, a cidadã não se furta a participar de eventos em que exerce a militância pelos direitos humanos, denunciando a exclusão, o racismo e a violência contra a mulher.

GILBERTO GIL

GRANDE POETA DA NEGRITUDE NO BRASIL

Criada, em geral, não para ser cantada e ouvida, mas para ser lida, a poesia escrita se distingue da letra da canção, porque utiliza recursos gráficos indispensáveis, como a disposição do texto no papel, a utilização de pontuação gráfica e caracteres maiúsculos nas palavras iniciais de cada verso etc., e isso para que suas intenções sejam plenamente realizadas. Já a letra, o que precisa é estar sincronizada com o código musical, obedecendo a uma métrica, a uma sonoridade e a um tamanho correspondente, sempre a serviço da melodia. E por isso nem sempre é Poesia, com P maiúsculo. Entre os letristas da música popular brasileira, bem poucos atingiram em suas canções, sobretudo os que tematizaram a Negritude, refinamento poético comparável ao conseguido por Gilberto Gil. Grande músico! Poeta maior ainda.

Gilberto Passos Gil Moreira nasceu em Salvador, Bahia, no dia 26 de junho de 1942. Filho de José Gil Moreira, médico formado pela Universidade da Bahia (que em 1976 mandou imprimir os corajosos depoimentos do filho sobre uso e dependência de drogas), e de Claudina Passos, professora do ensino fundamental, com vinte dias de vida mudou-se com a família para Ituaçu, na região da caatinga baiana.

Ainda criança mostrou interesse por música; e cresceu ouvindo os grandes intérpretes brasileiros da época, popularizados pelas transmissões da Rádio Nacional.

De volta a Salvador, morando na casa de uma tia paterna, ao mesmo tempo que cursava o ginasial estudava música na Academia Regina. Seu instrumento preferido era o acordeão, onipresente na década de 1950, mas aprendia também a tocar violão. Aos 18 anos de idade, o jovem ingressou na Universidade Federal da Bahia para cursar administração de empresas. Por esse tempo, ganhou um violão de presente de sua mãe.

Ainda estudante, fez parte do conjunto Os Desafinados, em cujo ambiente compôs "Felicidade vem depois", um samba inspirado no estilo de João Gilberto, que nunca foi gravado. No final de 1963, Gilberto Gil conheceu Caetano Veloso, Maria Bethânia, Gal Costa e Tom Zé. Nessa época, o Teatro Vila Velha estava para ser inaugurado, e o grupo foi convidado a participar do evento, com o show *Nós, por exemplo*, encenado em junho de 1964.

Formado em administração, e provavelmente já usando o nome artístico Gilberto Gil, foi contratado pela empresa multinacional Gessy-Lever para trabalhar em São Paulo, onde, no começo de 1965, reencontrou Caetano e Maria Bethânia, além de ter conhecido Vinicius de Moraes, Edu Lobo e Chico Buarque. Nessa época, em que os amigos se encontravam pela madrugada da Galeria Metrópole, às sextas-feiras e aos sábados Gil cantava no Bar Bossinha, e fazia algumas apresentações ao lado de Bethânia, no Teatro Arena.

O ano de 1966 marcou a estreia do artista no programa *Fino da Bossa*, de Elis Regina na TV Record. E foi também o ano de lançamento de seu primeiro disco, *Louvação*. Ainda nessa ocasião, sua música

"Ensaio geral", cantada por Elis Regina, ocupou a quinta colocação no segundo Festival de Música Popular Brasileira, da TV Record. No ano seguinte, "Domingo no parque", apresentada com a participação do trio Mutantes, classificou-se em segundo lugar no terceiro Festival, ponto de partida para o Tropicalismo, movimento musical que também chegou a outras esferas da produção cultural, como artes visuais e cinema. E incomodou a ditadura encastelada nos poderes federais desde 1.º de abril de 1964.

Então, em 1969, depois de preso pela ditadura militar, Gilberto Gil transferiu-se para a Inglaterra, lá permanecendo até 1972. Em 1977, participou do Festival Mundial de Arte Negra na Nigéria, trabalhando, a partir daí, de maneira mais constante, a temática afro em suas canções. Em 1987, tornou-se presidente da Fundação Gregório de Matos, em Salvador, voltada, entre outros objetivos, para a revitalização da cultura afro-baiana. Em 1988, foi eleito vereador em sua cidade natal e, mais tarde, assumiu outros cargos e missões na área da administração cultural, inclusive em nível internacional, em função dos quais viajou várias vezes à África ocidental. Em 2003, assumiu o Ministério da Cultura no governo de Luiz Inácio Lula da Silva.

Segundo o juízo crítico compartilhado pelo autor deste livro, Gilberto Gil é o compositor que, até a atualidade, mais se aprofundou nas raízes africanas da música popular brasileira. E isso porque busca e dá ênfase às coisas novas enraizadas no passado, bem como na modernidade do cancioneiro da diáspora africana nas Américas.

Segundo o jornalista baiano Gutemberg Cruz, ele "mantém os fios da antena da raça", muitas vezes abordando questões conceituais. No que o professor e crítico literário Fred Goes completa: "Filho de uma terra prenhe de misticismo, Gil traz para sua arte a cultura ancestral da África Negra, ora homenageando entidades religiosas, orixás e eguns, ora trazendo a público um universo mitológico riquíssimo. E o faz projetando o universo negro para o futuro." Para o Gil poeta, "a cor negra é como um combustível luminoso, vibrátil, que fornece uma espécie de energia [telúrica] para toda a humanidade, da qual a humanidade está cada vez mais carente", como conta Fred Góes em seu *Literatura comentada*. Nessa avaliação, vemos claramente a formulação do poeta Léopold Senghor, segundo a qual a Negritude, ou seja, o conjunto de valores da civilização do mundo negro, tal como são expressos na vida e nas obras dos negros (ideologia expressa no movimento literário seguido na França, congregando escritores africanos e caribenhos, na década de 1930), não representa nem uma forma de racismo nem complexo de inferioridade: "Ela não é nada mais que uma vontade de ser ela mesma para se expandir, para, juntamente com os valores civilizatórios de outras origens, colaborar na construção de um humanismo que seja autêntico, porque totalmente humano. E totalmente humano porque formado por todas as contribuições de todos os povos de todo o planeta Terra."

PAULO LINS

FAVELA MOVIE, DEUS E O DIABO

> O que será menos ruim — a favela ou o desfavelamento? Um fato parece estar fora de dúvidas, o de que as nossas grandes cidades estão longe de possuir o lastro habitacional de que suas populações necessitam. As tentativas de desfavelamento da faixa mais pobre não criam senão conjuntos habitacionais em subúrbios longínquos, sem condições decentes de vida, atirando os habitantes das favelas a uma situação ainda mais terrível — a de autêntico gueto.
> João Antonio, "Os testemunhos da Cidade de Deus"

Até meados da década de 1990, a representação do cotidiano das populações pobres na literatura ficcional geralmente seguia a ótica romantizada de autores sem vivência daquela realidade. Esse olhar se transforma a partir de 1997, quando Paulo Lins lança o romance *Cidade de Deus*, mostrando em livro a transformação de um bairro criado para receber, nos anos 1960, moradores de baixa renda que viviam em áreas valorizadas da Zona Sul carioca. Publicado em mais de trinta países, o livro, cuja adaptação cinematográfica teve quatro indicações ao Oscar, aborda com realismo a transformação da região bucólica em território dominado pelo tráfico de drogas.

Carioca do Estácio, bairro próximo ao Centro do Rio, onde nasceu em 1958, Lins não pretendeu escrever um relato autobiográfico nem testemunhal do que presenciou na Cidade de Deus, onde foi viver aos 6 anos, quando o pai, seguindo o sonho da casa própria, decidiu que a família iria morar a trinta quilômetros de distância do bairro onde vivia. Se para os adultos o deslocamento para o local de trabalho tornava penoso morar tão longe, o menino Paulo gostou de poder brincar no mato e tomar banho de rio.

Como gostava de escrever, e contando com o apoio das irmãs mais velhas, foi estudar letras na Universidade Federal do Rio de Janeiro (UFRJ). Como estudante, integrou o grupo Cooperativa de Poetas, pelo qual publicou seu primeiro livro de poemas, *Sobre o sol* (UFRJ, 1986). Após a graduação, foi contemplado — em 1995 — com a Bolsa Vitae de Literatura.

A graduação o levou a tornar-se "classe média", com a saída da Cidade de Deus e o ingresso no magistério da rede pública estadual.

Ao integrar, como informante, o grupo de pesquisadores liderado pela antropóloga Alba Zaluar no projeto "Crime e criminalidade nas classes populares", que estudava a violência na Cidade de Deus e se estendeu por sete anos a partir de 1986, o poeta teve a ideia: um romance que apresentasse o tema pela visão de um morador local. O trabalho levou uma década para ser concluído; chamou atenção pela autenticidade da narrativa, que traça a formação da comunidade e a ascensão do narcotráfico como poder paralelo no bairro. Transformado em filme em 2002, a obra obteve retumbante sucesso de crítica e público. E ao êxito internacional do filme de Fernando Meirelles

— que inaugurou o gênero cinematográfico ironicamente batizado como *favela movie* —, seguiu-se o do livro.

Modesto, o escritor sempre fez questão de afirmar que o filme deu fama ao seu romance, que ficaria restrito a poucos leitores caso não tivesse sido levado para as telas. Os críticos discordam, apontando a contemporaneidade do texto de Lins, pelo andamento veloz da narrativa fragmentada, que também foge da estrutura convencional de um romance ao mesclar as trajetórias de diferentes personagens, sem fixar-se em um só protagonista. A violência circunscrita às páginas de jornais e imaginadas por alguns escritores a partir da leitura de noticiário ou pelo contato com empregadas domésticas, porteiros e demais trabalhadores subalternizados — prestadores de serviços às classes mais abastadas — é apresentada com naturalidade, mas também como denúncia, sem conformismo.

Na definição de Paulo Lins, a Cidade de Deus, que nasceu como bairro, acabou por se transformar em uma "neofavela", um gueto, como todos os conjuntos habitacionais construídos no Rio a partir dos anos 1960, aliás. Os apartamentos pequenos, obedecendo ao mínimo prescrito por normas de habitação urbana, criam, segundo o escritor, um novo tipo de isolamento dessa população retirada das áreas mais valorizadas das metrópoles. Na neofavela, a violência é parte do cenário, que reproduz a desigualdade social dos bairros ricos, sem contar com a estrutura do Estado, o qual concentra sua máquina opressora diretamente sobre os negros, que são a maioria entre os pobres. Um ponto positivo nessas comunidades, aponta o escritor, é o crescimento da produção de literatura da periferia, que acontece a partir do fim dos anos 1990. Ele também observa a mobilização dos moradores de favelas em busca de mais acesso à cultura, sem depender diretamente de incentivos do Estado.

Trabalhando como roteirista em cinema e televisão (colaborou com o cineasta Cacá Diegues na elaboração dos diálogos do filme *Orfeu*, baseado no *Orfeu da Conceição* de Vinicius de Moraes. Mais tarde, escreveu roteiros para alguns episódios da série *Cidade dos Homens*, da TV Globo, para o filme *Quase dois irmãos*, de Lúcia Murat, que recebeu o prêmio de Melhor Roteiro da Associação Paulista de Críticos de Arte (APCA), em 2005. É também corroteirista do filme *Faroeste caboclo*, com René Sampaio, e do seriado *Suburbia*, parceria com Luiz Fernando Carvalho, de 2012. Nesse mesmo ano, Paulo Lins lançava seu segundo romance, *Desde que o samba é samba*, no qual mudou um pouco seu foco temático, num texto dedicado à saga dos sambistas pioneiros, como Ismael Silva. Boa parte da ambientação, naturalmente, é no histórico bairro do Estácio, um dos berços do samba carioca, onde nasceu e viveu a primeira infância.

SUELI CARNEIRO

AFROFEMINISMO PODEROSO

Adolescente sem dinheiro para o lazer fora de casa, restava-lhe dedicar-se aos estudos, ler o que lhe caía nas mãos, além de lavar a roupa da família, função doméstica que lhe competia. Assim se formava o temperamento introvertido, tímido, caseiro de Sueli Carneiro. Entretanto, combativo. O bairro era o seu limite; e sua turma era aquela que preferia os livros aos bailes dos fins de semana. Ganhou fama de "chata", "metida a intelectual". Fama injusta, mas que forjou a militante anticolonialista, antirracista e feminista, responsável pela concretização, como direitos, de muitas aspirações do povo negro. E por isso reconhecida como uma das ativistas mais importantes do movimento negro e uma das personalidades políticas mais instigantes da atualidade brasileira.

Aparecida Sueli Carneiro nasceu em 24 de junho de 1950 na Vila Bonilha, espécie de sub-bairro da Lapa, na cidade de São Paulo, filha do ferroviário seu Horácio e da costureira dona Eva. Criança muito doente, a ponto de ser "desenganada" pelos médicos, foi salva por um médico espírita, e pela força da devoção de sua mãe a Nossa Senhora Aparecida, que foi homenageada no nome das três irmãs nascidas depois: Aparecida Solange, Aparecida Solimar e Aparecida Suelaine.

A futura educadora cresceu num ambiente familiar modesto, junto com as irmãs citadas e três irmãos, num lar constituído de fortes princípios conservadores, sob a chefia de um pai radicalmente provedor, à moda da época. Seu Horácio, ao se casar com dona Eva, exigiu que ela deixasse o emprego em uma indústria de confecção de roupas, apesar de, nesse trabalho, ela ter passado de costureira a gerente de loja, com rendimento maior que o dele. E tal circunstância, inaceitável para o mundo em que viviam, teria sido a razão da exigência: seu Horácio alimentava a ideia da "subalternidade natural" das mulheres.

Cumprindo a trajetória usual das crianças e adolescentes de seu tempo, Sueli fez seus estudos primário e secundário, beneficiando-se do bom ensino público acessível à época. A partir daí, em meados dos anos 1970 ingressava na Faculdade de Filosofia da Universidade de São Paulo, pela qual se bacharelou em 1980. No ambiente universitário entrava em contato com lideranças dos movimentos feminista e negro, e iniciava sua militância contra o sexismo, o racismo e todas as formas de discriminação, fazendo desse trabalho o seu projeto de vida. Assim, em meados da década de 1980, participou ativamente da fundação do Coletivo de Mulheres Negras de São Paulo, entidade pioneira na articulação das duas frentes de ativismo, o feminino e o negro.

Nesse momento, vivia-se uma nova fase do ativismo negro no Brasil, no bojo da reorganização da sociedade civil e da ascensão dos movimentos populares, consequente à "abertura lenta e gradual" anunciada pela ditadura militar. Esse foi, inclusive, o momento em que o iluminado poeta afro-gaúcho Oliveira Silveira tornou-se o principal responsável pela instituição do 20 de novembro, data da morte de Zumbi dos Palmares, como o Dia da Consciência Negra.

Pois as ideias estavam em ebulição. E, em meio à fervura, nascia, entre outras entidades, o Movimento Unificado contra a Discriminação Racial, MUCDR, depois apenas MNU, Movimento Negro Unificado. E a questão da mulher negra também era motivo de aglutinação, sobretudo a partir da constatação de que o machismo negro também vitimava suas contrapartes de mesma origem.

Em 1988, Sueli participava da fundação do Geledés — Instituto da Mulher Negra —, primeira organização negra e feminista independente de São Paulo, no âmbito da qual a educadora criou o único programa brasileiro de orientação na área de saúde física e mental específico para mulheres negras, onde mais de trinta mulheres são atendidas toda semana por psicólogos e assistentes sociais. Nesse mesmo ano, foi convidada a integrar o Conselho Nacional da Condição Feminina, em Brasília. O convite era certamente consequência da repercussão de seu trabalho, desde dois anos antes, no Conselho Estadual paulista.

Criado em 1983, esse órgão não tinha nenhuma mulher negra dentre as 32 conselheiras. Para sanar essa distorção, lideranças do movimento de mulheres negras se engajaram na campanha da radialista Marta Arruda pela abertura de uma vaga no conselho a uma mulher negra. Aberta a vaga, Sueli Carneiro foi a escolhida.

Atuando nesse órgão, Sueli recebeu inúmeras denúncias de ocorrências racistas, inclusive com agressões policiais, tendo como vítimas jovens cantores de rap, expressão musical negra ainda vista como prática marginal na época. No Conselho Nacional em defesa de todos os atingidos pelo mesmo tipo de discriminação, a conselheira promoveu a criação, em 1992, de um plano específico para a juventude negra, o Projeto Rappers, onde os jovens são agentes de denúncia e também multiplicadores da consciência de cidadania dos demais jovens. Além dessa iniciativa, Sueli Carneiro foi, no Conselho, autora de todo um programa de políticas públicas, com o objetivo de erradicar o odioso clima de injustiça e desigualdade que tanto afeta as mulheres negras no Brasil.

Entre 1999 e 2010, Sueli Carneiro produziu inúmeros artigos publicados na imprensa brasileira. E publicou livros também, entre eles

Mulher negra: política governamental e a mulher, com Thereza Santos e Albertina de Oliveira Costa, em 1985, e *Racismo, sexismo e desigualdades no Brasil*, em 2011. Mais recentemente, reuniu no volume *Escritos de uma vida* aqueles que considera os melhores textos que escreveu nesse período. Nessa coletânea, segundo o material de divulgação da obra, "em cada linha, a autora convida o leitor a refletir criticamente sobre a sociedade brasileira, explicitando de forma contundente como o racismo e o sexismo têm estruturado — de modo vergonhosamente desigual — as relações sociais e políticas do país".

Em 2005, Sueli Carneiro conquistou o doutorado em educação na Faculdade de Educação da USP. E até a publicação deste livro recebeu, no Brasil e no exterior, algumas premiações importantes por seu trabalho, como o Prêmio Direitos Humanos da República Francesa, em 1998, e o Prêmio Bertha Lutz, em 2003. Mas certamente a premiação mais importante foi a inclusão de seu perfil biográfico em um dos primeiros volumes da série *Retratos do Brasil Negro*, com texto excelente da professora afrodescendente Rosane da Silva Borges, publicado, em 2009, pelo Selo Negro Edições — e que serviu como principal fonte destas linhas.

CANDEIA

A CHAMA QUE NÃO SE APAGA

> *Hoje é manhã de Carnaval/ As escolas vão desfilar garbosamente/ Aquela gente de cor com a imponência rei vai pisar na passarela/ (...) / Mas depois da ilusão, coitado/ Negro volta ao humilde barracão/ (...)/ Negro acorda é hora de acordar/ Não negue a raça/ Faz de toda manhã Dia de Graça/ (...)/ Deixa de ser rei só na folia/ Faz de tua Maria uma rainha de todos os dias/ (...)/ Canta o samba na universidade/ E verás que seu filho será príncipe de verdade/ (...)/ Aí então jamais tu voltarás ao barracão...*
> Candeia, "Dia de Graça"

"Candeia" foi o nome escolhido pelo compositor, sambista, militante negro e animador cultural Antônio Candeia Filho, nascido e falecido na cidade do Rio de Janeiro, onde viveu de 1935 a 1978, para assinar o atestado de sua vida curta, para os padrões atuais, mas importante e consequente.

Nascido no subúrbio carioca de Oswaldo Cruz, embora morador "do lado de lá da linha férrea", oposto ao de melhor comércio e de mais oportunidades, de mais animação e do samba da Portela, era filho de "Seu Candeia", figura querida em ambos os lados e amigo de diversos fundadores da escola.

O pai gostava de festa e tinha amigos no ambiente, mas, como muitos pais da época, não via escola de samba como um divertimento saudável do ponto de vista familiar. Mas o filho, curioso como quase todo jovem, um dia foi lá. E constatou que as sementes plantadas por Paulo da Portela, falecido não muito tempo antes, já davam frutos, e a "azul e branco" era um grêmio recreativo de verdade; e ainda por cima com um timaço de grandes artistas do samba.

Assim, ainda bem jovem, com 17 anos, Candeia, em parceria com Altair Prego, venceu o concurso para a escolha do samba-enredo "Seis datas magnas", com que a Portela se apresentaria no Carnaval de 1953. Venceria também os de 1955 a 1957, 1959 e 1965 — todos em parceria com Waldir 59, sendo que o do ano de 1959 contou também com a parceria de Casquinha, Bubu e Picolino.

Dez anos depois da primeira vitória no samba, Candeia, alto e forte, depois de passar em terceiro lugar num concurso para a Polícia Civil, na qual ganhou fama de corajoso e durão, foi aprovado em outro, para oficial de justiça. Era o fim do ano de 1965 e a comemoração foi no clube Imperial, em Madureira, com fartura de bebidas. Mas, ao final, o infortúnio: numa briga de trânsito, o sambista foi baleado e ficou paraplégico.

A partir daí e até o fim, Candeia consolidou a notável contribuição que legou à posteridade, num conjunto relevante de obra artística e realizações político-sociais. Depois do período inicial de tratamento, retomou apresentações e organizou rodas de samba em sua casa. Inspirado pelo grupo A Voz do Morro, criou o Mensageiros do Samba, com Casquinha, Arlindo, David do Pandeiro, João do Violão, Picolino e Bubu da Portela, com quem faz apresentações no Zicartola, e participou, em 1966, do disco *A vez do morro*.

Em 1970, gravou seu primeiro disco, *Samba da antiga*, com os sambas "Dia de Graça", "Viver paixão", "Segundo eu", de sua autoria; duas parcerias com Casquinha — "Outro recado" e "Ilusão perdida" —;

e uma com Paulinho da Viola, "Coisas banais". Um ano depois grava o LP *Seguinte...: Raiz,* que traz parcerias com Arthur Poerner, no choro "Saudade"; Aldecy, na balada "Imaginação"; e Paulinho da Viola, no samba "Minhas madrugadas". Neste álbum destacam-se os sambas "A hora e a vez do samba", "De qualquer maneira", e "Filosofia do samba"; e o samba-canção "Quarto escuro". Cinco anos depois lançou o disco *Samba de roda,* cujo repertório traz adaptações do folclore brasileiro, em jongos, pontos de umbanda, sambas de roda e partido-alto, cantigas de maculelê e capoeira.

Nesse mesmo ano, distanciou-se da Portela por divergências com a diretoria, sobretudo pela vitória dos compositores profissionais Evaldo Gouveia e Jair Amorim, estranhos ao ambiente do samba, com o enredo "O mundo melhor de Pixinguinha", no Carnaval de 1974. Afastado de sua escola, Candeia liderou a fundação do Grêmio Recreativo de Arte Negra e Escola de Samba Quilombo, núcleo de resistência contra a colonização cultural e de irradiação de conteúdos afro-brasileiros, criado com o objetivo expresso de se opor às novas concepções vigentes nas escolas naquele momento. Concebida em reuniões na residência do compositor, a agremiação foi fundada em 1975.

O "Quilombo" — como a agremiação é comumente mencionada — foi criado, segundo seus estatutos, entre outras coisas, para a valorização da "arte popular, banida das escolas de samba". Surgido na mesma conjuntura e com os mesmos propósitos do Grupo Palmares (Porto Alegre, 1971); do movimento musical, mais tarde batizado como "Black Rio"; do Centro de Estudos Afro Asiáticos da Universidade Candido Mendes, no Rio; do bloco afro Ilê Aiyê (Salvador, 1974); e de outras iniciativas de movimentação nacional contra o racismo, o G.R.A.N.E.S Quilombo foi muito mais que uma escola de samba. Entre outros eventos, realizou desfiles alternativos, fora do Carnaval oficial; e seus sambas-enredo, inclusive alguns que não chegaram aos desfiles mas mereceram gravações em disco, contêm mensagens políticas importantes, assinados por compositores como Luiz Carlos da Vila, Nei Lopes, Wilson Moreira e Zé Luiz do Império.

Depois da fundação do Quilombo, Candeia publicou, em 1978, o livro *Escola de samba, árvore que esqueceu a raiz,* em coautoria com Isnard

Araújo. Ainda no ambiente do Quilombo, Candeia lançou, em 1977, ao lado de Elton Medeiros, Nelson Cavaquinho e Guilherme de Brito, o disco *Quatro grandes do samba*, e gravou o álbum solo *Luz da inspiração*. Entre 1975 e 1977 participou de três coletâneas de partido-alto, *Partido em 5*, ao lado de Anézio, Casquinha, Wilson Moreira e outros. Na mesma época, compôs dois de seus maiores sucessos, o samba "O mar serenou" (1975), regravado depois por Clara Nunes, e o samba-canção "Preciso me encontrar", gravado por Cartola em 1976, e posteriormente por Marisa Monte e Ney Matogrosso, entre outros. Sempre articulado com outras entidades do movimento negro, produziu e gravou discos de samba, jongo e cânticos rituais, organizou shows e, sobretudo, compôs e interpretou sambas hoje antológicos, afirmando, em todas essas iniciativas, a força e a clareza de suas posições.

Candeia faleceu em 1978. E o compromisso de manter viva a sua chama ficou, durante uns dois anos, por conta da "Ala de Compositores Antonio Candeia Filho", na qual, a cada reunião semanal, os integrantes entoavam, *a capella* e respeitosamente, o samba "Dia de Graça", como uma espécie de "hino nacional". O grupo contou com o ativismo de Rubem Confete, Nei Lopes, Zé Luiz do Império e outros; e mais ainda com o talento de Luiz Carlos da Vila, que se tornou inclusive seu parceiro póstumo e intérprete de sambas não só da autoria de Candeia como inspirados em seu estilo.

Na atualidade deste texto, os ideais de Candeia sobrevivem, por exemplo, em rodas de samba periódicas, de forte registro étnico, como as do Terreiro de Crioulo, em Realengo, Zona Oeste, e as do Quilombo do Grotão, na Serra da Tiririca, em Niterói, sob o comando musical de Carlinhos Sete Cordas. Seus ideais também estão em alguns Carnavais das escolas de samba, em enredos voltados para "as raízes da arte negra brasileira", com sambas feitos "para a escola, e não para o consumo". Como disse Candeia em seu livro com Isnard, que levantem a voz contra a opressão, a intolerância e o racismo. Em todos esses momentos e ocasiões, o axé de Candeia está, por certo, sempre presente.

ERLON CHAVES

O VENENO DA IRREVERÊNCIA

Uma das resultantes mais odientas do racismo brasileiro é aquela que, velada e tacitamente, determina e limita os espaços e atitudes reservados aos afrodescendentes, sobretudo os de fenótipo mais "afro", no conjunto da sociedade nacional. Fora desses lugares ou adotando neles comportamentos desviantes dos padrões estabelecidos, os negros serão sempre vistos a partir dos estereótipos usados para os definir. E mais ainda quando são "metidos" e "folgados", ou seja, irreverentes.

Nascido na capital paulista em 1933, Erlon Vieira Chaves iniciou sua carreira artística apresentando-se, como cantor, ainda bem menino, no programa infantil *Clube do Papai Noel,* da Rádio Difusora de São Paulo, cantando a valsa-canção "Rosa", de Pixinguinha e Osvaldo de Souza. Foi também ator mirim no filme *Quase no céu*. Mas graças aos estudos feitos no Conservatório Musical Carlos Gomes formava-se em piano aos 17 anos de idade, tendo também estudado canto com a professora Tercina Saracceni. A partir daí, tocou em *dancings*, casas noturnas de bailes animados por orquestras, onde adquiriu experiência jazzística. E, com cerca de 20 anos, aperfeiçoou seus conhecimentos estudando harmonia sob orientação dos maestros Luís Arruda Paes, Renato de Oliveira e Rafael Pugliese.

Profissionalmente estruturado, ingressou no ambiente da televisão, onde compôs uma "Sinfonia", cujo tema foi durante vários anos o prefixo da hoje extinta TV Excelsior paulista. E, em 1965, mudou-se para o Rio de Janeiro, onde atuou na TV Tupi e depois na TV Rio, como diretor musical e participante ativo da criação e da realização do I Festival Internacional da Canção, realizado em 1966, do qual foi também o autor do prefixo.

Por esse tempo, a letra do tema composto para o encerramento das programações da TV Excelsior dizia: "Já é hora de dormir..." — que, devidamente adaptado, virou o jingle dos "cobertores Parahyba", produto maciçamente anunciado na televisão e no rádio. E o autor da bela melodia, agora regente da orquestra da TV Tupi, tornava-se conhecido e reconhecido como maestro e como um dos profissionais mais requisitados da indústria fonográfica, fazendo arranjos para os principais intérpretes do momento, como Maysa, Agostinho dos Santos, Nara Leão, Wilson Simonal e Elis Regina. Com esta cantora, de quem foi arranjador, regente e pianista em turnê na Europa, em 1966, chamou atenção do famoso maestro francês Paul Mauriat, com quem veio a gravar um disco memorável.

Em outubro de 1970, entretanto, o V Festival Internacional da Canção (FIC) marcava o ápice da carreira e o início da derrocada pessoal do talentoso e irreverente maestro Erlon Chaves. No Maracanãzinho, a noite corria animadíssima, e preparava-se para um dos seus pontos altos: a apresentação de Erlon Chaves e da Banda Veneno cantando o suingado e instigante samba-rock de Jorge Ben (depois Ben Jor) "Eu também quero mocotó", que já estava fora da competição. Bem no início da música, dançarinas cercaram Erlon e trocaram "selinhos" com o maestro. A plateia, atônita, vaiou impiedosamente o músico até a entrada de Benjor e do Trio Mocotó para acompanhar o grupo. Após aplausos delirantes, tudo acabaria bem, não fosse a transmissão do show ao vivo pela televisão para os lares brasileiros. Mal saiu do palco, Erlon Chaves foi levado para a delegacia mais próxima, acusado de atentado à moral.

Liberado graças à intervenção do apresentador Flávio Cavalcanti, o maestro teve que comparecer à sede da Censura Federal naquela semana. Era a resposta da sociedade às críticas de jornais à sua performance, classificada de "número infeliz" a "episódio obsceno". Sua popularidade era imensa, principalmente graças ao mocotó, prato da culinária popular cujo consumo, segundo se dizia, teria aumentado bastante na semana em que a Banda Veneno defendeu a canção do hoje Jorge Ben Jor na disputa. Como jurado do programa de Flávio Cavalcanti na televisão, o jeito atrevido e debochado de Erlon teria conquistado o maior símbolo sexual da época, uma bela atriz brasileira de origem europeia, ex-miss Brasil, tida como sua namorada.

Um mês depois do FIC, uma portaria assinada pelo chefe da Censura Federal proibiu Erlon Chaves de exercer atividades profissionais em todo o território nacional por trinta dias. O motivo? Ser um "negro abusado" que não conhecia "o seu lugar", conforme muitos comentários publicados em jornais da época. O maestro voltou para os estúdios, onde havia construído uma sólida carreira de compositor e arranjador.

Seu nome estaria sempre ligado à história dos festivais — e não somente pela apresentação no FIC, no qual participou de todas as edições, como intérprete ou arranjador. Ademais, compôs trilhas sonoras para 23 filmes e temas de abertura de telenovelas. Segundo o jornalista Artur Xexéo, Erlon era "um nome da música que, para onde se olhe nas décadas de 1960 e 1970, estava sempre presente". Diz mais o crítico: "É autor de temas de abertura de novelas seminais da Globo ('Eu compro essa mulher', 'O sheik de Agadir'); foi o responsável pelo som de Elis Regina em boa parte deste período..." Além disso, à frente da Banda Veneno, influenciou a MPB a incorporar o *soul*. E preparou terreno para o que viria a ser a face musical do movimento Black Rio.

Amigo próximo de Wilson Simonal, Erlon Chaves também era (mal) visto por ousar "invadir" os territórios interditos aos negros. Depois do V FIC, nunca mais se apresentou em público. Continuou trabalhando muito, mas restrito aos estúdios e no fundo dos palcos. Sofria de depressão e ficou muito abalado com a prisão de Simonal, acusado de extorsão e sequestro de um ex-empregado.

Certo dia, quando buscava uma eletrola portátil que pretendia levar para o "Simona", sofreu um enfarte fulminante, que o matou aos 40 anos, em 1974, dentro de uma loja de discos.

Seu sepultamento foi acompanhado por três mil pessoas. Todas certamente admiradoras de seu "veneno", reluzente e ofuscante.

INGRID SILVA

UM *PLIÉ* NA CARA DA SOCIEDADE

Na dança, qualquer que ela seja, e de onde quer que venha, o corpo se veste das forças vitais que gravitam em torno de si para se harmonizar com os ritmos do Universo. Quando esta dança celebra um alvo atingido, um objetivo alcançado, o corpo se integra ainda mais à harmonia universal. E é mais feliz.

Ingrid Silva nasceu no bairro de Botafogo, na Zona Sul carioca, mas sua família logo se mudou para Benfica, bairro pobre da Zona Norte — embora quase uma extensão do histórico bairro de São Cristóvão, onde viveu a família imperial, no século XIX. Lá, sob os cuidados do pai, Cláudio, então funcionário da Força Aérea Brasileira, e de Maureny, sua genitora, que trabalhava como empregada doméstica, ela passou a infância e a adolescência, com muitos sonhos e pouquíssimas oportunidades.

Apesar das dificuldades, a mãe nunca desistiu de oferecer o melhor aos filhos (Ingrid tem um irmão, Bruno, dois anos mais novo). Sempre que descobria algum projeto social voltado para crianças, Maureny os matriculava. Assim, eles puderam frequentar aulas de futebol, natação, ginástica. Valia tudo para afastar os dois dos perigos que a vida na comunidade oferecia. Quando Ingrid tinha 8 anos, um vizinho indicou o projeto "Dançando para não dançar", na Vila Olímpica da Mangueira, favela famosa por sua tradicional escola de samba, vizinha ao bairro de Benfica. Lá ela teve contato pela primeira vez com o balé. Seu corpo franzino a ajudou, e Ingrid logo se destacou entre as meninas. O irmão Bruno também acabou entrando para o grupo, o que facilitou a vida de Maureny e serviu como um incentivo a mais para Ingrid.

Com 12 anos, mal iniciado o novo século, o que era apenas uma brincadeira se transformou em paixão e sonho. O bom desempenho no projeto social abriu portas, e Ingrid recebeu uma bolsa para estudar na Escola Estadual de Dança Maria Olenewa, do Theatro Municipal do Rio de Janeiro. Ali teve contato com uma realidade muito diferente da que estava acostumada. Primeiro porque era a única bailarina negra no meio de dezenas de garotas brancas. Depois porque o nível de exigência passou a ser muito mais alto. A professora Edy Diegues era firme e rigorosa, sempre insistindo para que Ingrid ensaiasse mais intensamente.

Por esse tempo, o racismo passou a fazer parte do dia a dia de Ingrid. Única negra em seu grupo, e ainda por cima talentosa ao extremo, passou a ser vítima de discriminação, às vezes velada, outras vezes nem tanto. Mas a moça não se abalou. Centrada em sua arte, foi capaz de evitar as armadilhas do caminho, vencendo etapas e se destacando cada vez mais no cenário da dança do Rio de Janeiro.

Depois da Escola Estadual de Dança Maria Olenewa, Ingrid teve a oportunidade de estudar na escola de Deborah Colker, uma das coreógrafas mais festejadas do Brasil, e de fazer um estágio com o famoso Grupo Corpo, em Belo Horizonte. Aos 18 anos, foi descoberta pela também brasileira Bethânia Gomes, na época primeira-bailarina do Dance Theatre of Harlem, uma companhia de dança criada em

1969, em Nova York, integrada exclusivamente por profissionais negros. Bethânia sugeriu que Ingrid tentasse uma vaga em um curso de férias da companhia. Foram mais de duzentas inscrições, mas a carioca foi selecionada.

A chegada aos Estados Unidos foi um choque. Ingrid não falava inglês, não tinha amigos nem parentes e precisou se adaptar ao frio extremo e aos rigores da neve. Um contraste enorme para quem nasceu e cresceu no Rio de Janeiro.

Mas nada disso foi capaz de superar o entusiasmo de, pela primeira vez na vida, estar em um ambiente de dança onde não era uma "estranha no ninho". Todos os outros bailarinos eram negros; e, muitos, estrangeiros como ela. Foi no grupo, por exemplo, que Ingrid aprendeu a técnica criada por Arthur Mitchell, fundador da companhia, para que meias e sapatilhas cor-de-rosa não contrastassem com o tom de pele dos bailarinos negros e atrapalhassem "a linha contínua do corpo". Lá, todos usam meias transparentes e pintam as sapatilhas com maquiagem marrom. Também por conta da representatividade e da identificação, Ingrid logo deixou de alisar os cabelos, vivenciando um processo de aceitação pessoal que mudou sua vida.

Aos 19 anos foi oficialmente convidada a integrar o Dance Theatre of Harlem, mudando-se, então, em definitivo para Nova York. Passou três anos sem poder voltar ao Brasil, e dez lutando para que sua mãe pudesse viajar aos Estados Unidos — Maureny teve seu visto negado até 2018, quando enfim conseguiu o documento. Para se sustentar em uma das cidades mais caras do mundo, Ingrid precisou fazer jornada dupla: ensaiava diariamente das sete às dezoito horas e, então, assumia a função de garçonete em algum restaurante nova-iorquino, além de passear com cachorros e fazer "bicos" como *baby-sitter*.

As dificuldades que viveu por ser mulher, negra e de família pobre levaram Ingrid a se tornar ativista e uma referência para a sociedade. Teve seu trabalho e sua história associados a marcas multinacionais como Aveeno, L'Oréal e Activia (Danone). Mas é nas redes sociais, especialmente no Instagram, que ela se posiciona como uma importante liderança na luta contra a desigualdade racial no mundo.

Em 2018, Ingrid Silva fundou com uma amiga um movimento de mulheres para mulheres. O *EmpowHer New York* é uma plataforma colaborativa criada para dar voz às mulheres reais e suas questões. Além disso, também dá aulas de balé e busca inspirar outras jovens negras a superar qualquer complexo de inferioridade, mostrando que a superação vem, acima de tudo, pelo autoconhecimento.

A moderna gíria carioca engendrou a expressão "sambar na cara da sociedade" para verbalizar uma situação em que a pessoa conquista algo apesar das dificuldades a ela impostas. Criada em uma comunidade carente da Zona Norte do Rio de Janeiro, esta jovem negra carioca fugiu de todos os estereótipos e, em vez de "sambar", preferiu fazer um *"plié* na cara da sociedade", tornando-se uma das bailarinas mais poderosas da atualidade, solista e estrela do Dance Theatre of Harlem, em Nova York.

CARLOS ALBERTO CAÓ DE OLIVEIRA

EM NOME DA LEI

Na década de 1970, um preto como editor de economia de um grande jornal no Brasil era, para muitos, um escândalo, algo inadmissível. E se esse preto se destacava, em contato permanente e direto com autoridades, grandes empresários, "aparecendo" demais, como se dizia, era quase um crime. Algo desconfortável para o jornal. Até mesmo porque, no caso aqui descrito, o profissional tinha posições políticas, digamos, não muito ortodoxas.

Último país a abolir a escravidão mercantil no Ocidente, em 1888, o Brasil naturalizou de tal forma o racismo que custou a enquadrá-lo como crime. E isso só aconteceu cem anos depois da abolição, graças, principalmente, a Carlos Alberto de Oliveira, o Caó, deputado federal pelo PDT do Rio de Janeiro. Um dos raros parlamentares negros a participar da Assembleia Nacional Constituinte, Caó conseguiu aprovar a emenda na Constituição de 1988 que torna a prática do racismo crime inafiançável, imprescritível e sujeito à pena de reclusão. Uma legislação que certamente trouxe tímidas, porém efetivas, mudanças no comportamento da sociedade brasileira em relação à questão racial.

Baiano de Salvador, filho de um marceneiro e uma costureira pobres, mas que acima de tudo priorizavam a instrução e a formação dos filhos, Carlos Alberto de Oliveira, nascido em 1941, ainda estudante secundário foi eleito vice-presidente do grêmio estudantil no Colégio Central. E quase ao mesmo tempo, aos 15 anos, estreava efetivamente na militância política, como secretário da Associação de Moradores do Bairro da Federação. Ingressou no movimento estudantil integrando chapas de grêmio acadêmico no colégio. Em 1962, cursando direito na Universidade Federal da Bahia, foi eleito vice-presidente de intercâmbio internacional da União Nacional dos Estudantes (UNE), organizando o I Seminário Internacional dos Estudantes do Mundo Subdesenvolvido e assumindo a presidência da União Estadual dos Estudantes da Bahia. Mas a queda do governo João Goulart e processos judiciais por suas atividades no movimento estudantil tornaram inviável a permanência do jovem na capital baiana.

Em 1966, mudou-se para o Rio de Janeiro. Bacharel em direito, fez pós-graduações em ciência política, em administração e em direito tributário, mas viveu do jornalismo. Tornou-se redator e editor da TV Tupi e dos jornais *Luta Democrática*, *Tribuna da Imprensa* e *O Jornal*. Foi um dos fundadores e primeiro secretário-geral do Clube dos Repórteres Políticos. As atividades no movimento estudantil o levaram a julgamento na 6.ª Região Militar em Salvador, que o condenou a dois anos de prisão. Depois de seis meses de prisão, foi libertado pelo Supremo Tribunal Militar, que considerou a pena prescrita.

De volta ao Rio de Janeiro, trocou o jornalismo político pela reportagem econômica no *Jornal do Brasil*, onde foi editor de economia, e na revista *Veja*. Um dos fundadores da Associação dos Jornalistas Especializados em Economia e Finanças, presidiu a entidade em

1975 e 1976. Dois anos mais tarde, foi eleito para o primeiro de dois mandatos consecutivos como presidente do Sindicato dos Jornalistas do Rio de Janeiro.

Em 1982, filiou-se ao PDT e disputou uma vaga na Câmara dos Deputados. Logo depois de tomar posse, pediu licença do cargo para assumir a Secretaria de Trabalho e Habitação no primeiro governo de Brizola no Rio de Janeiro. À frente da secretaria, implantou o programa habitacional "Cada família, um lote", para moradores de baixa renda, além de promover a instalação de equipamentos urbanos nas favelas, como o plano inclinado nas comunidades do Pavão, Pavãozinho e Cantagalo.

Em 1987, foi para Brasília participar da Constituinte e apresentou a proposta que viria a se tornar a Lei n.º 7.716/1989, configurando como crime atos de "preconceito de raça ou de cor". A questão racial só era tratada na legislação brasileira pela Lei Afonso Arinos, de 1951, de difícil aplicação e que considerava atitudes preconceituosas contravenções penais com penas curtas de detenção (de seis meses a um ano) e multas. A Lei Caó, no entanto, determina que discriminação por "raça, cor, etnia, religião ou procedência nacional" pode levar a até cinco anos de prisão. E lista diferentes atos discriminatórios, detalhando penas para quem os praticar, abrangendo situações que certamente levaram a constrangimento e prejuízo dos negros brasileiros. Pela Lei Caó, é crime recusar atendimento ou barrar a entrada de qualquer pessoa em estabelecimentos comerciais, hotéis, bares, termas e casas de massagem, negar matrícula de crianças em escolas e impedir acesso ou uso de transportes públicos. Também prevê punição a quem impedir a ascensão funcional, recusar vagas de emprego ou entrada nas Forças Armadas. Um dos dispositivos que foram anexados ao texto, anos mais tarde, proíbe a fabricação, comercialização, distribuição ou propaganda de símbolos que usem a cruz suástica ou gamada com o fim de divulgação do nazismo.

Além da lei que tornou o racismo crime, Caó conseguiu incorporar mais de sessenta emendas à Constituição de 1988, garantindo o direito de voto para cabos e soldados e o amplo exercício de direito de greve, entre outras propostas. Nas principais votações da

Constituinte, defendeu o rompimento de relações diplomáticas com países de orientação racista, a jornada semanal de quarenta horas, a reforma agrária, a estatização do sistema financeiro, a proibição do comércio de sangue, votando contra a pena de morte. Com o fim dos trabalhos constituintes, em 1989 assumiu a presidência da Comissão de Trabalho da Câmara, coordenando a elaboração da primeira legislação salarial sob responsabilidade do Congresso Nacional.

Em 1991, foi novamente titular da pasta do Trabalho do Rio de Janeiro, no segundo governo de Leonel Brizola. No cargo, foi responsável pela reestruturação do Sistema Nacional de Emprego no estado (Sine-RJ). Em 1996, tornou-se secretário executivo dos movimentos partidários do diretório nacional do PDT e continuou atuante na militância pelos direitos humanos. Faleceu em 2018 aos 76 anos, deixando o cognome "Caó", pelo qual se identificava (na verdade um acrônimo), gravado para a eternidade na história do direito no Brasil.

ZEZÉ MOTTA

ALÉM DA LENDA E DA HISTÓRIA

A legenda de Chica da Silva, escrava que se tornou fidalga, vai aos poucos adquirindo cores mais reais. Sim! Adquiriu fortuna e poder graças à união marital com o contratador de diamantes João Fernandes de Oliveira. E mais: protetora das artes, ajudou a projetar o compositor Lobo de Mesquita; fundou uma importante escola de pintura em seu arraial; ajudou a consolidar o Convento de Macaúbas, onde educou suas filhas. Além de uma filha freira, um filho padre e outro desembargador, seu primogênito, Simão Pires Sardinha, foi um dos maiores naturalistas brasileiros do século XVIII. Mãe de 13 filhos num período de apenas 15 anos, é muito pouco provável que dona Francisca tenha sido tudo aquilo que o cinema quis revelar. Mas vamos ao que interessa!

A atriz e cantora Zezé Motta, no registro civil Maria José Mota de Oliveira, nasceu no norte fluminense, na cidade de Campos dos Goytacazes, em 1944. O local de nascimento foi a Usina Barcellos, de beneficiamento de cana-de-açúcar, em cujas dependências vivia sua família. Mas com 3 anos de idade já estava no Rio, morando no morro do Pavãozinho, em Copacabana. A mãe, Maria Elazir, veio para a então capital federal com recomendação feita pelos patrões usineiros à família do ex-ditador Getúlio Vargas, naquele momento se preparando para a eleição que o consagraria, democrática e definitivamente, como um grande governante e líder popular. A mãe era costureira; e a recomendação foi decisiva para o sucesso em sua atividade profissional, que ela exercia nas casas de clientes abastadas.

Instrução escolar a menina Zezé recebeu no Asilo Espírita João Evangelista, destinado a crianças órfãs. Mas graças às boas relações de seu pai, José Luiz de Oliveira, um músico de religião kardecista e pensamento político de esquerda, conseguiu vaga para estudar em regime de internato, onde completou o antigo curso primário. Dali saiu para fazer o curso ginasial na escola da Cruzada São Sebastião, destinado apenas a moradores do conjunto residencial que integrava o projeto, criado pelo cardeal d. Hélder Câmara, no qual também ingressou por "pistolão", como se chamava, na época, a velha instituição do tráfico de influência. Mas a causa era nobre.

No colégio da "Cruzada", nossa Maria José, destacando-se nas atividades culturais lá oferecidas, ganhou uma bolsa de estudos para o famoso Tablado, de Maria Clara Machado. E a aceitação da bolsa foi também motivada pelo grande incentivo de uma conhecida de infância, a depois consagrada atriz Marieta Severo. Zezé tinha então cerca de 12 anos.

Concluindo o ginasial, a mocinha foi estudar contabilidade no Colégio Estadual Amaro Cavalcanti, no Largo do Machado, à noite, enquanto trabalhava num laboratório, o Moura Brazil, e frequentava aulas de teatro duas vezes na semana. Até que Maria José acrescentou mais um "t" ao Mota do sobrenome materno e estreou profissionalmente no teatro.

A estreia se deu em 1968, no elenco da peça *Roda Viva*, de Chico Buarque, dirigida por José Celso Martinez Correa. Na sequência, a atriz-cantora participou das montagens de *Arena conta Zumbi* e *Arena conta Bolívar*, ambas de autoria de Augusto Boal. Com *Arena conta Zumbi*, Zezé atuou em Nova York, no bairro negro do Harlem, em plena efervescência do movimento pelos direitos civis da população negra, e sob a forte influência ideológica do movimento Black Power. Ainda nesse ano, atuou em *A vida escrachada de Joana Martini e Baby Stompanato*; e em 1974, em *Godspell*.

Desde então, Zezé Motta consolidou sua carreira, atuando com destaque em telenovelas, em importantes montagens teatrais e em filmes como *Vai trabalhar, vagabundo* (1973); *Ouro sangrento*, *Cordão de ouro* e *A força de Xangô* (1977); *Águia na cabeça* e *Quilombo* (1984); *Jubiabá* (1986); *Anjos da noite* (1987); *Tieta do Agreste* (1996); e *Orfeu* (1999). Entre os diretores desses filmes, destacam-se nomes dos mais renomados, como Cacá Diegues, Arnaldo Jabor e Paulo Thiago. Em telenovelas, participou de *Corpo a corpo*, *A próxima vítima*, *Porto dos milagres* e *Renascer*; das minisséries, *Memorial de Maria Moura* e *Chiquinha Gonzaga*, ambas na Rede Globo, atuando também em produções da Rede Record, como *Luz do sol* (2007). Em 1984, contracenando com o ator Marcos Paulo, em *Corpo a corpo*, provocou violentas reações racistas em parte do público. Em recente entrevista ao jornal *O Globo*, comentou o fato, lamentando o retorno potencializado do racismo nos tempos atuais, quando "atrizes e apresentadoras são xingadas na internet".

No cinema, o filme que a tornou popularmente conhecida foi *Xica da Silva* (assim mesmo, com "X"), de 1976, no qual viveu a personagem principal, mostrada, sobretudo, pelo viés da sensualidade exacerbada. O sucesso foi tanto que, durante muito tempo, muita gente a confundiu com o personagem, inclusive chamando-a de "Xica". No começo da onda, Zezé ficou triste, pois tinha se esforçado muito para ter seu nome reconhecido. Mas depois percebeu que Xica era sua fada madrinha, e o incômodo passou.

Em 1979, paralelamente, deu início à carreira discográfica como intérprete de música popular, com o LP *Negritude*, no qual o samba

"Senhora liberdade", de Wilson Moreira e Nei Lopes, tornava-se um dos maiores sucessos do ano em termos de execução pública. Sua discografia é composta por de 14 lançamentos, finalizando, até aqui, com *O samba mandou me chamar*, de 2018.

Integrante do elenco de teledramaturgia da Rede Globo, Zezé distinguiu-se também como idealizadora e fundadora do Centro Brasileiro de Informação e Documentação do Artista Negro (CIDAN) em 1984. A justificativa para a criação da instituição era a seguinte: a televisão brasileira era, àquela época, um dos grandes responsáveis pela difusão da imagem desfavorável e estereotipada dos descendentes de africanos no país. Ao difundir padrões estéticos que parecem reproduzir os anseios da velha estratégia do branqueamento, como observou Muniz Sodré em um de seus livros, a TV costumava usar o negro apenas como uma espécie de álibi. Para tanto, por meio da utilização estratégica dos serviços de alguns profissionais, sobretudo na área jornalística e ocasionalmente em telenovelas, a televisão se protegeria contra a acusação de que estereotipava e menosprezava os negros. O CIDAN visa promover artistas negros e inseri-los no mercado de trabalho. Para tanto, mantém um catálogo na internet, além de promover cursos de iniciação e reciclagem profissional.

Zezé Motta é mãe de cinco filhas, Luciana, Sirlene, Nadine, Carla e Cíntia, mais o filho Robson. E a família vem se estendendo com netos e netas. Sob as bênçãos de Deus e, certamente, da "fada madrinha" Xica da Silva.

RICARDO ALEIXO

NEGRITUDE, CONCRETUDE, MODERNIDADE

"Um negro é sempre o negro de alguém. Ou não é um negro, e sim um homem. Apenas um homem. Quando se diz que um homem é um negro, o que se quer dizer é que ele é mais negro do que propriamente homem", diz um homem negro, cabeça toda raspada, de óculos de aros de metal e camisa preta, usando, ora como saia, ora como um parangolé de Hélio Oiticica, um manto preto com letras brancas, batizado como "poemanto". A plateia ocupa a Igreja da Matriz, palco principal da Festa Literária Internacional de Paraty, que em 2017 homenageava Lima Barreto. O homem que usa o poemanto — onde se leem quatro grupos de palavras como *esfíncter, clavícula, humor, tornozelo, carne, glóbulos* — é o poeta Ricardo Aleixo, um dos principais nomes da geração de poetas brasileiros que surgiram nos anos 1990.

Ricardo José Aleixo de Brito nasceu em Belo Horizonte em 1960. Cresceu na periferia da cidade, em Campo Alegre, mas logo se interessou por artes, influenciado pela própria família, na qual o hábito da leitura e o gosto por atividades artísticas eram cultivados. A mãe, Íris, cantava, e o pai, Américo Basílio, gostava de cinema e escrevia.

Em uma crônica publicada no jornal *O Tempo* no aniversário de 90 anos do pai, Aleixo descreveu Américo:

> Só deu para completar o primário, já com 17 anos, e olhe lá. Mas foi o bastante para que ele se tornasse um cinéfilo tão respeitável que, lá pelos 30 anos, para controlar o vício, chegaria a fazer promessas a sei lá qual santo para se ver longe das salas de cinema. Leu muito, também, sobretudo romances. Já com mais de 60, começou a escrever poemas e histórias para crianças — que ele mesmo datilografa, manda copiar em xerox e distribui para os vizinhos e amigos, em ocasiões como Natal, Dia das Mães e outras datas festivas.

Por volta dos 11 anos, Ricardo passou a integrar um grupo vocal na escola. O repertório do grupo incluía Beatles, Jorge Ben e Caetano Veloso. A poesia só entrou em sua vida para valer em 1977, quando escreveu com caneta Bic vermelha seus primeiros poemas, todos compostos por neologismos. Em 2003, ele contou o seguinte no portal *Uai*:

> Vivendo no Campo Alegre, bairro da periferia de Belo Horizonte, sem conhecer pessoalmente alguém que se dedicasse profissionalmente à literatura, me vi obrigado a montar por conta própria um programa de estudos. A intuição foi minha grande única mestra. Naqueles tempos lia, com grande voracidade, tudo, rigorosamente tudo que me caísse nas mãos, mas já sabia identificar aqueles poetas que primavam pela utilização de recursos como a exploração das camadas sonora e visual da palavra.

Outra paixão era o futebol. Torcedor do América Mineiro, era um jogador assíduo até que, em 1978, uma bolada no olho direito quase lhe tirou a visão. Entre os 18 e os 21 anos, em razão da grave enfermidade ocular, praticamente preso à cama e sem qualquer interlocução com outros poetas, dedicou-se por completo à literatura. Para enfrentar a série de problemas clínicos decorrentes do traumatismo ocular, bem como o isolamento a que as terríveis dores e a fotofobia impunham, Ricardo não só começou a ler uma quantidade maior de livros — graças ao apoio da única irmã, Fátima, que cursava letras na UFMG, e dividia com ele suas descobertas —, como se baseou no currículo do curso para confeccionar o seu próprio programa de estudos. Embora já desde a puberdade tivesse contato com a arte, o poeta define esse momento como o "marco zero" de sua trajetória criativa e intelectual: foi aí, privado da possibilidade de sonhar e planejar um futuro profissional, que surgiu nele a vontade de fazer poesia.

Dos anos 1990 até o momento deste livro, Ricardo Aleixo vem atuando em frentes como o jornalismo cultural, a edição de livros e revistas, a participação em debates sobre arte e cultura, a organização/curadoria de eventos artísticos e culturais, inclusive seminários e mostras. Paralelamente ou integradas a essas atividades, o multiartista e intelectual dedica-se também à composição musical, à realização de performances intermídia e à reflexão sobre elas. Nesse conjunto, cabem na pauta do dedicado professor de design sonoro, no curso de design gráfico da FMU, Faculdades Metropolitanas Unidas, também o ativismo em prol da causa negra e a sala de aula, tanto coordenando cursos e oficinas, quanto como professor convidado em cursos de pós-graduação.

Sua trajetória autoral começou em 1992, com *Festim*, em edição do próprio autor. Desde então, publicou: *A roda do mundo* (1996), em parceria com Edimilson de Almeida Pereira, *Trívio* (2001), *Máquina zero* (2004), *Modelos vivos* (2010), finalista dos prêmios Portugal Telecom e Jabuti, os infantis *Quem faz o quê?* (1999) e *A aranha Ariadne* (2004), a plaquete *Céu inteiro* (2008) e a antologia *Pesado demais para a ventania* (2018).

Em 1998, foi incluído no livro *Esses poetas: uma antologia dos anos 90*, organizado por Heloisa Buarque de Hollanda. Mas sua obra vai muito além da palavra impressa, dialogando com música, dança e artes plásticas. Montou a exposição individual *Objetos suspeitos* (Belo Horizonte, Mariana e Rio de Janeiro, 1999), que surgiu de uma oficina ministrada por Lygia Pape em Belo Horizonte em 1998, e participou de mostras coletivas em Buenos Aires, Brasília, Rio de Janeiro, Porto Alegre e São Paulo. Em 1999, iniciou parceria com o bailarino Rui Moreira, da companhia SeráQuê?. Foi ainda curador da Bienal Internacional de Poesia de Belo Horizonte (1998), da ZIP/Zona de Invenção Poesia (2005 e 2006) e do Festival de Arte Negra de Belo Horizonte (1995, 2003, 2005/06 e 2011/12).

Muitas vezes classificada como "pós-concreta" ou "poesia negra", a obra de Aleixo é variada demais para caber num rótulo. Incorpora a influência concreta, assimila a oralidade dos *orikis* (cantos e poemas em iorubá, ricos em trocadilhos e outros jogos semânticos, até hoje entoados em terreiros de umbanda e candomblé), dialoga com música, videoarte, artes plásticas e performance.

Ainda bem jovem, a leitura de Augusto de Campos e Décio Pignatari fizeram-no interessar-se por semiótica e pelo diálogo entre palavra e imagem. Aleixo diz gostar da maneira como Décio define o poeta: "Designer da linguagem." Mas, se há muito de pós-concreto em *Festim* e *Trívio*, em *A roda do mundo* lemos poemas como "Mamãe grande", *oriki* contemporâneo dedicado a Iemanjá: "todas/ as águas do mundo são/ Dela, fluem/ refluem nos ritmos/ Dela, tudo que vem,/ que revém. todas/ as águas/ do mundo são/ Dela./ fluem refluem/ nos ritmos Dela..."

Cerebral e musical, moderna e arcaica, visual e sonora, a poesia de Aleixo é múltipla, mas um traço parece unificá-la. É uma poesia que une corpo e palavra, uma "corpografia", para usar um termo do autor. Isso fica claro não apenas quando o poeta se comporta como performer diante da plateia, mas também na maneira como aborda a experiência do corpo negro na sociedade brasileira. É o que encontramos no belo poema "Rondó da ronda noturna", de *Trívio*: "q uanto +/ p obre +/ n egro/ q uanto +/ n egro +/ a lvo/ q uanto +/ a lvo +/ m orto/ q uanto +/ m orto +/ u m". As letras brancas sobre fundo negro formam versos fragmentados, que sugerem a repetição da opressão do corpo negro pelas rondas noturnas de hoje e do passado.[3]

Com um percurso em que se destaca "pelo experimentalismo constante e pela versatilidade sem medo", como definiu tão bem o tradutor e professor Guilherme Gontijo Flores, Ricardo Aleixo é caso excepcional de autor inquieto, capaz de transitar por linguagens e temas e de unir experiência a linguagem, arte e vida.

---

[3] Para uma análise do poema, ver o texto "Rondó da ronda noturna, de Ricardo Aleixo", de Wilberth Salgueito.

ELISA LUCINDA

O VERBO E A FALA

> *De modo geral é mais fraca do que o homem, menor, menos capaz de trabalhos demorados. Seu sangue é mais aquoso, sua carne mais compacta, seus cabelos mais longos, seus membros mais arredondados, os braços menos musculosos, a boca menor, as nádegas mais salientes, as ancas mais afastadas, o ventre maior. Essas características distinguem as mulheres em toda a Terra...*

Assim escreveu Voltaire, em 1764. Esse tipo de generalização foi que levou ao ativismo feminista, que nas décadas de 1910-1920 irradiava suas propostas igualitárias por todo o território nacional. E que até hoje persiste, muitas vezes na forma de literatura e arte.

Espécie de "agitadora cultural" desde criança, a menina Elisa Lucinda gostava de se apresentar em festas, recitando poesias e acalentando o sonho de subir aos palcos. Acabou jornalista em Vitória, onde nasceu, mas não se contentou e fez-se atriz no Rio de Janeiro. O desassossego continuou até ela conseguir combinar suas artes com uma forma nova de mostrar poesia, escolhendo as mais insólitas plateias.

O interesse pelo teatro veio junto com a paixão pela poesia. Aos 10 anos, começou a ter aulas de declamação — ou de "interpretação teatral da poesia", como preferia dizer sua professora, Maria Filina Salles Sá de Miranda. Em 1982, depois de cursar comunicação, foi repórter e apresentadora de televisão em Vitória. Em 1986, já no Rio de Janeiro, decidida a ser atriz, entrou para a Casa de Artes de Laranjeiras, atuando em peças de teatro e em telenovelas.

Escrevendo peças teatrais e se apresentando em recitais, Elisa Lucinda cria um método diferente de popularizar poesia. Em suas aulas, a poesia é "dita", "contada", nunca declamada de forma solene. Ela acredita que o fazer poético precisa desmistificar a memorização sem reflexão de quem leva a poesia para uma audiência. O sucesso com o monólogo *Parem de falar mal da rotina*, visto por mais de um milhão de espectadores em nove anos de apresentação por todo o país (e uma versão em castelhano levada a Barcelona, na Espanha, além de turnê por países africanos lusófonos) soma-se ao reconhecimento que conquista como atriz, premiada no Festival de Brasília (1989) e no Rio Cine (1990).

É na década de 1990 que Elisa, além de escrever livros, faz teatro e cria duas instituições de promoção da literatura, a Escola Lucinda de Poesia Viva e a Casa Poema, incluindo as causas minoritárias em sua produção poética. Sem se afirmar militante da causa negra ou dos pleitos feministas, ela preferia intitular-se "humanista e libertária", lutando contra todas as formas de "cárcere privado impostas pela sociedade de consumo".

Em sua poesia, crianças de rua surgem próximas de mulheres de classe média, estigmatizadas pelo "cabelo ruim". Alertas sobre a violência contra mulheres também estão nos poemas ou textos teatrais. A redução da desigualdade social se faz em cursos oferecidos aos mais diferentes grupos — desde professores da rede pública, aos quais se mostra o uso da literatura como instrumento de autoconhecimento e de reconhecimento do ser, até menores infratores — o programa Versos da Liberdade. A convite da Organização Internacional do Trabalho, Elisa Lucinda desenvolveu também um projeto de humanização para policiais e de educação contra a exploração sexual de crianças e adolescentes, o Palavra de Polícia e Outras Armas, que, em 2010, foi levado para Madri e Lisboa. Na Casa Poema a artista desenvolve ainda um programa de empregabilidade para a população trans, sempre trabalhando através da palavra para promover cidadania.

Em 2009, o Senado Federal lhe concedeu o prêmio Mulher Cidadã Bertha Lutz, por suas iniciativas para a formação de leitores e para a integração social de marginalizados e excluídos — entre esses, mulheres e negros. Uma integração que, para Elisa Lucinda, precisa ocorrer em todos os campos, inclusive na forma de encarar o racismo, que não pode ser uma causa específica dos negros. Denunciar a naturalização da exclusão dos negros na representação dramatúrgica é um dos destaques de seu trabalho educacional e artístico, e ela conclama brancos a participarem da mesma luta, afirmando que é necessário escolher entre ser um abolicionista moderno ou um escravocrata, educando o olhar para perceber onde existe exclusão ou segregação racial.

DEUSDETH NASCIMENTO

DEVOÇÃO CIRÚRGICA

Nenhum outro povo antigo praticou a medicina no mesmo grau e com a mesma perfeição que os egípcios. Suas escolas médicas, ligadas ao clero e aos templos, eram conhecidas por sua habilidade na cura dos males da humanidade. Provavelmente no século 9 a.C, o poeta grego Homero exclamou que, em termos de medicina, os egípcios suplantaram todos os povos de seu tempo. Mas bem antes de Homero, os sacerdotes médicos do Egito — provavelmente negros, como a maioria dos egípcios de seu tempo — já desenvolviam especializações como cirurgia, gastroenterologia, oftalmologia, odontologia e veterinária. E isto é mostrado no livro *The Physicians of Pharaonic Egypt*, de Paul Ghalioungui, publicado na Alemanha Ocidental em 1983.

No vilarejo baiano de São Roque, distrito de Coaraci, a 443 quilômetros de Salvador, a vida não costumava ser muito promissora para seus habitantes em meados dos anos 1950. Quem nascia ali, de modo geral, permanecia na cidade até a velhice, trabalhando nas fazendas de cacau, se sustentando no pequeno comércio local ou prestando algum tipo de serviço para a comunidade. Para um menino negro, pobre, filho de pais analfabetos, havia ainda menos oportunidades. Certo dia, acompanhando a mãe ao médico, o tal garoto, então com 6, 7 anos de idade, ficou fascinado pelo trabalho daquele homem, que tinha o poder de curar as pessoas. E, segurando sua mão, comentou, sonhador: "Dr. Hildebrando, eu quero ser médico." Em resposta, ouviu um desanimador "Ih, meu filho, isso é tão difícil." Ao contrário do que poderia acontecer, aquele balde de água fria não foi capaz de destruir sonhos. Seis décadas depois, a história ainda serve de motivação para este que se tornou um dos maiores cirurgiões de coluna do mundo.

Deusdeth Gomes do Nascimento nasceu no dia 18 de maio de 1948 e viveu no distrito de São Roque até os 8 anos, quando seus pais, João Batista do Nascimento e Maria Gomes do Nascimento, deixaram o vilarejo e foram para uma cidade maior em busca de uma vida menos sofrida. Mesmo sem instrução formal, eles queriam oferecer ao filho a chance que não tiveram, e o matricularam na melhor escola pública do município de Coaraci, para que tivesse a melhor educação disponível na época.

Além do sonho de fazer medicina, que estava decidido a realizar apesar do desalento incutido pelo médico que o inspirou, Deusdeth também era movido de forma permanente pelo lema que seu pai o ensinara sobre a vida: "O que dignifica o homem é o trabalho." Então, nem a fome, que chegou em diversas situações, nem as dificuldades enfrentadas por ser negro em uma sociedade racista como a brasileira foram capazes de interromper a jornada.

Ao concluir o científico (como era chamado o ensino médio até o fim dos anos 1960), Deusdeth conseguiu o que muitos achavam impossível para alguém com sua origem: passou no concorrido vestibular de medicina na Universidade Católica de Salvador. Sem recursos financeiros, precisou recorrer a um programa de crédito estudantil para pagar as altas mensalidades. Mas valeu a pena. Estava onde sempre quisera estar. Mergulhou nos estudos e, no segundo ano de curso, já acompanhava as cirurgias, passando a morar no alojamento dos plantonistas do Hospital Universitário.

Após sua formatura, em 1973, mudou-se para o Rio de Janeiro, onde fez residência médica no Setor de Ortopedia e Traumatologia do Hospital Miguel Couto, uma das maiores e mais importantes emergências públicas da capital fluminense.

Seguindo a máxima ensinada por seu pai, não parou de trabalhar nem de estudar um instante sequer. Em 1974, especializou-se em medicina esportiva (UFRJ), medicina do trabalho (UERJ), e obteve aprovação dos créditos do curso de mestrado em ortopedia e traumatologia (UERJ).

Em seguida, deu um novo e fundamental passo na carreira, ao ser aprovado no concurso público da Escola de Saúde do Exército. Durante 19 meses, Deusdeth serviu o Exército na Amazônia, vivendo na fronteira com a Venezuela e a Colômbia, onde fez centenas de cirurgias nas mais diferentes condições, ampliando seu conhecimento e ganhando mais experiência para os desafios que estavam por vir.

Apesar de já ter se tornado, no início dos anos 1980, um renomado cirurgião geral, Deusdeth decidiu que era hora de se aprofundar ainda mais em um campo da medicina e aceitou um convite para estudar em Paris, onde fez uma especialização em coluna vertebral na Faculdade Pierre-Marie, uma das mais conceituadas da Europa. Durante o tempo em que passou na capital francesa, precisou se endividar mais uma vez. Além do custo de vida altíssimo, o valor das mensalidades do curso era fora dos padrões de receita de um brasileiro médio. Era o único negro na turma de especialização, o que provocava estranhamento e, eventualmente, problemas de relacionamento com colegas de faculdade. O choro, a raiva e até a fome foram companhias constantes nesse período. Mas nada disso foi capaz de esmorecer a determinação nascida ainda na infância.

Deusdeth não iria desistir jamais. Para ele, as dificuldades não eram consideradas obstáculos, mas etapas do plano projetado.

Ao longo da década de 1990, seu trabalho como cirurgião de coluna vertebral ganhou notoriedade em todo o Brasil. Em setembro de 1999, foi escolhido presidente da Associação Brasileira Beneficente de Reabilitação (ABBR), sendo reconduzido ao cargo por aclamação outras três vezes ao longo de vinte anos.

Em 2002, como diretor-geral do Instituto Nacional de Traumatologia e Ortopedia Jamil Haddad (INTO), conduziu pessoalmente a primeira cirurgia de retirada de hérnia, utilizando um disco artificial cervical, em um hospital público do país.

O nome "Deusdeth" é variante do latim *Deusdedit*, "dado por Deus".

HAMILTON DE HOLANDA

PRODÍGIOS MUSICAIS

O bandolim é um instrumento presente na música brasileira pelo menos desde o século XIX. Notado em especial na execução do repertório do estilo consagrado como "choro", já deu à "flor amorosa de três raças tristes" — como Bilac chamou — intérpretes altamente virtuosos, uns mais, outros menos celebrados, como Aleh Ferreira, Déo Rian, Evandro do Bandolim, Joel Nascimento, Luperce Miranda, Nilze Carvalho, Pedro Amorim, Rossini Ferreira, além do "pai" de todos os contemporâneos, Jacob do Bandolim. Mas existem outros, que se distinguem por talento e habilidades específicas, como o que escolhemos para compor este painel de afro-brasileiros reluzentes. E muitos ainda vêm por aí.

Hamilton de Holanda Vasconcelos Neto nasceu no Rio de Janeiro, em 1976, no bairro de São Cristóvão, filho dos pernambucanos José Américo e Iélva Nídia. No ano seguinte ao do seu nascimento, a família mudou-se para Brasília. Desde muito pequeno se divertia com brinquedos musicais e cantava, sempre estimulado pelo pai. Aos 5 anos ganhou de presente uma escaleta — pequeno instrumento de sopro com teclado — e com ela tocou no Clube do Choro, ao lado do irmão Fernando César no cavaquinho e do pai ao violão. Com os ecos do sucesso dessa apresentação, ganhou de Natal do avô seu primeiro bandolim, e nele aprendeu a executar a polca "Flor amorosa", de Joaquim Calado, composta em 1880, mas efetivamente conhecida com a letra escrita por Catulo da Paixão Cearense na primeira década do século XX.

A estreia nos palcos com o bandolim chegou por volta dos 6 anos, e, dessa vez, além do irmão no violão de sete cordas e do pai no cavaquinho, também estava Pernambuco do Pandeiro, que batizou o grupo como Dois de Ouro. Em 1983, além de continuar aprendendo nas rodas de choro, Hamilton começou a estudar métodos mais tradicionais na Escola de Música de Brasília. No mesmo ano, com o Dois de Ouro, fez sua primeira aparição fora de Brasília, no programa *Fantástico*, da Rede Globo.

Durante toda a década de 1980, o jovem desenvolveu seu talento em estudos e apresentações, buscando aperfeiçoamento e ampliação de suas possibilidades no trato musical com outros instrumentos. Participando de espetáculos dirigidos pelo compositor Klécius Caldas, Hamilton conheceu grandes instrumentistas brasileiros, como o flautista Altamiro Carrilho e os bandolinistas Ronaldo do Bandolim e Armandinho, que se tornou sua referência para a vida toda. Fez também algumas viagens para participação em mostras e festivais, sempre com sucesso e premiações motivador e 1986, já com o Choro & Cia, conquista o Prêmio Nacional de Melhor Grupo de Choro no Festival de Música de Goiânia.

As incertezas próprias da adolescência fizeram Hamilton, aos 17 anos, escolher um caminho profissional diverso: fez vestibular para cursar contabilidade e foi aprovado. Entretanto, como o Destino é realmente caprichoso, na mesma época o quase contabilista conheceu, numa roda de choro em Fortaleza, um músico que o marcou profundamente: o bandolinista cearense-carioca Jorge Cardoso. Mas o melhor ainda estava por vir.

Em 1995, Hamilton de Holanda prestou novo exame de vestibular, dessa vez para cursar o bacharelado em composição, na Escola de Música da Universidade de Brasília, e foi aprovado. Os ventos realmente sopravam a favor, pois, nesse mesmo ano, o bandolinista, participando do II Festival de Choro do Estado do Rio de Janeiro, conseguiu classificar cinco músicas (três suas, uma de seu pai e seu irmão e uma do flautista Leonardo Miranda) como finalistas do certame. Na final, sua obra "Destroçando a macaxeira" conquistou a segunda colocação, e Hamilton voltou para Brasília consagrado como o Melhor Intérprete do Festival. E de lá pra cá muitas notas musicais voejaram pelo ar.

Na Universidade de Brasília, cursando composição, Hamilton se aproximou da música "erudita", deixando-se fascinar sobretudo por Villa-Lobos, Debussy, Shostakovich e Bach. Em 1998, engrenou uma parceria com o grande violonista Marco Pereira, mencionado por Hamilton como fundamental na evolução de sua carreira. Com Pereira, nosso bandolinista fez, nesse momento, suas primeiras viagens internacionais, à Venezuela e à França. Também por essa época, juntamente com os amigos Rogério Caetano e Daniel Santiago, Hamilton criou o "Brasília Brasil", para experimentar uma música brasileira instrumental de vanguarda.

Um pouco mais tarde, o Dois de Ouro tocou no Arts Alive Festival, na cidade de Joanesburgo, África do Sul; e as viagens internacionais se tornam mais frequentes, com shows na França, na Áustria e na Turquia. Com toda essa movimentação, consegue concluir o bacharelado em composição, e, na mesma época, os prêmios começam a acontecer: Hamilton ganha, por unanimidade, o Prêmio Icatu-Hartford de Artes como o melhor instrumentista do Brasil. E, mais ainda, foi distinguido com bolsa e hospedagem especial na Cité International des Arts, em Paris, durante um ano.

Em 2002, começou a desenvolver sua carreira na Europa. Na cidade de Ajaccio, na Córsega, França, participa, a convite de Olivier Chabrol, do Festival Au Son des Mandolines, fazendo seu primeiro show solo com o bandolim de dez cordas, inovação importante. Quatro anos depois, nosso artista foi, como convidado especial de

Mike Marshall e David Grisman, ao Mandolin Symposium, na Califórnia, evento que contou com a presença de duzentos bandolinistas do mundo todo.

Desde então, junto com o acordeonista francês Richard Galliano, apresentou-se em alguns dos festivais mais importantes da Europa, como o Jazz in Marciac e o Festival de Jazz de Paris. Em 2006, com o quinteto formado com Daniel Santiago, André Vasconcellos, Marcio Bahia e Gabriel Grossi, fez um show histórico na Womex, em Sevilha, e uma turnê pela Itália. De volta a Brasília, fez o show de comemoração de 25 anos do Dois de Ouro. E assim, entre dezenas de apresentações, premiações e homenagens, continuou sua caminhada pelo Brasil e pelo mundo: Áustria, França, Venezuela, Itália, Espanha, Holanda, Estados Unidos, Alemanha, Eslovênia, Portugal.

Apresentando-se com o quinteto ou com o irmão Fernando César no Dois de Ouro, ou mesmo com outros acompanhantes, o bandolinista Hamilton de Holanda é hoje presença importante em muitos palcos e salas de concerto, no Brasil e no exterior.

Em julho de 2019, foi entrevistado no *Conversa com Bial*, da Rede Globo. Ao seu lado, um amigo já de algum tempo com quem manteve um diálogo altamente fértil, o trompetista norte-americano Wynton Marsalis. Nascido em Nova Orleans, Louisiana, também numa família de músicos, Marsalis recebeu educação musical erudita, iniciando carreira aos 14 anos de idade. Além disso, transitando com facilidade entre o jazz e a chamada música erudita, esse músico se destaca por seu posicionamento estético e político e vem liderando, em seu país, um amplo questionamento sobre as bases e as dimensões da música americana. Imagine, então, leitor destas linhas, o nível da conversa, conduzida pelo igualmente brilhante entrevistador. E nem é preciso falar da comunicação que se estabeleceu entre os dois artistas, cujos estilos e instrumentos guardam afinidades ancestrais.

Em sua trajetória, do primeiro bandolim, aos 5 anos de idade, até o presente, passaram-se quase quatro décadas, que o artista assim resumiu, em mensagem enviada ao autor:

> Eu tive a sorte de nascer em uma família musical. Desde pequeno tenho o hábito de tocar e compartilhar bons momentos através da

música. Nasci no Rio de Janeiro e fui com 11 meses pra Brasília. Tive uma infância tranquila por lá. A convivência com gente de todos os cantos me fez um homem de mente aberta e curiosa. Gosto de estar com minha família, de encontrar os amigos, conhecer outras culturas e fazer novas amizades. Entre 2002 e 2003, morei em Paris. Voltei pro Brasil e fui viver no Rio. Meus dois filhos são cariocas. Minha mulher é admirável. Acho que a música, além de emocionar, é um caminho pra educação e o desenvolvimento social de uma pessoa. Sou muito grato por poder trabalhar com o que gosto e ajudar a transformar a vida das pessoas. Tenho vários parceiros no trabalho que são como minha família. Se eu pudesse resumir a vida em duas frases, eu diria: resolva os problemas e curta os bons momentos.

CLEMENTINA DE JESUS

O REINO DA GLÓRIA

> *E pra lá das três horas da tarde,/a rapaziada abria o farnel/ Era arroz de forno, leitão e galinha/ Com muita empadinha, farofa e pastel./ E lá do alto do Outeiro, um Deus pagodeiro dizia amém./ Ao ouvir Clementina, Jesus só queria ser preto também.*
>
> Wilson Moreira e Nei Lopes, "Tempo de glória"

Clementina de Jesus da Silva, cantora, nasceu na comunidade do Carambita, em Valença, Rio de Janeiro, em 1901, e faleceu na capital do estado, em 1987. Começou sua vida artística profissional já sexagenária, descoberta por Hermínio Bello de Carvalho, e afirmando-se como uma espécie de elo entre a ancestralidade musical africana, quase desaparecida da música brasileira, e o samba urbano.

Filha da parteira Amélia de Jesus dos Santos e do roceiro Paulo Batista dos Santos, violeiro nas horas vagas, estudou, já no subúrbio do Rio, em regime de semi-internato em um orfanato católico. Da mistura dessa experiência com as rezas e cantos africanos que aprendeu com a mãe vêm seu sincretismo religioso, de elementos cristãos mesclados a tradições dos povos bantos, e sua musicalidade marcada por sambas e batuques tradicionais, cantos de trabalho e outras expressões folclóricas.

Apesar de passar a infância morando muito próximo da Portela e acompanhar suas rodas de samba, foi à Estação Primeira que ela se integrou, quando, em 1940, se casou com o mangueirense Albino. Depois de mais de duas décadas trabalhando como doméstica e soltando a voz apenas entre amigos, nos festejos do samba, um dia despertou a atenção do poeta e compositor Hermínio Bello de Carvalho. O ano era 1963; e a festa era a de Nossa Senhora da Glória, em agosto. Lá, durante todo o mês, e essencialmente no dia 15, a igreja, no outeiro que se ergue entre os acessos aos bairros vizinhos de Catete e Flamengo, acolhia multidões de fiéis. E no seu adro, a gente do samba fazia a festa. Numa dessas, o poeta ouviu a voz, encantou-se e acabou levando a dona para participar do histórico show *Rosa de ouro*, que resultou na gravação de um LP, que incluía, entre outras faixas, o lundu estilizado "Benguelê", composto por Pixinguinha e Gastão Viana, lançado em disco em 1946, mas que se tornou a marca de sua identidade musical.

Versada nas artes do partido-alto, o "samba dos bambas", das estrofes tiradas de improviso ou lembradas da tradição oral, Clementina foi talvez a primeira cantora a exibir publicamente esses dotes. Assim, e também por sua voz inconfundível, foi homenageada pelo compositor Elton Medeiros com o partido estilizado "Clementina, cadê você?" e foi cantada por Clara Nunes, em 1977, no "PCJ, Partido Clementina de Jesus", de autoria do portelense dissidente Candeia.

Além desse estilo, a grande cantora gravou curimbas (pontos de "macumba") e outras formas de cantigas do mundo rural integradas ao repertório tradicional afro-brasileiro. Por isso, em 1966, em sua única viagem ao exterior, integrou a delegação brasileira do Festival

Mundial de Arte Negra, em Dacar, Senegal, e do Festival de Cinema de Cannes, na França.

Em 1968, com o incansável Hermínio Bello de Carvalho, gravou o LP *Gente da antiga*, com Pixinguinha e João da Baiana. Gravou também quatro discos solo e participou de diversos outros de vários artistas, como o *Milagre dos peixes* (1973), de Milton Nascimento, em que interpretou a faixa "Escravos de Jó".

Mesmo debilitada por um acidente vascular cerebral, de que fora vítima no mesmo ano, e sem o vigor e a alegria que caracterizaram o início de sua trajetória profissional, atuou até quase o fim da vida, 14 anos depois.

Clementina foi homenageada no Theatro Municipal do Rio de Janeiro, em um show com a participação de diversos nomes do samba, entre eles Paulinho da Viola, João Nogueira e Elizeth Cardoso. Em novembro de 1999, foi lembrada no Centro Cultural Municipal José Bonifácio, no histórico bairro da Gamboa, região da chamada "Pequena África", com a encenação do musical *Clementina*, de autoria de Nei Lopes. O espetáculo descartava o lado triste dos últimos anos de vida da cantora, quando estava doente, mas ainda precisava se apresentar para pagar as contas, para mostrar a sambista festeira que começou a cantar aos 12 anos, mas só foi descoberta depois dos 60, cantando e dançando na Festa da Glória. A peça transcorre em cinco ambientes de festas, que mostram Clementina da infância até depois da morte. Começa com a Festa de Valença, por seu nascimento; vai para a Festa da Penha, no subúrbio carioca, onde participava das rodas de samba; depois para a Festa da Glória, onde foi descoberta; e, finalmente, a Festa no Céu, onde a Quelé é recebida, com todas as honras, pelo poeta Manuel Bandeira, que a dispensa de "pedir licença" para entrar.

Clementina de Jesus se foi deixando nos corações e mentes de todos os que ouviram, compreenderam e admiraram a magia de sua voz o eco de africanidades até então adormecidas.

ALLAN DA ROSA

PERIFERIA NO MEIO DA RODA

O rótulo de "periféricas" com que já há algum tempo se nomeiam e incentivam as manifestações dos que não têm acesso aos círculos da produção cultural hegemônica pode ocasionar prejuízos.

    Criar ou incentivar categorizações culturais apenas a partir de bases geográficas (periferia, morro, Nordeste, Zona Sul etc.) parece negar às expressões assim catalogadas o direito ao protagonismo, à convivência com as outras formas, sob os mesmos holofotes, nos mesmos lugares de excelência, gozando de reconhecimento igual. Porque segmentar e rotular é estratégia de Mercado, esse deus ambíguo. E o rótulo, quando necessário, pode ser usado, sim, mas como estratégia de afirmação da diferença, sem se constituir num grilhão.

Allan Santos da Rosa, escritor, educador e editor, nasceu na cidade de São Paulo em abril de 1976 e cresceu no bairro de Americanópolis, na Zona Sul. Graduou-se em história na USP e trabalha como professor de história da África e do Brasil, além de atuar como arte--educador no projeto EJA — Educação de Jovens e Adultos. Servindo-se de seus múltiplos talentos, trabalha também como locutor e rádio-documentarista, além de integrar grupos de dança e capoeira. Integrou o Teatro Popular Solano Trindade, em Embu das Artes, entre outros grupos de danças e expressões tradicionais. Na USP, participou do projeto educom.rádio, da Escola de Comunicações e Artes (ECA), e também do Núcleo de Consciência Negra. Desde 2002, realiza intenso trabalho na capital e no interior do estado, organizando oficinas de capacitação para produção. Com isso, procura integrar a literatura com a música e com as artes visuais.

Incansável agitador cultural, Allan tem participado de inúmeras atividades de promoção da leitura e da criação literária entre jovens e adultos, com ênfase nas comunidades suburbanas da Grande São Paulo. Assim, integrou a coordenação da Semana de Arte e Cultura do Galpão, Jardim João XXIII (2002); participou da organização do Primeiro Encontro de Escritores da Periferia, na favela do Jardim Colombo e na Ação Educativa/SP (2005); organizou o Núcleo de Literatura Periférica do Centro de Juventude e Educação Continuada (2006). Foi também curador da exposição fotográfica *COOPERIFA — a Poesia é nossa cara*, junto ao projeto Ação Educativa; e coordenador do curso "Áfricas", realizado no Espaço Senzalinha, no Parque Pirajussara.

No campo da produção literária, criou o selo Edições Toró, de perfil alternativo, com publicações marcadas por um trabalho artesanal e pela presença de autores jovens, sem espaço no mercado editorial hegemônico. Como escritor, vem experimentando diversas formas literárias, como a prosa, a poesia e o texto dramático, procurando incorporar à sua linguagem a voz da tradição cultural afro-brasileira. Seguindo essa linha, sua obra individual compreende, entre outros livros, *Vão*, livro de poesia publicado em 2005; *Zagaia*, infantojuvenil de 2007; *Da Cabula*, de 2006, e *Reza de mãe*, contos de 2016.

Em resumo, o trabalho de Allan da Rosa retoma, de certa forma, o rumo traçado por Abdias Nascimento com o Teatro Experimental do Negro, nos anos 1940-1950. O TEN buscava, como definido em seus programas, "restabelecer o papel do negro no teatro como herói, como agente de sua própria condição e não apenas como vítima passiva de um destino que não pode mudar". Dono de uma técnica literária e artística tão fluente quanto trabalhada, tão original quanto canônica, nosso autor não se envergonha da histórica marginalização do afrodescendente. Nem procura entender, sociologicamente, a alocação dos personagens reais, de que alimenta sua ficção, nos últimos escalões da sociedade de classes. Sua literatura e sua arte querem e conseguem dinamitar e implodir as torres da sociedade excludente. E o fazem com as flores vermelhas de seus versos, frases, diálogos e cenas.

E é assim que sua fervorosa e vigorosa arte caminha para transcender a periferia e chegar aos grandes palcos, com as bênçãos até mesmo do dúbio deus Mercado — boi feito para ser comido, "com chifre e tudo". Como antes já dissemos.

GUERREIRO RAMOS

SOCIOLOGIA DESMITIFICADORA

> O "problema do negro", tal como colocado na sociologia brasileira, é, à luz de uma psicanálise sociológica, um ato de má-fé ou um equívoco; e este equívoco só poderá ser desfeito por meio da tomada de consciência pelo nosso branco ou pelo nosso negro, culturalmente embranquecido, de sua alienação, de sua enfermidade psicológica.
>
> Guerreiro Ramos, *Introdução crítica à sociologia brasileira*

Alberto Guerreiro Ramos nasceu em Santo Amaro da Purificação, Bahia, em 13 de setembro de 1915, filho do maestro Victor Juvenal Ramos e de dona Romana Guerreiro Ramos. Até os 8 anos viveu seguidamente em cidades da região do Vale do São Francisco, localizadas entre Minas e Pernambuco: as mineiras Januária e Pirapora, a baiana Juazeiro e a pernambucana Petrolina. Aos 11 anos, em Salvador, empregou-se numa farmácia, primeiro como lavador de frascos e mais tarde como caixeiro — atendente de balcão. Depois de obter instrução básica, ingressou, bastante estimulado pela mãe, no Ginásio da Bahia, onde concluiu o curso secundário.

Para ajudar em casa, tornou-se "explicador" de colegas de mais posses bem como de filhos e filhas de famílias abastadas da capital baiana. Aos 17 anos ingressou no jornalismo, trabalhando em *O Imparcial*. Cerca de dois anos depois, no ginásio onde estudara, pronunciou uma conferência sobre Rui Barbosa que, pelo conteúdo acusatório a uma figura de atitudes políticas conservadoras, mas endeusada pelas elites, lhe causou problemas. Anos depois, repetia o conteúdo das acusações num ensaio crítico, com o que granjeou mais antipatias e inimizades. Por volta de 1937, Guerreiro Ramos fundou em Salvador o Centro Católico de Cultura e liderou a fundação da revista *Norte*, que, entretanto, não foi além da edição de estreia, na qual o eixo temático foi a questão do Humanismo. Em 1939, mudou-se para o Rio de Janeiro, onde fez o curso de ciências sociais na Faculdade Nacional de Filosofia, concluído em 1942. Ao terminar o curso, foi indicado assistente dos professores Jacques Lambert e André Gros e também agraciado pelo Departamento de Estado norte-americano com uma bolsa para cursar sociologia, à qual teve de renunciar por conta da má situação financeira em que se encontrava. Entretanto, permanecendo no Brasil, desenvolveu uma rotina de profundos estudos e reflexões.

Em 1949, o sociólogo Guerreiro Ramos foi um dos membros mais influentes da 1.ª Conferência de Imigração e Colonização, na qual representou o DASP, Departamento Administrativo do Serviço Público, órgão criado pela Constituição de 1937, no qual era técnico de administração. Foi também professor da Escola Brasileira de Administração Pública da Fundação Getúlio Vargas (FGV) e integrou o grupo de intelectuais que criou o Instituto Superior de Estudos Brasileiros (ISEB). Paralelamente, dirigiu o Instituto Nacional do Negro, departamento de pesquisas e estudo do Teatro Experimental do Negro, onde, além de outras realizações, organizou, em 1949, com Édison Carneiro e Abdias Nascimento, a Conferência Nacional do Negro e na sequência o 1.º Congresso do Negro Brasileiro. Em 1962, Guerreiro Ramos elegeu-se suplente de deputado federal, mas teve seus direitos políticos cassados em 1964, após o que se mudou para os Estados Unidos.

Considerado o fundador da sociologia brasileira, Guerreiro Ramos deixou para a posteridade vasta obra científica, como exemplificam os estudos *A crise do poder no Brasil* (1961), *Mito e verdade da revolução brasileira* (1963) e *Introdução crítica à sociologia brasileira* (1957), livro em que denunciou abertamente o médico Nina Rodrigues como "admirador irrestrito dos povos europeus e verdadeiro místico da raça branca", o qual, segundo seu julgamento, foi, "no plano da ciência social, uma nulidade, mesmo considerando-se a época em que viveu".

Alberto Guerreiro Ramos faleceu na Califórnia, Estados Unidos, em 1982.

MARIELLE FRANCO

FLOR AINDA EM BOTÃO DESPETALADA

> *Mentes aguçadas, braços preparados, todos sabemos o rumo. Vamos! Não importa morrer no fim, pois morrer não é nada de mais. Ruim é ser livre e estar preso. Pior é nascer livre e ser escravo. Pois há quem morra agonizando um ano no mesmo leito. E outros morrem cantando, com dez balaços no peito. Braços preparados, mentes aguçadas, todos sabemos o rumo. Vamos!*
>
> Adaptado de Nicolás Guillén,
> La voz esperanzada/ Una canción en coro, 1937

Marielle Francisco da Silva nasceu em 27 de julho de 1979 na favela da Maré, na Zona Norte do Rio de Janeiro, onde foi criada. Com 11 anos, começou a trabalhar como camelô, ao lado do pai e da mãe.

Paralelamente aos estudos e à informalidade do trabalho como vendedora de rua, foi também dançarina de funk e educadora infantil numa creche. Aos 19, deu à luz Luyara, sua filha com o primeiro namorado.

A moça da favela se dizia fruto do pré-vestibular comunitário, pois, graças ao curso, na própria Maré, conseguiu bolsa integral para cursar ciências sociais na Pontifícia Universidade Católica (PUC-Rio). Já militava pelos direitos humanos, depois da morte de uma amiga atingida em troca de tiros entre traficantes e policiais na Maré. No mestrado em administração pública pela Universidade Federal Fluminense (UFF), defendeu a dissertação *UPP — A redução da favela a três letras: uma análise da política de segurança pública do estado do Rio de Janeiro*, discutindo a política centrada nas Unidades de Polícia Pacificadora, então implantadas em diversos locais da cidade carioca.

Multiplicar-se em diferentes frentes era uma das marcas de Marielle, que, por seu engajamento na defesa dos direitos humanos, aproximou-se da equipe da campanha que elegeu Marcelo Freixo à Assembleia Legislativa fluminense pelo Partido Socialismo e Liberdade (PSOL) em 2006. Nos dez anos seguintes, foi assessora parlamentar de Freixo, trabalhando com ele na Comissão de Defesa dos Direitos Humanos e Cidadania da Assembleia, auxiliando famílias de vítimas de homicídios e também policiais atingidos em confrontos.

Essa experiência levou a jovem militante, em 2016 (já com o nome profissional "Marielle Franco"), à sua primeira disputa eleitoral. Obteve a quinta maior votação para a Câmara carioca e foi eleita vereadora pela coligação *Mudar é possível*, formada pelo PSOL e pelo PCB. Foi a segunda mulher mais votada para o cargo em todo o país. No seu mandato, presidiu a Comissão de Defesa da Mulher e foi relatora da comissão que monitorava as atividades do Exército na intervenção federal no Rio de Janeiro. Por suas propostas de apoio às causas LGBTs, enfrentava resistência dos conservadores no Parlamento. Também trabalhou em relatórios sobre a violência contra mulheres, pela garantia ao aborto nos casos previstos em lei e pelo aumento da participação feminina na política. Entre os 16 projetos de lei que apresentou, teve dois aprovados: um, regulando o serviço de mototáxi, e outro que previa a construção de espaços que privilegiassem os partos normais.

Carismática, Marielle proferia com orgulho a frase de efeito: "Lugar de mulher é onde ela quiser." Havia se mudado da Maré para a Tijuca, onde foi morar com sua companheira Mônica. A filha, Luyara, vivia com o casal. Dias antes de ser assassinada, Marielle denunciara nas redes sociais as suspeitas de que policiais do 41.º Batalhão de Polícia Militar haviam cometido abuso de autoridade contra moradores do bairro de Acari, no subúrbio do Rio de Janeiro.

Segundo escreveu Miriam Leitão em sua coluna no jornal *O Globo* de 14 de março de 2019:

> Marielle era um fenômeno da política. Mulher, negra e tendo crescido na Maré, sem qualquer parente na política, de um partido pequeno, fez uma campanha sem recursos e que a consagrou com mais de 46 mil votos. Ela foi votada principalmente nas áreas pobres da cidade.

E a jornalista disse mais:

> Era uma política despontando com uma força de liderança enorme. Na democracia representativa, os representantes são o esteio das instituições e por isso vivem sob constante escrutínio da população. Marielle encarnava exatamente os que mais precisam ter voz num país desigual e cheio de injustiças como o Brasil, as mulheres, os negros, os pobres, os que são perseguidos por sua orientação sexual. Trabalhou para construir essa liderança, por 10 anos foi funcionária de uma casa legislativa, acompanhava o chefe, deputado Marcelo Freixo, numa CPI árdua, a das milícia.

Na noite de 14 de março de 2018, entretanto, a breve carreira parlamentar da vereadora Marielle Franco foi brutalmente encerrada. Numa emboscada de rua, homens atiraram no carro em que ela, uma assessora e o motorista Anderson Gomes, que também morreu no atentado, estavam. Pelo menos nove disparos atingiram o interior do veículo. Marielle morreu com quatro tiros na cabeça; Anderson, com três, na altura da cabeça e do pescoço. No dia seguinte, as ruas do Rio de Janeiro e de diversas outras cidades foram ocupadas por manifestantes em luto, pedindo justiça para Marielle e Anderson.

Um ano depois, ninguém assumiu o crime, embora um ex-policial e outro PM na ativa tenham sido presos por suspeita de cometerem o assassinato. Em julho de 2018, a Assembleia Legislativa aprovou a lei que incluiu no calendário oficial do estado do Rio de Janeiro o 14 de março como Dia Marielle Franco — Dia de Luta contra o genocídio da mulher negra.

Segundo Jurema Werneck, médica e diretora executiva da Anistia Internacional Brasil, em entrevista na edição de abril de 2018 da revista *Marie Claire*, a morte de Marielle foi "uma perda sem tamanho", já que ela era uma ativista de destaque, mesmo antes de ser vereadora. Depois de eleita, levou ao pé da letra o sentido de representação: recebeu mais de 46 mil votos, mas, como vemos agora, seu projeto atraía muito mais gente. Marielle era negra, lésbica, da favela. Você consegue imaginar o quanto custou para a favela produzir essa mulher? Quanta gente precisou se mobilizar para ela ser o que era? Quanta energia foi interrompida com esse atentado? Foi o morro quem gerou essa mulher brilhante.

Diante de uma afirmação falaciosa segundo a qual antes do assassinato "ninguém sabia quem era Marielle", a já citada Miriam Leitão reagiu: "Seus eleitores sabiam, a população que foi espontaneamente às ruas nas horas seguintes para chorar sua morte sabia. E infelizmente sabiam também os que a mataram e os que tramaram tão minuciosamente como executar o crime." E concluía mostrando que a minuciosa preparação do crime e a frieza na escolha do momento certo, conforme as investigações, provavam que os eventuais mandantes e os executores sabiam muito bem quem era a dona daquela "força emergente que já no seu primeiro mandato ameaçava e incomodava".

Até o momento da redação deste texto, em agosto de 2019, o assassinato de Marielle ainda permanece como um crime sem solução. Mas sua força se eterniza a cada instante, presente, reluzente.

FLÁVIA OLIVEIRA

NÃO SEGUIU MOISÉS

Numa noite comum, no subúrbio carioca de Irajá, onde morava, ela encontrou Moisés, vizinho antigo, professor de matemática, branco, honesto chefe de família, pai de duas filhas. Iniciaram uma conversa sobre estudos e ele perguntou que carreira ela desejava seguir. Ante a resposta de que a meta era o jornalismo, ele a desestimulou, sob o argumento de que essa era uma carreira para "meninas ricas e bonitas". Aconselhou-a a estudar ciências contábeis ou administração, escolhas nas quais seria "mais fácil arrumar emprego num escritório". Respondendo que não tinha interesse no caminho apontado, a moça se despediu, com um sorriso amarelo, pensando: "Rica eu não sou; feia também não. A questão é que eu sou negra; e Moisés não teve coragem de dizer."

Filha de mãe baiana, de Cachoeira, município às margens do rio Paraguaçu, berço de importantes tradições, Flávia Oliveira da Fraga nasceu em 1969, no Rio. Criada no subúrbio carioca, teve formação técnica em estatística e se graduou em comunicação social, destacando-se como repórter na editoria de economia do jornal *O Globo*, no qual assinava eventualmente a coluna "Panorama Econômico". Em 2001, cursando pós-graduação em políticas públicas na UFRJ, editou uma importante série de cadernos intitulada *Retratos do Rio*, nos quais, inclusive, focalizava a exclusão dos negros na antiga capital federal. A série conquistou o Prêmio Esso e o Prêmio Ayrton Senna na categoria Jornalismo. Além disso, os cadernos foram agraciados, separadamente, com vários prêmios jornalísticos, como o CNT, o Fiat Allis e o FIRJAN. Mas a caminhada até aí não foi nada fácil.

Para subir alguns degraus da escala social, segundo suas próprias palavras teve que fazer um esforço muito grande. A escola era ruim, com muitas greves de professores, e, mesmo compensando essas falhas fora do ambiente escolar, os alunos acumulavam deficiências de formação, além de sacrificarem também as famílias, muitas vezes obrigadas até a mudar de bairro, em busca de ensino melhor. Com estas palavras, Flávia derrubava a argumentação de alguém que, querendo elogiá-la, afirmava que ela era a própria negação da validade do "sistema de cotas", pois mesmo sendo negra, pobre e da periferia tinha construído uma brilhante trajetória por seus próprios méritos.

Sua argumentação sobre o assunto vai em sentido diverso. Para ela, mérito não se avalia pelo curso que a pessoa concluiu nem pela excelência da faculdade que cursou. E comenta que tipo de mérito deve ser levado em conta, citando o exemplo de sua vida estudantil: morando em Irajá, frequentava a faculdade em Niterói, do outro lado da baía da Guanabara, a cerca de quarenta quilômetros de distância, gastando mais de quatro horas de seu dia só para ir e voltar.

Uma das mais importantes vozes do jornalismo brasileiro na atualidade, Flávia é crítica impiedosa dos mecanismos que engendraram a monstruosa desigualdade social que impera no Brasil: "A desigualdade brasileira é um monstro bíblico de sete cabeças e dez chifres. No mercado de trabalho, resiste mesmo entre profissionais de nível de superior, formados nas carreiras de máxima valorização. Sofrem os negros, padecem as mulheres", escreveu ela em sua coluna no jornal *O Globo*, em 2015.

Com a mesma precisão, Flávia fustiga a violência que também corrói as estruturas do país chamado Brasil: "País forjado na chibata dos escravocratas e nos castigos físicos dos jesuítas, o Brasil, além de bonito, é violento por natureza."

Desde 2014, Flávia vem cada vez mais intensificando sua ligação com os movimentos sociais. Sempre que é convidada, aceita participar de conselhos de entidades da sociedade civil, como a Anistia Internacional Brasil, o Centro de Estudos das Relações de Trabalho e Desigualdades (CEERT) e o Observatório de Favelas. Da mesma forma, vem participando de inúmeras mesas-redondas e palestrando sobre desigualdades de raça e gênero; e sempre está muito próxima de grupos de jovens da periferia.

Mãe de Isabela — nascida em 1996 e formada em jornalismo pela UFRJ —, Flávia é ativa nas redes sociais, com inúmeros seguidores no Twitter, no Instagram e no Facebook. Neste nicho, integrou a lista das "99 mulheres essenciais no Twitter", organizada pela revista *Bula*, em 2017. Mais ainda, Flavia é palestrante, mediadora e apresentadora de eventos corporativos e de organizações da sociedade civil, com ênfase nos temas gênero, raça e juventude. E, entre 2017 e 2019, participou, entre outros eventos, da *Brasil Conference*, organizada por alunos da Universidade de Harvard e do MIT, Instituto de Tecnologia de Massachusetts.

Nas discussões sobre a intolerância religiosa que grassa no país, Flávia mediou um painel com participação do ministro Luís Roberto Barroso, do Supremo Tribunal Federal, Raquel Dodge, ex-procuradora-geral da República, Geovania de Sá, deputada federal (PSDB-SC), e d. Odilo Scherer, arcebispo de São Paulo. Tendo como tema as desigualdades de gênero e raça, apresentou uma conferência na Academia Brasileira de Letras. Em outra direção, palestrou sobre empreendedorismo feminino e desigualdades brasileiras em seminários do Banco Itaú, em São Paulo, e sobre conjuntura e tendências econômicas em seminário da Associação Brasileira de Franchising

(ABF), encontro de gerentes do Banco do Brasil, no Rio, e Inspiration Week, da Dow Brasil, em São Paulo.

Flávia destacou-se também como palestrante convidada do 55.º Congresso da União Nacional dos Estudantes (UNE), em Belo Horizonte; do lançamento do projeto "Movimentos: drogas, juventude e favelas", no Rio; do painel "Juventudes e Educação", no 2.º Fórum de Educação do Canal Futura, na Bienal do Livro do Rio. Participou ainda dos encontros nacional (Goiânia) e estadual (Rio de Janeiro) de Mulheres Negras, em 2018, além de palestrar no Encontro Nacional de Empreendedorismo Afro e no Fórum de Performance Negra RJ.

Entretanto, mesmo envolvida com todas essas apaixonantes atividades, que a distinguem como uma mulher perfeitamente inserida nas demandas de seu tempo, e equipada com os instrumentos adequados para lhes fazer face, Flávia respeita e cultua sua ancestralidade africana, ancorada — segundo descobriu em 2015, após um exame de DNA mitocondrial — em sua linhagem materna entre o povo balanta, da antiga Guiné Portuguesa, hoje Guiné-Bissau. E sobre o passado desse seu povo, teve notícias alvissareiras.

A jornalista agora sabe, muito além de tudo o que a vida acadêmica lhe ensinou, que os balantas, sobretudo pescadores e agricultores, também integraram uma rede mercantil que ligava, desde o século XI ou XII, o litoral oeste-africano às rotas transaarianas, que levavam as riquezas até o mar Mediterrâneo. Por conta dessas atividades, que os mantinham autossuficientes, eles jamais se entregaram à prática desenfreada da escravidão ou ao tráfico de escravos, e resistiram ferrenhamente à difusão dessas atividades destrutivas e desagregadoras em seu meio. E mais: os balantas mantiveram-se fiéis à Religião Tradicional, ou seja, àquela forma de religiosidade que fez nascer, no Brasil, embora por outros caminhos, o chamado "candomblé da Bahia" em todas as suas variantes. Inclusive aquela que muitos estudiosos dizem ser a matriz, e que permanece viva até hoje nos antigos terreiros jejes e nagôs da cidade de Cachoeira, às margens do rio Paraguaçu.

HAROLDO COSTA

SUPERAÇÃO PELA ARTE E PELA CULTURA

A arte tradicional negro-africana, estando sempre associada aos variados eventos e atividades da vida cotidiana, se caracteriza essencialmente pela totalidade e pela integração entre as diversas formas em que se manifesta. Música, dança, pintura, escultura, representação teatral etc. sempre estão associadas, nos diversos ritos da vida cotidiana. Na tradição africana, a vida é uma performance constante, do início ao fim. E isso sobrevive na Diáspora, configurando o que um dia alguém convencionou denominar "Arte Negra".

Diretor de espetáculos, escritor, cineasta e ator, Haroldo Costa nasceu na cidade do Rio de Janeiro em 1930. Filho do alfaiate Luiz Costa, alagoano, e da carioca Eurides, com apenas 2 anos de idade, ficou órfão de mãe e foi, acompanhado da irmã, morar com os avós paternos em Maceió, onde viveu até os 10 anos. Lá, com a tia Isabel, chamada "Bezinha", dona da escola Santa Agda, que funcionava em sua própria casa, aprendeu não só as primeiras letras, como valorizar os saberes e as artes do povo.

De volta ao Rio, no início da década 1940, trabalhando com entregas, ao pegar um bonde sofreu um acidente que lhe custou a amputação de parte de uma das pernas. O que não impediu que concluísse os estudos fundamentais e ingressasse no tradicional e prestigioso Colégio Pedro II, onde, participante do Grêmio Científico e Literário, atuou na política estudantil, como representante dos colegas. Daí, foi eleito presidente da Associação Nacional dos Estudantes Secundaristas (ANES); depois, tornou-se o primeiro presidente da União Brasileira dos Estudantes Secundaristas (UBES), empossado pelo vice-presidente da República, Café Filho.

Certo dia, através do pai, teve notícia de um curso noturno de alfabetização, promovido pelo Teatro Experimental do Negro, de Abdias Nascimento, na sede da célebre UNE, entidade dos estudantes universitários. Na intenção de integrar o corpo de alfabetizadores voluntários, o jovem Haroldo foi até lá e conseguiu seu intento. Mas acabou integrando também o elenco teatral, no qual estreou na montagem de *O filho pródigo*, de Lúcio Cardoso, encenada no palco do Teatro Ginástico, no Centro do Rio.

Aos 18 anos de idade, Haroldo Costa já tinha maturidade para discordar de alguns posicionamentos do líder Abdias. Por isso, reuniu à sua volta a jovem dissidência que fundou o Teatro Folclórico Brasileiro, também conhecido como Grupo dos Novos. Não se tratava de uma dissidência de caráter ideológico, mas uma busca de outro caminho, menos acadêmico e mais popular, com enfoque mais voltado para a música e a dança.

Fundado em 1949, o grupo tinha a participação de Ahilton Conceição, Antônio Rodrigues, José Medeiros, Natalino Dionísio, Wanderley Batista, entre outros, em boa parte estudantes, operários, empregadas domésticas etc. Sua primeira produção foi a revista *Rapsódia de ébano*, escrita por Haroldo e ensaiada, após o horário comercial, nas dependências de uma livraria do Centro, emprestada por um amigo. De início, o elenco se apresentou no Rio como Teatro Folclórico Brasileiro e reivindicando para si o pioneirismo como primeiro grupo a levar ao palco o folclore nacional. Na sequência, entre 1951 e 1955, o conjunto se apresentou em vinte países, numa turnê em que teve sua denominação modificada cinco vezes, até que uma prevaleceu: "Brasiliana." Tornando-se muito mais conhecido no exterior que no Brasil, o Balé Brasiliana marcou uma época.

Em 1956, o ator Haroldo Costa protagonizou *Orfeu da Conceição*, de Vinicius de Moraes, na montagem encenada no Theatro Municipal, mesmo palco onde dirigiria, quase quarenta anos depois, a remontagem comemorativa do Tricentenário de Zumbi dos Palmares, em 1995. E apenas dois anos após *Orfeu* no Municipal, nosso focalizado, na qualidade de cineasta, surgia como o primeiro afro-brasileiro a dirigir um longa-metragem, intitulado *Pista de grama ou Um desconhecido bate à sua porta*.

Já em 1965, na recém-inaugurada TV Globo, o múltiplo artista dirigiu e produziu alguns dos primeiros programas da emissora, com estrelas como Dercy Gonçalves, Chacrinha e Moacyr Franco. Pelo mesmo tempo, no teatro, na primeira montagem carioca do *Auto da Compadecida*, de Ariano Suassuna, Costa interpretou o personagem Emanuel (Jesus Cristo). Já no final dos anos 1980, novamente na tevê, integrou, com destaque, o elenco da telenovela *Kananga do Japão*, na Rede Manchete de Televisão. Em 1999, na TV Globo, atuou na minissérie *Chiquinha Gonzaga*, de Lauro César Muniz, no papel de Raymundo da Conceição. Voltou a atuar em uma minissérie da emissora em 2012, quando viveu o seu Aloysio em *Suburbia*, de Paulo Lins e Luiz Fernando Carvalho.

Como jornalista e escritor, profundamente ligado ao Carnaval, Haroldo Costa publicou, entre outros títulos: *Fala, crioulo: depoimentos* (1982); *Salgueiro: academia de samba* (1984); *Na cadência do samba* (2000); *100 Anos de Carnaval no Rio de Janeiro* (2001); *Salgueiro, 50 anos de glória* (2003); *Ernesto Nazareth — Pianeiro do Brasil* (2005); *Ruth de Souza* (2008); *Mãe Beata de Yemonjá: guia, cidadã, guerreira* (2010).

Além de tudo isso, há já bastante tempo, Haroldo Costa, veterano integrante do júri da premiação Estandarte de Ouro, promovido desde 1972 pelo jornal *O Globo*, marcou seu lugar nas transmissões dos desfiles das escolas de samba cariocas. Suas impressões e comentários sobre alas, fantasias, sambas-enredo não deixam nenhuma dúvida sobre sua isenção e competência. Retrato de uma longa vida dedicada a celebrar e honrar a tradição artística e cultural africana em nosso país. Superando todos os percalços.

ANA MARIA GONÇALVES

A GRANDE TRAVESSIA

A escravidão africana nas Américas foi um dos capítulos mais terríveis e hediondos da história mundial em todos os tempos. Antes da chegada dos portugueses, o escravismo vigente na África era, de modo geral, do tipo doméstico, não havendo uma classe de escravos, mas sim grupos de pessoas ocasionalmente submetidas à condição servil. Esses grupos eram compostos por estrangeiros, capturados em guerras, bem como criminosos ou proscritos. Esses eram escravos, mas seus descendentes, apesar de inferiorizados, eram quase sempre absorvidos pela sociedade, incorporados às linhagens dos proprietários de seus ascendentes. Já no sistema escravista que trouxe os africanos para as Américas, o escravo, depois de ser usado como moeda de troca, foi, a partir de meados do século XV e até o século XIX, desumanizado, porque utilizado como gênero mercantil para atender às necessidades da Europa e impulsionar o desenvolvimento industrial das Américas. E essa história já rendeu, entre nós, pelo menos um grande romance.

Ana Maria Gonçalves nasceu em Ibiá, Minas Gerais, em 1970. Viveu em São Paulo por mais de uma década até que conheceu a Ilha de Itaparica e, apaixonada, largou a cidade e a profissão de publicitária. Até então, escrevia sem maiores ambições literárias, mas na Bahia descobriu a ficção e passou a se dedicar à literatura e ao multifacetado universo cultural da diáspora africana nas Américas. Sua estreia no romance se dá em 2002, com *Ao lado e à margem do que sentes por mim*, em primorosa edição artesanal.

Em 2006, a autora tornou-se conhecida em todo o país com o lançamento de *Um defeito de cor*, narrativa monumental de 952 páginas. Nesse livro, vencedor do Prêmio Casa de Las Américas de 2007, na categoria Literatura Brasileira, definido pelo professor Adelcio de Souza Cruz, da UFMG, como uma "metaficção historiográfica", a autora cria a personagem Kehinde, africana do Daomé, a partir da legendária Luiza Mahin, trazendo à cena o abolicionista Luiz Gama como um de seus filhos. A história é contada a partir do ponto de vista de Kehinde, de sua infância até a velhice, passando por episódios reais como a independência do Brasil, a grande revolta dos Malês, na Bahia (1835), e a fundação da Casa das Minas, em São Luís do Maranhão, com a presença da também legendária rainha daomeana Na Agontimé.

No romance, cujo título remete aos tempos coloniais — quando a condição étnico-racial de africanos e descendentes era legalmente considerada uma anomalia, só corrigida, no caso de acesso a cargos públicos, por exemplo, quando o postulante renunciava expressamente à sua real identidade étnica —, Ana Maria Gonçalves impõe uma urgência pedagógica: a necessidade de reinterpretação da história do escravismo brasileiro, no sentido de que essa quadra histórica seja efetivamente vista como um tempo de extrema violência racial. Para tanto, a certa altura de seu magnífico romance a personagem central vocaliza:

Os pretos já não eram mais castigados ali por causa de um novo pelourinho construído no Campo da Pólvora ou no Campo do Barbalho, já não me lembro, mais afastado e discreto. Mas eram revoltantes as histórias que contavam sobre aquele lugar, sobre como os castigos dos pretos eram transformados em espetáculos assistidos por uma plateia que aplaudia os carrascos mais cruéis e pedia mais chibatadas quando achava que o preto ainda aguentava, mesmo que já tivesse cumprido a pena. Eram grandes os casarões do Pelourinho, todos com muitas janelas e sacadas, onde as famílias se reuniam para assistir aos castigos, como em um teatro. Famílias ricas, de comerciantes ou nobres portugueses, o que acabava dando na mesma coisa, porque para se ter um título de nobreza bastava poder comprar.

Após residir alguns anos em Nova Orleans, nos Estados Unidos, Ana Maria Gonçalves retornou ao Brasil em 2014, fixando-se novamente em Salvador. Entretanto, mesmo fora do país, esteve sempre presente e atuante nos debates públicos envolvendo a questão étnica no Brasil.

Em 2019, o livro *Um defeito de cor* estava sendo adaptado para uma série dramatizada de televisão.

ISMAEL IVO

BALÉ NA TORRE DE BABEL

Quando se vê um negro caminhando, como um simples camponês com sua bagagem, compreende-se que há uma arte na caminhada do africano. Seus gestos são ritmados. Os passos e o ritmo estão de tal modo ligados que não dá para separar um do outro, pois ambos se fazem numa só cadência. Isso cria uma cena de rara elegância rara, que mais parece uma pose, transformando uma rua da cidade em um desfile de manequins, capaz de transformar uma simples mulher com uma cabaça na cabeça em uma estrela de um misterioso espetáculo.

Traduzido e adaptado de Jean Rouch

Ismael Ivo nasceu na Vila Ema, Zona Leste de São Paulo, SP, em 1955. De origem muito humilde, foi criado apenas pela mãe, empregada doméstica, falecida em 2017.

Hoje bailarino e coreógrafo de renome internacional, Ivo costuma dizer que sua mãe foi seu principal esteio para que enfrentasse os muitos desafios que encontrou pela vida. Perseguiu incansavelmente sua vocação pela dança, ainda adolescente, e conseguiu bolsas de estudos em escolas paulistas de dança moderna, até ser admitido no corpo de dançarinos do Teatro de Dança Galpão. Assim, seu caminho cruzou com o do coreógrafo Klauss Vianna, e Ismael participou durante um ano do grupo experimental de dança do Theatro Municipal de São Paulo.

Em 1983, outro importante coreógrafo entrou em seu caminho, desta vez na Bahia, onde ele fazia uma apresentação solo. O afro-americano Alvin Ailey foi o responsável por sua carreira internacional. Coreógrafo e ativista pelos direitos civis, Alvin foi o fundador do Alvin Ailey American Dance Theater, em Nova York, e é celebrado como um dos popularizadores da dança moderna. Impulsionado por ele, nosso Ismael Ivo mudou-se "de malas e bagagens" para o exterior e, em 1984, criou com o diretor artístico Karl Regensburger o ImPulsTanz em Viena, considerado um dos maiores festivais internacionais de dança da Europa. Também trabalhou com outros grandes nomes da dança internacional, como a alemã Pina Bausch e o norte-americano William Forsythe.

Criador admirável, Ivo viveu e trabalhou pelo mundo por 33 anos. Entre os destaques de sua carreira, foi diretor da Bienal de Veneza e o primeiro negro e estrangeiro a dirigir o Teatro Nacional Alemão, em Weimar. Em 2010, foi condecorado com medalha e diploma da Ordem do Mérito Cultural, até então importantes honrarias concedidas pelo Ministério da Cultura, hoje lamentavelmente extinto.

Em 2017, voltou ao Brasil para dirigir o Balé da Cidade de São Paulo e, mais uma vez, foi protagonista da Negritude, sendo o primeiro negro a ocupar essa posição. Como esperado, não foram poucas as reações de desagrado, mas, até a escrita deste livro, Ismael continua firme em seu cargo.

Em junho de 2019, o Balé da Cidade de São Paulo estreou o segundo espetáculo da temporada do ano, *Biblioteca de Babel*, no qual Ivo assina a ideia e o conceito junto com Marcel Kaskeline, também seu parceiro na coreografia.

Por ocasião da estreia, o diretor esclarecia, entre outros pontos, que a ideia do espetáculo partiu do conto *Biblioteca de Babel*, do escritor argentino Jorge Luiz Borges, em que os corpos são compreendidos como um livro em sua própria exclusividade, um documento das nossas vidas e existências. E que neste momento de "ruptura", em que o mundo se vê mergulhado, se estabelece um grande conflito de ideias. Por isso, a montagem procura discutir a questão de aceitações, inclusão e tolerância entre os homens. Então, segundo Ivo, o balé alude ao mito da "Torre de Babel", em que uma ventania derrubou a torre e espalhou os cidadãos com idiomas diferentes pelo mundo, clamando pela necessidade de os indivíduos conviverem aceitando as diferenças.

E, assim, lá vai o negro Ismael Ivo caminhando, caminhando, ritmado. Com sua enorme bagagem, no corpo e na cabeça...

JOAQUIM BEATO

CRISTO E A REVOLUÇÃO BRASILEIRA

> A religião não é nenhum obstáculo à alegria nem à liberdade. Os sistemas negativos é que, quando lançam semente no espírito, o vão abafando lentamente, como certas plantas parasitas que, de galho em galho, enlaçam a árvore e a descascam. Mas a fé é um pássaro que pousa no alto da folhagem, e canta nas horas em que Deus escuta.
>
> Joaquim Nabuco

Com a morte do reverendo e político Joaquim Beato, em julho de 2015, o Brasil perdeu "um desses homens negros cultores e versados em um dos ramos mais sérios e consequentes da religião criada em nosso país", como escreveu a seu respeito o reluzente poeta afro-brasileiro Eduardo de Oliveira, em seu *Quem é quem na negritude brasileira*.

Líder religioso e político capixaba, nascido na cidade de Alegre, em 1924, Beato foi pastor da Igreja Presbiteriana, mestre em antropologia e doutor em sociologia. Graduado em altos estudos pelas Universidades de Oxford, na Inglaterra, e Glasgow, na Escócia, foi fundador e reitor do Seminário do Centenário na Igreja Presbiteriana do Brasil. Importante centro de ensino criado na Igreja em 1959, esta instituição foi fechada por fundamentalistas em 1968. Entretanto, permaneceu funcionando clandestinamente durante o período da ditadura militar, sendo, contudo, fechado em definitivo na chamada "redemocratização".

Joaquim Beato foi, efetivamente, um cristão militante pela igualdade étnico-racial, contra a intolerância religiosa e pelo diálogo ecumênico. Pautado por esta linha de conduta, foi professor universitário, senador da República e membro do Poder Executivo no Espírito Santo, nos níveis estadual e municipal, nas áreas de Bem-Estar Social (1983) e Educação e Cultura (1990). No Congresso Nacional, foi um dos artífices da chamada "Lei Caó", pioneira na tipificação do racismo como crime.

Em 1962, o insigne pastor participou como palestrante da Conferência do Nordeste, na capital pernambucana. Considerada a mais importante reunião de lideranças evangélicas realizada no Brasil até o presente, o conclave foi organizado pela Confederação Evangélica do Brasil, associação que congrega as igrejas históricas, fundada em 1934. Orientado pelo tema "Cristo e o processo revolucionário brasileiro", o evento contou com vozes e ideias não necessariamente religiosas, como as do economista Celso Furtado, um dos mais importantes intelectuais brasileiros no século XX. Além de Furtado, outro participante foi o também economista Paul Singer; e essas brilhantes presenças fizeram com que Beato considerasse sua participação na Conferência do Nordeste um dos momentos mais importantes de sua vida.

Destacado ativista no Movimento Ecumênico Mundial na América Latina, o pastor Joaquim Beato abriu mão de trabalhar em Genebra, no Conselho Mundial de Igrejas, para dedicar-se à luta pioneira do ecumenismo no Brasil. Ecumenismo de resistência, que incluiu também a participação na linha de frente do movimento "Diretas Já", conjunto de ações políticas desenvolvidas em todo o Brasil, entre 1983 e 1984, visando à volta do país ao regime democrático, interrompido em 1964, com eleições diretas para a Presidência da República, o que só veio a ocorrer cinco anos mais tarde.

Beato foi também fundador da Igreja Presbiteriana Unida (IPU), criada em 1978 como um ramo ecumênico do presbiterianismo brasileiro; e teve marcante atuação como presidente do Conselho Nacional de Igrejas Cristãs (CONIC). Neste conselho, nacional e ecumênico, sua gestão instituiu a Campanha da Fraternidade Ecumênica. Na época, essa fraternidade incluiu a participação das igrejas brasileiras Metodista, Episcopal Anglicana, Confissão Luterana, Presbiteriana Unida, Ortodoxa Siriana e Católica Romana. Esta última instituiu a campanha em seu seio ainda nos dias do arcebispo d. Hélder Câmara.

Outro proeminente sacerdote católico, d. Paulo Evaristo Arns, sempre esteve ao lado de Joaquim Beato nas ações ecumênicas em prol da garantia aos direitos humanos, participando, por exemplo, do projeto "Brasil Nunca Mais". O conjunto de ações assim denominado foi articulado e desenvolvido pelo cardeal arcebispo Arns, juntamente com o rabino Henry Sobel, o pastor presbiteriano Jaime Wright e equipe, sendo realizado clandestinamente entre 1979 e 1985 durante o período final da ditadura militar, gerando uma copiosa e importante documentação sobre esse momento da história nacional.

Pela participação direta nas mobilizações pela restauração da normalidade democrática, o mestre Joaquim Beato sofria ameaças e perseguições dentro da própria Igreja. Mas, apesar de todos os percalços, chegou ao século XXI em plena atividade. E na década 2001-2010, entre líderes religiosos como d. Silvestre Scandian e outras personalidades, participou ativamente do fórum "Reage Espírito Santo", que, credenciado por maioria de parlamentares da Assembleia Legislativa, se posicionava contra o crime organizado que se expandia no estado capixaba.

No bojo de seu comprometimento na luta pelos movimentos sociais, Joaquim Beato engajou-se também nas causas no movimento negro, trabalhando pela igualdade racial, especialmente nas reivindicações políticas educacionais. Nesse campo, foi peça importante na formulação das atuais políticas de inclusão universitária, como as que buscam o estabelecimento oficial do sistema de cotas para negros e afrodescendentes.

Na manhã de 28 de julho de 2015, uma terça-feira, o pastor, teólogo, professor e ex-senador Joaquim Beato falecia aos 91 anos, num hospital de Vitória, após 55 dias de internação.

Partiu, mas deixou, ecoando em seu rastro luminoso, o tema da conferência que marcou sua vida: "Cristo e o processo revolucionário brasileiro."

JUREMA WERNECK

CONTINUIDADE DE GUELEDÉ

Entre os iorubás ocidentais, de Queto, Savé, Ifonyin e Egbado, a divindade Gueledé (*Gèlèdé*) é a madrinha da sociedade secreta religiosa feminina que leva seu nome. Suas manifestações públicas são marcadas pela presença de máscaras antropomorfas esculpidas em madeira, as quais, segundo algumas fontes, simbolizariam "o poder feminino sobre a fertilidade da terra, a procriação e o bem-estar da comunidade". No Brasil, a sociedade funcionou nos mesmos moldes iorubanos, e sua última sacerdotisa foi Omoniké, de nome cristão Maria Júlia Figueiredo, falecida provavelmente em 1894.

Podemos dizer que Jurema Pinto Werneck já veio ao mundo lutando contra o preconceito. Em 1962, nasceu no Morro dos Cabritos, comunidade na Zona Sul do Rio de Janeiro. Além da fome, da pobreza e do *bullying* e racismo na escola e nas ruas, enfrentou a morte precoce da mãe. Negra e lésbica, fez de tudo isso combustível de luta.

Sua família era grande, pobre e praticante da umbanda, e seus primeiros contatos com o racismo vieram exatamente daí, da experiência de ver os pais se desdobrando para não faltar roupa nem comida em casa. Já a vivência na umbanda é o lado bom de suas lembranças, com as sessões que aconteciam em sua casa, lideradas por sua mãe; e também as festas no morro, com samba e caxambu, como o jongo era também conhecido.

A morte da mãe, Dulcineia, foi um grande trauma que, nos bancos da faculdade de medicina, Jurema pôde entender melhor. Seu pai, Nilton, alfaiate, levou a mulher passando mal à noite para o hospital onde também trabalhava como porteiro. Dulcineia recebeu um analgésico para tomar e foi liberada para voltar para casa. Na manhã seguinte, quando Jurema ia para a escola, sua mãe morreu sem ter melhorado nada. Dez anos depois, ao se formar na Universidade Federal Fluminense, Jurema já havia identificado nos livros todos os sintomas da mãe e entendido que ficou órfã por imprudência médica. Mas até os 19 anos foi uma moça calada, arredia, de poucos amigos. Tinha, sem identificar, quase uma síndrome do pânico. Não sabia nem o que gostaria de estudar, de fazer profissionalmente. Mesmo quando um teste vocacional apontou dez possibilidades, ela permaneceu em dúvida e, ao fazer inscrição no vestibular, deixou em branco o campo da carreira. Foi quando o pai a pressionou e ela respondeu num impulso: "Bota medicina!"

O pai deixou a lembrança do bom humor, um homem boêmio e malandro antes de se casar, mas que foi digno e deu duro para sustentar a família, trabalhando muitas vezes três dias direto sem dormir. A avó de Jurema era doméstica, faxineira, trabalhava para aquele tipo de patroa que obrigava a empregada a entrar pela porta de serviço, pela garagem do prédio. A neta guardou a amarga lembrança de um dia em que, no trabalho da avó, a patroa examinou seus dentes, da mesma forma que os antigos senhores faziam com os escravos.

Com déficit de atenção, Jurema não tinha muito bom rendimento na escola, e cresceu com as exigências da família para que se esforçasse. Mas a cobrança não vinha só da família. Do seu anedotário consta o dia em que, numa sessão, defrontou-se com uma "Pomba Gira", nome genérico de várias entidades da umbanda, versões femininas de exus (que, aliás, embora sendo figuras arquetípicas ligadas à ideia de sexualidade, nunca são imaginadas e representadas como mulheres negras). Seja como for, o caso é que a entidade, incorporada em uma pessoa da casa, veio em direção a uma Jurema muitíssimo assustada e disparou a pergunta fatal: "Passou de ano? Ahn?"

As dificuldades de interação social ela enfrentou na faculdade, ao participar de um grupo de ação comunitária de saúde e do movimento estudantil. Assim foi falando em salas de aula lotadas, liderando reuniões e arrecadando fundos para os eventos. E assim também descobriu o feminismo. Depois, juntou-se às mulheres negras. Aí, aflorou também a consciência sobre sua homoafetividade, embora não participasse de grupos de mulheres lésbicas nem do movimento LGBT. Ser lésbica, para ela, era uma parte se sua existência, mas não uma prioridade. Como nunca viveu isso como um segredo, nunca assumiu nem teve a necessidade de fazer uma revelação.

Na esteira da sua militância pelos direitos humanos, em setembro de 1992 Jurema Werneck criou a fundação Criola, organização não governamental nascida com o objetivo de instrumentalizar mulheres, adolescentes e meninas negras para o desenvolvimento de ações de combate ao racismo e ao sexismo, visando à melhoria das condições de vida da população negra em geral. Com o apoio de instituições estrangeiras — como a alemã Fundação Heinrich Böll, a americana Public Welfare Foundation e a Fundação Ashoka —, a organização desenvolve programas de saúde, educação, geração de emprego e renda, bem como de defesa dos direitos humanos, voltados principalmente para a mulher afrodescendente. Em 1998, a Criola editou a antologia *Oro Obìnrin*, resultado do Prêmio Literário e Ensaístico Lélia Gonzalez, sobre a condição da mulher negra.

A militância levou Jurema a assumir, em 2017, o cargo mais importante da Anistia Internacional no Brasil. Esta honrosa atribuição veio somar-se aos títulos antes conquistados: graduação pela Faculdade de Medicina da Universidade Federal Fluminense (1986); mestrado em engenharia de produção pela Coordenação dos Programas de Pós-graduação de Engenharia — COPPE/UFRJ (2000); e doutorado em comunicação e cultura pela Escola de Comunicação da Universidade Federal do Rio de Janeiro (2007). Integrante também do *Board of Directors* do Global Fund for Women, o Conselho de Administração do Fundo Brasil de Direitos Humanos, representou o movimento negro no Conselho Nacional de Saúde (2007-2012) e foi coordenadora-geral da 14.ª Conferência Nacional de Saúde (2011). Foi também pesquisadora visitante do IESC/UFRJ (2012-2013) e, no mesmo período, bolsista FAPERJ, e integrou o Grupo Assessor da Sociedade Civil da ONU Mulheres Brasil e o Comitê Técnico de Saúde da População Negra do Ministério da Saúde.

Gueledé, Axé!

LÁZARO RAMOS

CONSCIÊNCIA MULTIFACETADA

Cento e oitenta e seis anos depois do lançamento, no Rio, do jornal *O homem de cor*, de Paula Brito; 88 após a fundação da Frente Negra Brasileira em São Paulo; 75 passados desde a criação do Teatro Experimental do Negro; e 41 anos após o surgimento do Movimento Negro Unificado, a consciência dos negros brasileiros já tem outro rosto. E essa face radiante e lúcida é personificada, há já mais de uma década, por pessoas como o ator Lázaro Ramos.

Nascido em Salvador, Bahia, em 1978, uma das mais dolorosas lembranças da infância de Lázaro Ramos foi a descoberta de que era "diferente" das outras crianças. Ao brincar com os netos da patroa de sua mãe, empregada doméstica, era constantemente lembrado de que não fazia parte daquele ambiente. Quando todas as crianças se deitaram em cima da cama da avó, ela o repreendeu: "Está fazendo o quê aí, menino?" Hoje um dos atores mais prestigiados do país, astro de produções cinematográficas, protagonista de séries e novelas, Lázaro Ramos é embaixador do UNICEF no Brasil e se dedica a projetos de incentivo à leitura entre jovens, além de discutir formas de reduzir a desigualdade na educação e aumentar a autoestima de crianças em situação de risco ou carentes.

De família modesta, começou a trabalhar adolescente, como técnico de um laboratório de análises clínicas, para ajudar no sustento da casa, sem deixar os estudos regulares e ainda fazendo teatro. A mãe morreu quando ele tinha 17 anos, vítima de uma doença degenerativa.

O caminho para a notoriedade foi na direção contrária à de muitos artistas da atualidade, que começam a ser percebidos na televisão. Cria do teatro, Lázaro passou pelo cinema antes de firmar-se na tela pequena. O interesse em representar surgira quando estava com 12 anos e participou de uma montagem da peça *A bruxinha que era boa*, num teatro itinerante, substituindo um primo. Aos 15 anos, entrou para o Bando de Teatro Olodum, formado por atores negros, em Salvador. Com eles atuou em diversas peças, entre elas *Ó paí ó* (1993), *Zumbi* (1995) e *Cabaré da raça* (1998).

No cinema, estreou com um pequeno papel em *Jenipapo*, em 1995. Três anos mais tarde, era coadjuvante de Carla Perez em *Cinderela baiana*, que, apesar das críticas pouco elogiosas, Lázaro sempre defendeu, afirmando que o cachê do filme lhe permitiu pagar aulas de aperfeiçoamento em interpretação. Também trabalhou numa produção internacional, *Sabor da paixão* (2000), estrelada por Penélope Cruz e Murilo Benício. Na mesma época, destacou-se no elenco da peça *A máquina*, que o levou a trocar Salvador pelo Rio de Janeiro. No cinema, ainda participou de *Carandiru* e *O homem do ano*. A popularidade chegou quando estrelou os filmes *Madame Satã*, de Karim Anouz, em 2002, e *O homem que copiava*, de Jorge Furtado, em 2003.

Tornou-se astro requisitado em televisão, trabalhando em séries e novelas, escrevendo, dirigindo e apresentando o programa de entrevistas *Espelho*. Foi indicado para um Emmy internacional pela novela *Cobras & lagartos* e ganhou prêmios por diversas atuações em filmes.

Antes de ser nomeado embaixador do UNICEF, Lázaro já demonstrava sua preocupação com educação, a questão racial e a qualidade de vida. O convite do UNICEF foi justificado pela credibilidade do ator perante o público e por conseguir compatibilizar as ocupações profissionais com uma agenda social dedicada aos direitos de crianças e adolescentes brasileiros, dialogando com a sociedade sobre desigualdade, racismo e seus efeitos na população. Em 2009, quando passou a atuar pelo UNICEF, entrou na lista dos cem brasileiros mais influentes da revista *Isto É*. A adaptação teatral de seu livro infantil *A velha sentada*, sobre uma menina que passa o dia todo no computador, lhe rendeu o prêmio Zilka Salaberry de Melhor Diretor, em 2014, além de dois prêmios CBTIJ de Teatro para Crianças, nas categorias Música Original e Texto Adaptado. No segundo livro para crianças, *O caderno de rimas do João*, ele aborda temas complexos como corrupção e dinheiro.

Entre tantas atividades de grande visibilidade, o seriado *Mister Brau*, da TV Globo, surpreendeu por ser a primeira produção brasileira a ter como protagonistas um casal negro e rico, interpretado por Lázaro e por sua mulher, a atriz Taís Araújo. Criado por Jorge Furtado e Adriana Falcão, a série fala sobre racismo, feminismo e direitos humanos no dia a dia de um astro da música e sua família, que moram num condomínio de classe média alta no Rio de Janeiro. Em 2017, Lázaro lançou *Na minha pele*, um livro que levou dez anos para escrever, misturando memórias com a discussão de questões sociais, de identidade e raciais. E em meados de 2019, contabilizava: seis telenovelas; 23 peças de teatro, 32 filmes e cinco livros. E lançava seu primeiro disco com músicas para crianças, *Viagens da caixa mágica*, enquanto finalizava, como diretor, o filme *Medidas provisórias* e iniciava uma nova temporada de seu bem-sucedido programa de entrevistas *Espelho*, no Canal Brasil.

Desde suas primeiras entrevistas, no início de sua carreira, Lázaro Ramos vem marcando sua trajetória também pela coerência e clareza de seus pronunciamentos públicos. Onze anos atrás, em sua antiga coluna Espelho, mãe do programa televisivo, edição de novembro de 2008 da revista *Raça Brasil*, ele escrevia:

Me dá um certo desconforto ver outras pessoas sendo porta-vozes da história ou da mensagem alheia. Claro que não descarto a possibilidade de alguém que não vivencia uma história ser capaz de contar bem a mesma, ou até mesmo se apaixonar pelo universo alheio e ter o direito legítimo de falar dessa paixão. Mas — e aí é que está o ruído — vejo que, muitas vezes, aqueles que vivenciam a história não têm a possibilidade de ter sua voz escutada. Veja os exemplos a seguir. Esfera da dramaturgia: na retomada do cinema nacional, quantos cineastas negros ou vindos das periferias do país tiveram seus projetos viabilizados? E olha que estes são assuntos da moda, na tal retomada.

E vai por aí o grande ator, acrescentando:

Houve o crescimento de atores negros na tevê, correto? Correto. Mas e a maneira que eles são descritos? Alguém já perguntou ao ser em questão qual é a maneira que ele gostaria de se ver representado? Será mesmo que, se essas vozes fossem escutadas, teríamos tantas famílias desestruturadas nas histórias? E a temática da violência urbana seria tratada da maneira que é?

Perfeito, Mister Lazinho! Nada a acrescentar.

JEFERSON DE

CINEMA NEGRO E LIBERDADE

"O cineasta negro se encontra numa encruzilhada. Ao fugir do estereótipo e da temática da violência urbana (...) corre o risco de cair numa artificialização cor-de-rosa feita para uma classe média conservadora (negra)", escreveu o crítico João Carlos Rodrigues. Mas já tem gente, como Jeferson De, buscando e encontrando outros caminhos.

A denominação "cineasta" se refere à pessoa que exerce atividade de criação e ao mesmo tempo técnica no ramo cinematográfico, sobretudo como diretor. Assim, segundo boas fontes, o primeiro afro-brasileiro a exercer essa função teria sido o carioca José Rodrigues Cajado Filho. Essa primazia lhe é creditada pelo fato de ter efetivamente produzido um conjunto de obra, a partir de 1948, na era da "chanchada". E o motivo é que outros diretores, como Haroldo Costa, Odilon Lopez, Waldir Onofre, Quim Negro e Agenor Lopes, são quase todos autores de apenas um filme. Nesta enumeração, a exceção teria sido, primeiro, a partir de 1976, Zózimo Bulbul, focalizado em outra parte deste livro; e mais tarde os do movimento "Dogma Feijoada", à frente do qual está o diretor Jeferson De.

Jeferson De nasceu em Taubaté, no interior de São Paulo, e encantou-se pelo cinema ainda na primeira infância. Primeiro, ao ver, por acaso, no caminho da escola, um set de filmagem onde atuava o famoso ator, diretor e produtor Mazzaropi, falecido em 1981. Mais tarde, o encanto se ampliou quando o pai, diretor de um clube de funcionários da metalúrgica onde trabalhava, organizou um programa de exibição de filmes de 16 mm. O projecionista residia em Caçapava, cidade vizinha. Quando o pai ia de carro para buscá-lo e trazer os filmes, o menino Jeferson ia junto; e voltava, no banco traseiro, ao lado das latas com as películas. Essa proximidade com a magia do cinema o fascinava, e muito mais quando o pai e o técnico montavam o espaço improvisado para as projeções, até passarem o filme.

Jeferson estudou cinema na Universidade de São Paulo (USP), na condição de bolsista da Fundação de Amparo à Pesquisa do Estado de São Paulo (FAPESP), desenvolvendo o trabalho "Diretores cinematográficos negros". Em 2000, publicou o manifesto "Dogma Feijoada", nome inspirado no grupo dinamarquês *Dogma* que preconiza um cinema sem artificialismos. O texto do manifesto propõe a ressignificação das imagens e representações sobre o negro no cinema brasileiro. E a partir dele o movimento vem buscando produzir filmes centrados na temática racial para efetivamente desenvolver um conceito de "Cinema Negro" brasileiro.

Dentro desta orientação, Jeferson De vem construindo uma obra onde se destacam: premiados curta-metragens como *Distraída pra morte* (2001), *Carolina* (2003) e *Narciso RAP* (2005). Por esse tempo, apesar das limitações mercadológicas próprias do meio, destacou-se em edições e finalizações de seres televisivas como *Vinte poucos anos, Tudo de bom* e *Popstars*, para os canais MTV e SBT. Ainda para televisão, em 2003 produziu em São Paulo os programas *Brasil total* e *Central da periferia*, exibidos na TV Globo. E em 2005 criou e dirigiu, junto à gravadora Trama, o programa *Tramavirtual*, exibido no canal Multishow. Nesse mesmo ano lançou o livro *Dogma Feijoada e o Cinema Negro brasileiro*. E isto sem se distanciar do terreno cinematográfico, no qual, em 2007, dirigiu o curta-metragem *Jonas só mais um* para o Projeto da X Brasil do Marco Universal. Culminando, seu longa-metragem de estreia *Bróder* foi selecionado no 60.º Festival de Berlim e lançado no Brasil em abril de 2011, tendo recebido da APCA, Associação Paulista dos Críticos de Arte, o prêmio de Melhor Filme, além de 11 indicações no Grande Prêmio do Cinema Brasileiro. Mais ainda, o roteiro de *Bróder* foi selecionado no VI Laboratório de Roteiros do Instituto Sundance.

O filme *Bróder* conta — com menos violência e mais sentimento do que se costuma encontrar nos filmes do gênero — a história do reencontro de três jovens amigos do Capão Redondo, bairro da periferia de São Paulo. Seus protagonistas, que têm origem comum mas destinos diferentes, são interpretados pelos atores Caio Blat, Jonathan Haagensen e Silvio Guindane. Além destes, as atrizes e Cássia Kis e Cintia Rosa aumentam a carga dramática da trama. Em entrevista sobre este filme, Jeferson De declarou enfaticamente que "não gostaria de ser visto como um cineasta negro, mas como um artista livre". E em outro pronunciamento, desabafou: "Para nós, negros, as coisas não têm sido fáceis em qualquer área. Temos uma herança da escravidão muito presente na sociedade. No meu caso, só consegui ser um cineasta porque cheguei numa das universidades públicas mais importantes dos países emergentes [a USP]".

Em 2009, Jeferson De fundou a produtora Buda Filmes. Quatro anos depois dirigiu 26 episódios da série *Pedro e Bianca*, exibida na TV Cultura e ganhadora do Emmy no segundo Emmy Kids Awards e também do Prix Jeunesse Iberoamericano na categoria Ficção para 12 anos. Por essa mesma época, dirigiu a sexta temporada do *Conexões urbanas*, exibido no canal Multishow. Na sequência, o já requisitado cineasta dirigiu a série *Condomínio Jaqueline* (Fox/TV Cultura) e apresentou o programa *Mais direitos, mais humanos* (TV Brasil), em 2014. No ano seguinte, estreou o seu segundo longa-metragem, *O amuleto*. E, em 2016, dirigiu o filme *Correndo atrás*, baseado no livro do humorista Hélio de La Peña. Depois desta produção, Jeferson De assumiu a direção da série *Escola de gênios* para o canal Gloob em parceria com a premiada produtora Mixer Films.

Jeferson De é hoje um dos mais importantes diretores do cinema brasileiro, sem abdicar dos princípios com que assinou o manifesto "Dogma Feijoada".

GRANDE OTELO

O RISO COMO ESCUDO

Nos filmes brasileiros do ciclo das "chanchadas", o tipo do "crioulo doido" era, além de cômico, quase sempre simpático e ingênuo. Entretanto, raramente era o personagem central, aparecendo mais como comparsa de um branco e se comportando de modo infantilizado. Grande Otelo, o maior comediante brasileiro, foi um exemplo: embora nos teatros e cassinos tivesse formado duplas famosas, com atrizes negras como Mara Abrantes, Déo Maia e até Josephine Baker, só depois de mais de trinta filmes foi que mereceu um par feminino, a comediante Vera Regina, como mostra João Carlos Rodrigues em seu *O negro brasileiro e o cinema*.

Grande Otelo, um dos maiores atores brasileiros de todos os tempos, nasceu em Minas Gerais, na cidade de Uberlândia, então mencionada como "Uberabinha", em 1915. Seu nome civil, Sebastião Bernardes de Souza Prata, não remete a nenhuma linhagem familiar. Sua mãe chamava-se Maria Abadia de Souza e seu pai, Francisco Bernardo da Costa, trabalhando na Fazenda Lúcio Prata, era referido como o "Chico dos Prata". Assim, garantido por uma lei da época, num registro de nascimento feito por autodeclaração diante de duas testemunhas, Sebastião escolheu o segundo nome em homenagem ao presidente Artur Bernardes, o "Souza" de sua mãe e o "Prata" da família para a qual seu pai trabalhava, segundo o livro *Consciência negra*, de Marília Trindade Barboza da Silva.

Em criança, ao assistir ao filme *O garoto*, de Charles Chaplin, impressionou-se muito com o que viu. E intuiu que um dia poderia fazer as mesmas coisas que o menino protagonista fazia no filme. Com 8 anos de idade, chegou a Uberlândia uma companhia de teatro, com a qual o menino logo se entrosou, demonstrando habilidades que encantaram a trupe. E sua mãe, encantada, por sua vez, com a estrela do grupo, a atriz Abigail Parecis, e com sua mãe, dona Isabel, achou por bem entregar a esta, "de papel passado" (por meio de documento de tutela), a guarda do talentoso menino, que foi morar em São Paulo com a nova família.

Na Pauliceia, "Tiãozinho" certa noite participou de um evento festivo da Companhia Trololó, dirigida por Jardel Jércolis. E, dançando um maxixe, com a "experiência" de seus cerca de 10 anos de idade, fez um grande sucesso. Era o marco do início da carreira profissional do futuro Grande Otelo, que logo ingressaria na Companhia Negra de Revistas, com a qual viajou por boa parte do Brasil.

Criada no Rio de Janeiro, em 1926, pelo ator e autor João Candido Ferreira, o De Chocolat, essa companhia representou o primeiro gesto de artistas negros buscando inclusão no mundo das artes cênicas brasileiras. Estreou no Teatro Rialto com a encenação de *Tudo preto*, contando com 32 artistas e utilizando 32 cenários. O espetáculo, sucesso de público e crítica, foi dirigido por De Chocolat, que também participava como ator, e por Alexandre Montenegro. A música foi criada por Sebastião Cirino, e a orquestra foi conduzida por Pixinguinha.

O menino Tião fez parte do elenco da Companhia Negra. E o apelido que adotou como nome artístico veio daí, de seus dotes vocais operísticos, para os quais alguém imaginou ouvir um dia cantando a ária *Exultati*, do *Otelo*, de Giuseppe Verdi, baseada no drama do "mouro de Veneza", criado por Shakespeare: "Que grande Otelo não daria este negrinho!" E ele chegou a estudar essa ária.

Com cerca de 20 anos, já cognominado Grande Otelo, e depois de muitas idas e vindas, subidas e descidas, o rapaz chegava ao Rio de Janeiro, estreando no Teatro João Caetano, em 1935, com a companhia de Jardel Jércolis. Nessa época, entretanto, o rapazinho teve alguma oportunidade de demonstrar, além do talento, seu quociente de inteligência, bastante aguçado no aprendizado de línguas como francês, inglês e latim, como contava. Aprendera a ler sozinho, em Uberlândia, ingressou na Escola Modelo Caetano de Campos, já no terceiro ano do curso primário. Depois, no internato do Liceu Sagrado Coração de Jesus, estudou até o terceiro ano ginasial. Mas o temperamento irrequieto e o vício do teatro falaram mais alto. Então, o artista seguiu o caminho que o destino lhe traçou.

Após ter atuado em cassinos e outros tipos de casas noturnas, Grande Otelo fez do cinema sua principal atividade a partir dos anos 1930. Sua estreia na tela grande foi filmada nos estúdios da Cinédia: *Noites cariocas*, uma coprodução Brasil–Argentina lançada em 1935. A partir daí foram 118 filmes e inúmeros personagens que garantiram destaque na memória do cinema brasileiro e não ficaram restritos às chanchadas. Otelo confirmou o talento para o drama em filmes como *Rio Zona Norte*, de Nelson Pereira dos Santos, em 1957, *Assalto ao Trem Pagador*, em 1962, e naquele que confirmou definitivamente sua genialidade, em 1969, *Macunaíma*, de Joaquim Pedro de Andrade.

Nos palcos, em 1973, na temporada de estreia do Teatro Manchete da versão brasileira do musical *O homem de La Mancha*, de Dale Wasserman, Mitch Leigh e Joe Darion, nosso Grande Otelo viveu, de forma inesquecível, o personagem Sancho Pança. Em 1979, dividiu o placo com Miguel Falabella, Ney Latorraca, Guilherme Karan, Lucélia Santos e Diogo Vilela. Em 1983, no musical *Vargas*, dirigido por Flávio Rangel, com música de Edu Lobo e Chico Buarque e de Gianni Ratto, Grande Otelo dividiu o palco com Paulo Gracindo, Isabel Ribeiro, Oswaldo Loureiro e Milton Gonçalves, entre outros.

Em 1986, o enredo da escola de samba carioca Unidos de São Carlos foi a trajetória de Grande Otelo. Em 1993, o artista lançou o livro *Bom dia, manhã*, e, nesse mesmo ano, o primeiro artista negro homenageado no Congresso Nacional brasileiro por seu trabalho morreu vítima de enfarte, na França, a caminho de Nantes, onde seria homenageado no Festival dos Três Continentes.

DONA IVONE LARA

SENHORA DA CANÇÃO

Quarta-feira, 11 de agosto de 2010. Depois de uma grande reforma, o Theatro Municipal do Rio de Janeiro abria suas portas para sediar a entrega do Prêmio de Música Brasileira. O evento premiou artistas de diversos estilos, como Alcione, Daniela Mercury, Erasmo Carlos, Maria Bethânia e a dupla Chitãozinho & Xororó. A homenageada do evento foi Dona Ivone Lara, compositora, cantora, instrumentista e dançarina do samba. E naquele momento único, internacionalizada música popular brasileira reverenciava o velho gênero-mãe, na figura daquela majestosa senhora de 89 anos.

Nascida no bairro de Botafogo, na Zona Sul carioca, em 1922, a menina Yvonne (com "y" e dois "n", bem à francesa) tinha parentes no mundo do samba, do outro lado da cidade. Não que a Zona

Sul não tivesse também seus núcleos de sambistas e carnavalescos. Botafogo os tinha. E o Catete, próximo, sediava, desde o início do século, duas grandes forças do Carnaval, os ranchos Ameno Resedá e Flor do Abacate.

Dona Emerentina, mãe de Yvonne, era pastora do rancho Flor de Abacate; e seu marido, João Lara, integrava, no Carnaval, um grupo de sugestivo nome, o Bloco dos Africanos. Além do casal, um tio de Yvonne, seu Dionísio Bento, era violonista e lhe ensinou, mais tarde, os primeiros acordes no cavaquinho. Entretanto, logo a menina ficaria órfã, morrendo-lhe primeiro o pai e depois a mãe. Então, com cerca de 12 anos, foi matriculada no Instituto Profissional Feminino Orsina da Fonseca.

A "Orsina", como é até hoje chamada a escola do bairro da Tijuca, integra a rede municipal carioca e não se diferencia de suas congêneres. Mas, de sua criação em 1898 até a Era Vargas, foi parte de um valioso programa de governo que oferecia aos jovens pobres educação integral e instrução para a vida, com estudo das matérias convencionais, além de ginástica e prática desportiva, teoria musical e canto orfeônico, artes aplicadas e iniciação profissional.

Na Orsina, a jovem Yvonne, alta e esguia, destacou-se como jogadora de vôlei. Mas foi nas aulas de música que ganhou a admiração de mestras como Lucília Villa-Lobos e Zaíra de Oliveira, esposas, respectivamente, do célebre maestro criador de *Bachianas* e do violonista Donga, autor do pioneiro samba "Pelo telefone". E, embora estudante em regime de internato, a menina tinha vida familiar ativa, com seus fins de semana dedicados aos parentes, especialmente aos maternos, que moravam no morro da Serrinha.

Localizada na Zona Norte carioca, entre Madureira e Vaz Lobo, a Serrinha começou a ser habitada nos anos seguintes à abolição da escravatura, por trabalhadores oriundos principalmente das antigas regiões cafeeiras fluminenses. Esses migrantes trouxeram para o morro os folguedos de sua cultura, como o jongo, espécie de dança mística, originária da África. E, junto com seus descendentes, já nos anos 1930, aderiram a uma novidade carnavalesca que se difundia do bairro do Estácio para os subúrbios: a escola de samba.

Fundada nessa década, a partir do núcleo familiar do morador Alfredo Costa — numa época em que as escolas, de modo geral, eram constituídas a partir de uma família com seus agregados e amigos —, a escola de samba Prazer da Serrinha era a principal agremiação local. E em 1935 ela estava entre as quatro primeiras no desfile da Praça Onze, vencido pela Vai Como Pode, mais tarde Portela.

Na escola, seu Alfredo era o todo-poderoso. E, no Carnaval de 1946, ao descartar o samba-enredo antes escolhido, substituindo-o, em cima da hora, por um antigo samba de terreiro, decretou o fim da Prazer da Serrinha: seu autoritarismo gerou a dissidência que fundou o Império Serrano, escola vibrante e inovadora, logo de início campeã.

Entretanto, antes da fundação do Império — nome sempre referido no masculino —, a jovem Yvonne já completara sua instrução na Orsina, indo morar na casa do tio Dionísio, para se casar com Oscar, filho de seu Alfredo Costa, ainda presidente da antiga escola, que resistiu até o Carnaval de 1951. E, nesse entremez, já havia demonstrado seu dom de compositora, que vinha desde a infância, em parcerias com os primos Hélio e Antônio Fuleiro, futuro grande mestre de harmonia do Império.

Sambista que não descuidava de sua formação profissional, a jovem Yvonne, na sequência dos estudos feitos na Orsina, concluiu cursos de enfermagem e serviço social, aprimorando seu currículo de funcionária do antigo Centro Psiquiátrico Nacional, inaugurado em 1911 com o nome de Colônia de Alienados do Engenho de Dentro. Instituição modelar, na década de 1940 o hospital ganhou fama pelas experiências de terapia ocupacional e reabilitação realizadas pela psiquiatra Nise da Silveira. Entre as auxiliares da dra. Nise, trabalhando na área de terapia ocupacional, lá estava a enfermeira e sambista Yvonne, que, em 1965, selava seu compromisso artístico com a Serrinha, de maneira magistral.

Nos preparativos para o Carnaval daquele ano, Silas de Oliveira, o mais célebre compositor imperiano, estava, como sempre, envolvido na criação do samba-enredo. Levada até sua casa, Yvonne o encontrou compondo, ao lado do parceiro Bacalhau. Segundo Marília Barboza e Arthur Oliveira, biógrafos de Silas, a dupla estava em um impasse. E este foi logo resolvido por ela, que concluiu um dos mais belos sambas-enredos de todos os tempos, o "Cinco bailes da história do Rio". Mas, embora compositora, no Carnaval a sambista preferia Ala das Baianas, na qual ingressou em 1968. E foi nessa condição que chamou atenção também pela beleza e elegância, que levou para os palcos na década de 1970.

Com a voga da Jovem Guarda e a chamada Era dos Festivais, acelerou-se o processo de internacionalização passiva da música popular brasileira. Mas o samba resistiu e se renovou também, em iniciativas como a Noitada de Samba do Teatro Opinião e o primeiro disco da Velha Guarda da Portela. Foi nesse momento que Yvonne chegou ao disco, por intermédio do radialista e produtor Adelzon Alves. Na sequência do LP *Quem Samba fica...*, o "amigo da madrugada" produziu, em 1974, um segundo "pau de sebo" (disco em que vários novos intérpretes tentavam atingir o sucesso), *Quem samba fica? Fica*, em que nossa cantora interpreta o conhecido "Tiê" e o belíssimo "Agradeço a Deus", parceria com Mano Décio da Viola.

Surgia aí a "Ivone" abrasileirada, vendo anteposto ao nome o "Dona", título de cortesia e respeito, como o conferido, nos Estados Unidos, a Ma Rainey, grande dama do jazz. Nascia, então, Dona Ivone Lara, que, logo depois, aposentando-se da função pública, passava a dedicar-se inteiramente à arte.

Foi dessa época, também, a importante parceria com Délcio Carvalho, igualmente letrista e melodista inspirado, que assinou boa parte dos sucessos da artista. Dentre eles "Sonho meu", que, nas vozes das cantoras Maria Bethânia e Gal Costa, alçou definitivamente o nome de Dona Ivone ao mais alto patamar da música popular brasileira. Seguiu-se a parceria com Caetano Veloso em "Alguém me avisou". E, daí em frente, numa trajetória em que reluzem importantes premiações e participações em festivais internacionais (Alemanha, Angola, Gana, Martinica, Montreux, Milão, Nova York, Paris etc.), Dona Ivone Lara chegou à grande homenagem do Theatro Municipal. Num momento em que já contabilizava um repertório com mais de trezentos títulos gravados e dezenas de registros na sua própria voz, em 12 LPs e CDs.

Grande compositora, dona de uma obra que a inclui entre os mais refinados melodistas da música brasileira em todos os tempos, Dona Ivone teve, em 2002, sua arte evidenciada num CD instrumental idealizado e gravado pelo pianista Leandro Braga. No encarte, o saudoso jornalista Villas-Boas Correa escrevia: "Dona Ivone Lara é a primeira e única, com a magia da sua personalidade de orgulhosa simplicidade, no tecido das contradições dos que rompem a mediania para a afirmação de inimitável na sua arte eterna."

A Grande Dama do Samba faleceu em 16 de abril de 2018.

FABIANA COZZA

CIVILIZAÇÃO E COMPROMETIMENTO

Em uma de suas acepções, o vocábulo "civilização" é definido como o conjunto dos modos de viver e pensar de uma sociedade. E isso implica dizer que todo o conjunto de mecanismos organizacionais que os indivíduos de um grupo social criam, em seu esforço coletivo para controlar a vida, constitui "civilização". Em outro sentido, sobretudo em relação a um ser humano, a palavra pode ser usada para assinalar em uma pessoa o conjunto de seus predicados em termos de vivência intelectual, artística, moral, social e política; qualidades essas que, acima de tudo, tornam *civilizada* uma pessoa, nos diversos caminhos de sua experiência existencial.

Fabiana Cozza dos Santos, cantora, atriz, poeta e professora, nasceu na cidade de São Paulo, em 1976. Filha de pai negro, de origem mineira, e neta, pelo lado materno, de avó italiana, imigrante e lavradora no interior paulista. Sua mãe é professora formada em pedagogia pela Pontifícia Universidade Católica de São Paulo (PUC-SP) e seu pai é economista e contador formado pela mesma instituição. Mas além de suas atividades profissionais, o pai, Osvaldo dos Santos, é um homem do samba, ligado à Camisa Verde e Branco, tradicional agremiação paulistana, na qual foi compositor e "puxador" em desfiles passados. Estudante em escola pública dos 6 aos 14 anos e depois em colégios particulares, Fabiana foi praticamente criada pela avó, sendo batizada e crismada na Igreja Católica, antes de o budismo e o candomblé surgirem como escolhas filosóficas e existenciais. Mas credita aos professores que teve no seu período pré-universitário muito de sua formação. Ressaltando, entretanto, que "régua e compasso", mesmo, para chegar aonde chegou e olhar o mundo de forma coletiva, quem lhe deu foi o samba.

Na adolescência de Fabiana, dois programas de adulto eram frequentes: ir à quadra da escola de samba Camisa Verde e Branco, no bairro paulistano da Barra Funda, e receber o samba em sua casa, na Vila Madalena. A menina adorava ambos. Os contemporâneos do seu pai na agremiação, que hoje integram a Velha Guarda da escola, acompanharam a mocinha virar adulta e se tornar cantora e atriz. "É nossa grande herdeira", já afirmou um deles, Melão.

A trajetória na música popular teve início na década de 1990, como integrante de um grupo vocal liderado pela cantora Jane Duboc. E sua discografia foi aberta com o CD *O samba é meu dom*, de 2004, no qual a cantora se destacou pela voz encorpada, pela dramaticidade de suas interpretações e seu assumido compromisso com a tradição do samba. Em 2007, abordando o universo das canções litúrgicas afro-brasileiras sem se afastar do gênero-mãe, lançava o CD *Quando o céu clarear*, saudado como um dos melhores lançamentos do ano. Depois, vieram *Fabiana Cozza* (2011), *Canto sagrado — Ao vivo* (2013), *Partir* (2015), *Ay Amor!* (2017) e *Canto da noite na boca do vento* (2019), com 13 canções de autoria de Dona Ivone Lara e seus parceiros e a inédita "A dama dourada", de Vidal Assis e Hermínio Bello de Carvalho.

Paralelamente à carreira artística, Fabiana estudou canto popular, teoria musical e prática de conjunto na Escola de Música do Estado de São Paulo, EMESP (2001); fez a graduação em comunicação social — jornalismo pela PUC-SP (2012); e mestrado em fonoaudiologia pela mesma universidade, com a tese "O canto em Linda Wise: ação imaginativa e interpretação", defendida em 2019. Nesta área, como professora e criadora da oficina "Corpo da voz", Fabiana tem sido convidada a orientar alunos que, curiosamente, não são cantores, mas profissionais de diferentes áreas que enxergam na voz uma maneira de se expressar. Esse trabalho sugere aos participantes descobrir/despertar sua própria voz através de uma investigação do corpo, das sensações e emoções que nascem a partir da ação, explorando a corporeidade do intérprete.

Ainda em outra área (no entanto, paralela) de atuação, Fabiana Cozza surpreendeu, em 2017, com a publicação da coletânea de poemas *Álbum duplo*. Neste volume ela reverencia sua ancestralidade real e espiritual, entrelaçando referências afro-brasileiras e afro-cubanas definidoras, da mesma forma que já fizera no CD *Partir*. Sobre sua poesia, em um texto mais que perfeito, o também "afrorreluzente" Chico César, igualmente grande músico e poeta, na orelha do livro, escreveu: "Chega a ser perturbador o seu domínio sobre a palavra tanto em língua portuguesa quanto em espanhol. É impossível não pensar em Ana Cristina César ou Florbela Espanca. A forma de trazer o assunto, insinuá-lo, expô-lo, transpô-lo. Sem maneirismos nem a pressa de quem busca o efeito e se perde no processo. O resultado é quase sempre enxuto, econômico..."

Econômico, mas elegante. Um banho de civilização!

JOAQUIM BARBOSA

CORPO ESTRANHO NA CORTE

"No pensamento obsoleto/ colonizado e submisso,/ negro quando 'faz feio' é preto./ Quando 'faz bonito' é mestiço." Estes versos, adormecidos na memória de algum velho batuqueiro do samba carioca, ganharam contornos de realidade em 2003, quando um magistrado efetivamente preto assumiu uma cadeira na Suprema Corte brasileira. Sua presença parecia causar espanto, dúvidas expressas em algumas interrogações. Ou meras insinuações sobre seu saber jurídico e suas condições psicológicas.

Joaquim Benedito Barbosa Gomes nasceu em Paracatu, Minas Gerais, em 1954. Filho de um pedreiro e de uma dona de casa, fez os estudos elementares no Grupo Escolar Dom Serafim Gomes Jardim e no Colégio Estadual Antonio Carlos. Aos 16 anos, mudou-se para Brasília, onde cursou o segundo grau no Colégio Elefante Branco.

Na década de 1970, trabalhou como compositor gráfico no Centro Gráfico do Senado Federal, tendo exercido o ofício também no jornal *Correio Brasiliense*, ao mesmo tempo que estudava à noite. Aprovado no vestibular para a Faculdade de Direito da Universidade de Brasília (UnB), após bacharelar-se, fez mestrado na mesma universidade e, pela Universidade de Paris-II, obteve grau de mestre e doutor em direito público, sendo mais tarde professor visitante da Universidade da Califórnia em Los Angeles e da Universidade de Columbia, em Nova York. Lecionou também na UERJ e estudou línguas estrangeiras no Brasil, na Inglaterra, nos Estados Unidos, na Áustria e na Alemanha. Foi convidado como conferencista no Brasil e no exterior e tem diversas obras publicadas, entre elas *La Cour Suprême dans le Système Politique Brésilien*, lançado na França em 1994, e *Ação afirmativa & princípio constitucional da igualdade*, no Brasil, em 2001.

Antes de entrar para o Supremo Tribunal Federal, Joaquim Barbosa passou por vários cargos na administração pública, no Ministério das Relações Exteriores, entre 1976 e 1979, no Ministério Público Federal, de 1984 a 2003, e na Consultoria Jurídica do Ministério da Saúde, entre 1985 e 1988. Foi nomeado ministro do Supremo Tribunal Federal em 2003 e, três anos depois, notabilizou-se como relator do processo popularmente conhecido como "Mensalão", o qual envolveu altas figuras da república e do governo da época. A apresentação do seu relatório, já em 2012, levou à condenação de vários políticos. Fato ainda mais marcante se lembrarmos que, desde a data de sua criação em lei, em 1824, o STF jamais condenara um político no país. Também em 2012 Joaquim Barbosa foi eleito por seus pares para exercer a Presidência do Supremo Tribunal Federal no biênio 2012-2014.

Em 2013 a revista *Time* o considerou uma das cem pessoas mais influentes no mundo. E em 2014, depois de 11 anos no STF, o ministro afastou-se das funções públicas.

Fez bonito, o magistrado. Mas não a ponto de ser elogiado como "mestiço" ou "moreno". Impossível.

ANTONIETA DE BARROS

RELUZENTE PIONEIRA

No irromper do movimento negro, ou seja, nas primeiras mobilizações de afro-brasileiros institucionalmente organizados objetivando a conquista de igualdade e direitos de cidadania, as mulheres atuaram sobretudo como coadjuvantes, auxiliando nas ações do protagonismo masculino. Mas aos poucos foram surgindo entidades formadas exclusivamente por mulheres. Independentemente dessas agremiações, entretanto, algumas mulheres entraram na luta por conta própria e com seus próprios riscos. Tal foi o caso, no Sul do Brasil, de uma certa "Maria da Ilha".

Antonieta de Barros nasceu em 1901 em Florianópolis, capital de Santa Catarina, e foi criada pela mãe em uma família muito pobre. Ainda normalista, aos 21 anos, fundou um pequeno estabelecimento para alfabetização da população carente, que dirigiu até o fim da vida. Foi professora de língua portuguesa e literatura, e diretora em diversas escolas, inclusive o atual Instituto de Educação, que dirigiu até sua aposentadoria.

Rompendo muitas barreiras para conquistar espaços que, em seu tempo, eram de acesso difícil às mulheres, e mais ainda quando negras, na década de 1920 fez-se jornalista, fundando e dirigindo, em Florianópolis, o jornal *A Semana*. Em 1930 dirigiu também o periódico *Vida Ilhoa*. Com o pseudônimo "Maria da Ilha", em 1937 teve uma coletânea de seus artigos, muitos deles sobre as questões racial e sexual, publicada em livro com o título *Farrapos de ideias*.

Militante e articulada, Antonieta de Barros manteve proveitoso intercâmbio com a Federação Brasileira pelo Progresso Feminino e, na primeira eleição em que as mulheres brasileiras puderam votar e ser votadas, filiou-se ao Partido Liberal Catarinense, que a elegeu deputada estadual. Assim, a professora e jornalista tornou-se, ao que consta, a primeira mulher negra a assumir um mandato popular no Brasil e trabalhar em defesa dos diretos da mulher catarinense. Constituinte em 1935, relatou os capítulos Educação e Cultura e Funcionalismo. A partir dessa experiência, atuou na Assembleia Legislativa catarinense até o advento da ditadura do Estado, em 1937.

Em 1947 foi eleita novamente, pelo Partido Social Democrático, dessa vez como suplente, e continuou sua luta pela educação para os mais carentes.

Nossa Maria da Ilha é lembrada também pela firmeza com que expressava suas ideias, sem medo, em uma época em que as mulheres não tinham voz nem opinião, pelo espaço conquistado na imprensa e principalmente por ter lutado pelos menos favorecidos. Tornou-se um nome fundamental entre os mais brilhantes dentre todos os afro-brasileiros de todos os gêneros.

Antonieta faleceu no dia 18 de março de 1952, com apenas meio século de existência física. Tivesse vivido um pouco mais, certamente teria realizado ainda muito mais.

SEU JORGE

MORAR NO BRASIL, MUITO BEM OU MUITO MAL

"Não dá para os caras chegarem e dizerem que o brasileiro sai daqui para fazer merda lá! Que o brasileiro, no exterior, rouba coisas dos hotéis", assim falou Seu Jorge, em 2019, quando um ministro da Educação foi demitido após expressar publicamente opiniões tidas como "polêmicas".

Jorge Mário da Silva, o "Seu Jorge", cantor compositor e ator, nasceu em 1970, em Belford Roxo, cidade da Baixada Fluminense. O município é o sétimo mais populoso do estado do Rio de Janeiro e sua renda per capita aparece entre as mais baixas.

Cresceu ajudando a mãe a tomar conta dos três irmãos mais novos, era aplicado nos estudos e, aos 10 anos, começou a aprender seu primeiro ofício, o de borracheiro, que garantia os ingressos do cinema.

No início dos anos 1980, já sabia que queria ser músico e cantor. Sonhava um dia gravar, por exemplo, como Carlos Dafé, um mito de sua infância, que conheceu na casa da tia Anita, mãe do também sambista Dudu Nobre. Dafé era e ainda é uma grande referência. Compositor e cantor revelado nos festivais de música popular dos anos 1970, é um dos pioneiros do *soul* brasileiro, com vários discos gravados em sua própria e bela voz, e nas de outros intérpretes, como o hoje saudoso Tim Maia.

Jorge sabia que era preciso tentar outros voos e respirar outros ares. Mas Vitório, seu irmão do meio, morreu assassinado em uma chacina no bairro onde viviam, e o artista, desnorteado, foi morar "na rua", onde vagou durante três anos. Até que um dia foi convidado pelo clarinetista Paulo Moura e o sobrinho deste, Gabriel Moura, para um teste de voz para uma peça musical. Jorge não parou mais. Encenou mais de vinte peças com a companhia Teatro da Universidade do Estado do Rio de Janeiro (TUERJ) e aprendeu diversos ofícios e habilidades: expressão corporal, cenografia, iluminação, cenotecnia, produção musical. Além de um canto para dormir e uma possibilidade de seguir a carreira que queria, Jorge ganhou vários amigos entre os artistas da companhia, como os atores Anselmo Vasconcellos e Antônio Pedro e a atriz Scarlet Moon.

Na sequência, entre idas e vindas, Jorge e Gabriel Moura criaram o grupo Farofa Carioca, lançado em 1997, com a proposta de fazer música negra moderna, aliando e harmonizando elementos do samba, do *soul* e do funk. A banda, cujos shows agregavam também elementos teatrais e circenses, fez grande sucesso; e no ano seguinte gravou seu primeiro CD, *Moro no Brasil*. Mas, em 2001, Seu Jorge já estava em carreira solo, com o álbum *Samba esporte fino*, seguido de *Cru*, em 2003, que o levou a uma turnê de sucesso pela Europa no ano seguinte.

Por essa época, Seu Jorge já tinha como parceiro o jovem músico e amigo Ângelo Vitor Simplicio da Silva, o "Pretinho da Serrinha", que, embora sete anos mais novo que o cantor, exercia papel importante, como excelente cavaquinhista e percussionista, além de compositor e arranjador.

Em 2002 Jorge despontou como ator, vocação aprimorada no TUERJ, no filme *Cidade de Deus*, de Fernando Meirelles. Marco da cinematografia brasileira na década de 2000, essa obra teve como uma de suas melhores consequências a de revelar ao grande público alguns talentos florescidos no ambiente das favelas cariocas e das periferias da região do Grande Rio; ou ampliar e ressignificar a visão desse público sobre eles.

Mas foi no ambiente da música que o artista ganhou o apelido transformado em nome profissional. E veio da boca do amigo Marcelo Yuka, músico já falecido, talvez mostrando a ele uma forma irônica, mas forte de exigir respeito: "Jorge, não! Seu Jorge!" Já conhecido e admirado, não só pelo talento como pela firmeza das atitudes, Seu Jorge foi premiado pela Associação Paulista de Críticos de Arte (APCA), como o Melhor Cantor do Ano, em 2003 e 2004. Outros álbuns de sua carreira são: *The Life Aquatic with Studio Sessions* (2005), *América Brasil* (2006), *Música para churrasco, vol. 1* (2011) e *Música para churrasco, vol. 2* (2015).

No cinema, a partir de *Cidade de Deus*, nosso talentoso ator atuou em diversos filmes, como *This is an Adventure* (2004), *Casa de areia* (2005), *Tropa de elite 2* (2010) e *Reis e ratos* (2012). No plano internacional, ganhou visibilidade ao participar, como ator e cantor, do filme *A vida marinha Steve Zissou*, do diretor norte-americano Wes Anderson. Na versão brasileira desse filme, as canções da trilha sonora, de autoria do músico inglês David Bowie, foram traduzidas para o português por Seu Jorge, que as interpreta com toda a sua personalidade. Ressalte-se que, em fevereiro de 2009, o artista encerrava turnê do show que levou à Inglaterra, cantando canções de Bowie, no Eventim Apollo Hammersmith, acompanhado pela refinada Heritage Orchestra. E no momento deste texto preparava o lançamento de um novo álbum, *The other side*, buscando, com produção de Mario Caldato e arranjos do americano Miguel Atwood-Ferguson, algo que definiu, em entrevista no jornal *O Globo*, como "a nobreza perdida de um Brasil de João Gilberto e Tom Jobim".

Mas Seu Jorge é, cada vez mais, também reconhecido como um grande ator cinematográfico brasileiro de alcance internacional. Em fevereiro de 2019, foi aplaudido no Festival de Berlim, por sua atuação como protagonista de *Marighella*, filme de Wagner Moura sobre o guerrilheiro Carlos Marighella. E se preparava para ser visto no filme *Tropico*, com o americano Willem Dafoe, dirigido por Giada Colagrande.

Radicado em Los Angeles desde 2013, nosso ator, cantor e compositor vem brilhando como poucos.

LUIZ ANTONIO PILAR

A CONSTRUÇÃO DE UM CINEMA NEGRO

Nos Estados Unidos, no cinema, símbolo maior da indústria mundial do entretenimento, as produções excluíram sistematicamente os diretores e atores negros ou relegaram a participação destes, salvo algumas exceções, a papéis fenotipicamente definidos, estereotipados ou secundários, só passando a integrá-los, efetivamente, a partir da vitoriosa luta pelos direitos civis, na década de 1960. No Brasil, a chanchada, gênero cinematográfico popular, de grande voga na década de 1950 e difundido sobretudo a partir do Rio de Janeiro, tendo como público-alvo as massas das grandes cidades, contribuiu decisivamente para a fixação e a disseminação de estereótipos do negro — o "crioulo doido", a "mulata boa", o "crioulo malandro", o "sambista" etc., notadamente nos papéis em geral entregues a grandes atores, como foi Grande Otelo. Na atualidade, profissionais afrodescendentes vêm desde algum tempo corrigindo as distorções e escrevendo novos capítulos da história dos negros nas produções cinematográficas.

Luiz Antonio Pilar é o nome artístico-profissional de Luiz Antonio da Silva, ator e diretor teatral e cinematográfico, nascido e criado na Vila Vintém, em Bangu, Zona Oeste do Rio. De lá, tendo inicialmente cursado a Escola Técnica Estadual de Teatro Martins Pena, no Centro da cidade, formou-se em artes cênicas, com habilitação em direção teatral, pela Universidade Federal do Estado do Rio de Janeiro (UNIRIO), na Zona Sul.

De 1996 a 1997, foi diretor assistente da telenovela *Chica da Silva*, na Rede Manchete, onde, no ano seguinte, dirigiu a novela *Mandacaru*. Em 2000, depois de atuar como ator em filmes, telenovelas e minisséries e de dirigir, no palco, um elenco só de atrizes negras, ingressou na equipe de assistentes de direção da Rede Globo, e dirigiu novelas como *Desejo proibido*, *Sinhá moça* e *A padroeira*. No projeto *A cor da cultura*, parceria entre o Canal Futura e a TV Globo, criou os documentários *Mojubá*, sobre a influência das diversas manifestações da religiosidade de matriz africana, e *Heróis de todo mundo* (2014), um conjunto de sessenta filmes biográficos sobre personalidades negras da história do Brasil.

No teatro, foi responsável pela direção de diversos espetáculos como: *Os negros*, de Jean Genet; *As Paparutas*, de Lázaro Ramos; *Lima Barreto, ao terceiro dia*, de Luís Alberto de Abreu; e *Ataulfo Alves, o Bom Crioulo*, de Enéas Carlos Pereira e Edu Salemi.

Desde 2001 dedicando-se também ao cinema, vem realizando produções de curta e longa-metragem e participando de iniciativas para maior visibilidade de atores afrodescendentes. Em seu currículo como diretor cinematográfico, Pilar conta, principalmente, com os seguintes filmes: *Em quadro — A história de 4 negros nas telas* (2009); *O papel e o mar* (2010), selecionado no concurso de apoio à produção da RioFilme; *Lima Barreto, ao terceiro dia* (2018), longa-metragem de ficção adaptado da peça teatral de mesmo nome, e *Candeia* (2018), documentário em memória dos quarenta anos do falecimento do compositor.

Em 2013, teve o longa-metragem *Remoção*, parceria com Anderson Quack, exibido no Canal Brasil. Trata-se de importante documentário sobre o processo de remoção de algumas favelas da Zona Sul carioca (Parque Proletariado da Gávea, Ilha das Dragas, Parque da Catacumba, Morro do Pasmado e Praia do Pinto) que deram origem aos conjuntos habitacionais de Vila Kennedy, Vila Aliança, Dom Jayme Câmara, Cidade Alta e Cidade de Deus, bastante conhecidos e problematizados. A maior particularidade desse filme é que tanto Pilar quanto o parceiro Quack tiveram suas vidas transformadas depois da remoção das antigas favelas. E sempre quiseram entender o processo, doloroso para uns, positivo para outros.

E, em 2019, Pilar teve exibida na TV (Canal Prime) *Cinema de enredo*, série em dez episódios de 26 minutos. Durante a gravação desta série, Pilar abriu o coração sobre a abordagem de temáticas relacionadas à afro-brasilidade no cinema e na televisão, em entrevista com Heloisa Tolipan. Disse que ela acontece não só em função da questão ideologia, mas também porque existe um espaço comercial, de mercado, que demanda esse tipo de produção. "A televisão, o teatro e o cinema", frisou, "têm de perceber que trabalhar com esse tema também dá lucro." Segundo o diretor, existem três fontes temáticas que são difíceis de se representar na dramaturgia, tanto teatral quanto cinematográfica ou televisiva: religião, Carnaval e futebol. E isto porque, segundo ele, "já são manifestações artísticas, espetáculos prontos e que têm características muito particulares, por conta de sua enorme carga emocional". E, assim, filmadas, correm sempre o risco de parecer falsas.

MAJU COUTINHO

O TEMPO SABE O QUE FAZ

Ela teve chance de se tornar conhecida ainda na juventude, quando chegou a ser chamada para trabalhar como modelo, mas o convite não lhe encheu os olhos. Aliás, nesse tempo queria mais era ser cantora de jazz. Mas, segundo diz, Deus não lhe deu este dom. Assim, firmou-se como telejornalista e apresentadora.

Quando criança, na Vila Matilde, bairro da Zona Leste de São Paulo, Maria Júlia, nascida em 10 de agosto de 1978, brincava fingindo que um pilão de macerar limão era um microfone e que o tampo de madeira de uma mesinha era a bancada de um telejornal. Três décadas depois, repetiria aqueles gestos, mas para valer, diante das câmeras que levariam seu rosto para milhões de casas em todo o Brasil.

Maria Júlia Coutinho Portes herdou seu nome de uma tataravó, mas se tornou "Maju", talvez da mesma forma que Maria Luiza se torna "Malu"; Carlos Eduardo, "Cadu"; Carlos Henrique, "Caíque"... Por mera acomodação da fala. E assim passou a ser carinhosamente tratada e admirada. Mas custou um pouco a definir a caminhada.

A família sempre teve consciência de que, mesmo num país com tantas barreiras à ascensão social de pobres e negros, a educação podia abrir portas. A avó materna era empregada doméstica, mas batalhou para dar educação à filha, que queria fazer o mesmo por Maria Júlia. Assim, Maju fez o primeiro grau na Escola Brasileira Islâmica, na Vila Carrão. Ali conviveu com uma cultura diferente da de sua família católica. "Tinha amiga prometida para casar, menina de véu", contou ela para a *Folha de S.Paulo*. "E no Ramadã — a grande celebração dos muçulmanos — a gente folgava."

Tendo como modelos a mãe e o pai, Zilma e João Raimundo, dedicados ambos ao magistério, a jovem primeiro foi professora, formando-se, com bolsa de estudos, no tradicional Colégio Anglo Latino, no bairro da Aclimação. Mesmo assim, ainda tinha dúvidas sobre o caminho a seguir. Então, aconselhada pela mãe, fez um teste vocacional, que indicou como direção mais promissora o jornalismo.

Dividida entre a apontada vocação para repórter — que aliás já se manifestara nas brincadeiras da infância — e o trabalho na sala de aula, Maju prestou vestibular para pedagogia e jornalismo. Mas o dinheiro da família era curto. Então a moça, diante da encruzilhada e premida pelas circunstâncias, parou, pensou e tomou a decisão: trancou a matrícula na faculdade de jornalismo, que era paga, e optou pelo curso de pedagogia na USP. A ideia de ser repórter, no entanto, jamais a abandonou. Então, no ano seguinte, buscou conciliar as duas faculdades: voltou ao jornalismo, que cursava pela manhã, e fazia pedagogia à noite. À tarde, dava aula para crianças.

Foi professora por dois anos em uma escola municipal de São Bernardo do Campo. Num desses dias de correria, bateu com o automóvel e decidiu desacelerar seu ritmo de trabalho. Nesse momento foi que optou decisiva e definitivamente pelo jornalismo.

A certeza de que queria trabalhar com televisão confirmou-se na faculdade. Quando assumiu o microfone para fazer a primeira reportagem para um programa do laboratório de TV da Faculdade Cásper

Líbero, o *Edição Extra*, exibido pela TV Gazeta, pensou: "Senhor, é isso o que eu quero da vida." E os anjos disseram amém.

Ainda estudante, Maju foi estagiária na TV Cultura, da Fundação Padre Anchieta, ligada ao Governo do Estado de São Paulo. Lá, trabalhou alguns anos nos setores de apuração, escuta, pauta e como repórter, até que em 2005 começou a apresentar o *Jornal da Cultura*, ao lado de Heródoto Barbeiro. Por esse tempo, visando aprimorar seu desempenho, fez cursos de teatro, locução, relações internacionais, governança e cidadania.

Por seu trabalho na TV Cultura, a apresentadora recebeu menção honrosa no Prêmio Jornalístico Vladimir Herzog de Anistia e Direitos Humanos. Segundo ela, a matéria que lhe rendeu o prêmio surgiu de uma ideia simples. "Saí às ruas perguntando às pessoas qual era a cor da minha pele. Diziam tudo, menos que eu era negra", contou em entrevista na *Folha de S.Paulo*. "Quando perguntava por quê, algumas diziam que não queriam me ofender. Um jeito simples, mas contundente de mostrar o racismo."

Na Cultura, Maria Júlia chamou atenção da Globo, que em 2007 a contratou como repórter. Mas o salto em sua carreira começou mesmo em 2013, quando substituiu a colega Eliane Marques, em gozo de licença-maternidade, apresentando a previsão do tempo na segunda edição do *SPTV*, programa telejornalístico local. Com a aprovação do público, em 2015 assumiu a cobertura ao vivo das previsões meteorológicas no *Jornal Nacional*, principal telejornal da Rede Globo.

Ressalte-se que apresentar o boletim meteorológico não significa apenas recitar as previsões. Além de traduzir os termos técnicos para o espectador leigo, o jornalista deve trabalhar com o editor de imagens e escolher quais são a informações importantes. A presença de Maju fez sucesso. Mas de repente "o tempo fechou": Maju foi alvo de absurdos ataques racistas nas redes sociais.

O golpe foi duro, mas ela resistiu. A habilidade para tratar das previsões meteorológicas de jeito mais informal, que Maju conseguiu estudando o tema a fundo, fez dela uma apresentadora de enorme sucesso e lhe rendeu um livro, *Entrando no clima* (2016), que explica ao leitor comum conceitos meteorológicos. A grande barreira, no entanto, ainda estava para ser quebrada: faltava uma mulher negra como rosto do telejornal mais importante do Brasil.

Quando Maju nasceu, havia pouco tempo que a jornalista Glória Maria, também afrodescendente, tinha feito sua primeira entrada ao vivo no *Jornal Nacional*, em 1977. Quarenta e três anos depois, em 2019, Maju se tornaria a primeira negra a participar da equipe fixa de apresentadores do *JN*. No mesmo ano, também apresentaria o programa dominical *Fantástico* e, a partir de setembro, comandaria sozinha a bancada do *Jornal Hoje*.

Maria Júlia Coutinho é também uma pioneira, como Zileide Silva e Glória Maria. Mas quem a vê assumir com segurança a bancada do jornal talvez não imagine quanto foi difícil para ela se sentir tão capaz quanto os colegas brancos e quanto lhe custou assumir com orgulho os cabelos crespos. Lembra ela que, quando aos 6 anos de idade, ouviu uma colega dizer: "Você tem tudo preto na vida. Seu cabelo, seu carro, sua casa." Olhando para outras crianças, a colega emendou: "Não brinquem com ela, porque tudo nela é preto."

Durante anos, como muitas moças de seu tempo, Maju ainda esquentava no fogão um pente de metal para alisar o cabelo. Certo dia, porém, mais uma vez, o jornalismo veio em seu socorro. "Nos anos 1990, vi na capa da revista *Raça* uma negra com ar decidido, de tranças afro, enormes e lindas, e falei: 'Eu quero isso'", disse ela em entrevista à revista *Cláudia*.

Numa das edições do programa *Altas Horas*, conduzido pelo apresentador Serginho Groisman, Maju contou que ao longo da vida travou "uma batalha para construir muitas blindagens internas" e poder lidar com olhares de dúvida, que colocavam em questão sua capacidade para realizar o que se propunha a fazer. Por isso, sabe da importância de jovens negras verem sua imagem na televisão cotidianamente. Espera, no entanto, que um dia a questão racial não seja mais lembrada diante de um negro de sucesso, um dia em que a cor da pele de um profissional não seja mais notícia.

"Eu sou a Maju, que é mulher, brasileira, jornalista, e que também é uma mulher negra", disse ela em entrevista à revista *Donna*. "Não quero que o fato de ser negra seja a única coisa que me defina."

PRETINHO DA SERRINHA

PELO TELEFONE, COM PASSAPORTE

Tempos atrás, a "carteira de trabalho" era um documento apresentado, pelo Ministério que o emitia, como um alerta sobre o temperamento de seu possuidor: aquietado ou inconstante, dependendo do número de anotações de empregos que tivesse. Claro que um passaporte não é exatamente uma carteira de trabalho. Mas se o fosse, o do cidadão focalizado neste texto talvez causasse alguma inquietação. E isso porque, em dado momento, não tinha mais espaço para qualquer carimbo ou anotação, pois, em menos de uma semana, seu portador esteve em três continentes, voando do Brasil para os Estados Unidos; de lá para a França; da França para Angola... Ele que, até poucos anos antes, quase nunca tinha ido além do ambiente pobre onde nasceu e foi criado.

Filho do estivador Sebastião Pereira da Silva, o Pingo, e da doméstica Maria de Fátima Simplício, a dona Camuci, Ângelo Vitor Simplício da Silva nasceu no dia 30 de agosto de 1978. E já na maternidade ganhou o apelido que o acompanharia pelo resto da vida. Seus parentes saíram direto de um samba para visitar o novo integrante da família. Chegaram lá ainda embalados pela música — e animados pela cerveja. Ao entrar no quarto e ver o recém-nascido pela primeira vez, uma prima do menino puxou um dos hinos de Jorge Ben, sendo acompanhada pelo restante da trupe: "A banda do Zé Pretinho chegou para animar a festa." A partir dali, Ângelo só seria chamado de Pretinho.

E desde muito cedo a música passou a fazer parte da vida de Ângelo/Pretinho. Além de trabalhar na estiva do porto, seu pai comandava as rodas de samba do Império Serrano. O avô, Cosmelino, era o maior tocador de candongueiro (um dos três tambores do jongo) do Rio de Janeiro. Com isso, o caminho natural do menino foi começar a tocar instrumentos de percussão. Aos 9 anos, já acompanhava seu Pingo nas rodas do Império.

Aos 10 anos, começou a tocar "pra valer" na bateria do bloco Pena Vermelha, um dos mais conhecidos da comunidade da Serrinha. Os músicos mais experientes logo identificaram nele um enorme potencial. Assim, acabou sendo chamado para integrar o Império do Futuro, escola de samba mirim do Império Serrano. Com 13 anos, já era diretor de bateria da agremiação.

Além de percussionista, Pretinho também aprendeu a tocar cavaquinho e outros instrumentos. Uma característica que sempre o acompanhou foi a obsessão pela perfeição. Por isso, sempre ocupou posições de liderança em todos os trabalhos que realizou, mesmo quando havia pessoas mais velhas ou mais experientes na equipe.

Aos 16 anos, quando cursava o segundo ano do ensino médio, descobriu que seria pai e decidiu abandonar a escola para conseguir dinheiro e sustentar a família. Assim, Pretinho começou sua carreira profissional, tocando na noite e acompanhando sambistas em shows nas principais casas da Lapa. Em uma dessas apresentações, em

1999, conheceu Dudu Nobre, que já era um sambista consagrado. Convidado para acompanhar o músico em turnê, entrou logo como diretor musical da banda.

Foi nessa época que ganhou o "sobrenome" em seu apelido, passando a ser chamado de Pretinho da Serrinha, numa referência ao morro de Madureira, seu berço familiar e musical. E apenas um ano depois de começar a tocar com Dudu Nobre, Pretinho da Serrinha conheceu o cantor e ator Seu Jorge no camarim de uma casa de shows. Encantado pelo som da banda, o ex-integrante do grupo Farofa Carioca rasgou elogios ao trabalho do diretor musical e emendou, sem titubear: "Vou te chamar pra gravar. Tem coragem?"

Para muitos habitantes do morro da Serrinha, em Madureira, subúrbio do Rio de Janeiro, o telefone comunitário da Associação de Moradores era a única forma de contato com o restante do mundo no final dos anos 1990. Um número coletivo, usado normalmente para receber recados urgentes. Então, sempre que o sistema de som da favela chamava o nome de um morador avisando que havia uma ligação na Associação, todo já sabiam que era algo importante. E foi numa dessas ligações que o mundo finalmente se abriu para um jovem músico que buscava um lugar ao sol no competitivo cenário do samba e da MPB. Ainda recuperando o fôlego depois da corrida que deu de sua casa até a sede da Associação, o rapaz ouviu, do outro lado da linha, a inconfundível voz do já famoso Seu Jorge. E um convite irrecusável: "Quer gravar comigo amanhã?"

A gravação aconteceu e rendeu frutos, pois selou o início de uma parceria que gerou hits nacionais como "Burguesinha", "Mina do condomínio", "A doida" e "Alma de guerreiro".

Multi-instrumentista, arranjador e compositor, Pretinho da Serrinha também gravou com Maria Bethânia, Caetano Veloso, Lulu Santos, Tribalistas, Simone, Zeca Pagodinho, Martinho da Vila, Fundo de Quintal, Sérgio Mendes e Will.I.Am (Black Eyed Peas), Kanye West e Alicia Keys, com quem participou do Rock in Rio. Em sua carreira, tem importantes conquistas internacionais, como dois prêmios do Grammy Latino — a primeira vez como compositor de

"Burguesinha" e a segunda como produtor do disco *Amor e música*, de Maria Rita.

Seu primeiro disco solo, *Som de Madureira*, foi lançado em 2018.

DJAMILA RIBEIRO

FILOSOFIA E ATITUDE

De volta de uma turnê de lançamento de seus dois livros na França em duas semanas excelentes, com vinhos, queijos e muitas viagens de trem, ela contava ter estado em Paris, Rennes, Lille, Montpellier, Toulouse e de quebra dado uma esticada até a capital da Bélgica. Parecia coisa de coluna social. Mas a fala, em seu devido lugar, era sobre as dificuldades de uma autora afro-latino-americana ter, traduzida e lançada na França, uma obra de não ficção, e ainda mais de teoria crítica. Na França, o pensamento hegemônico se recusa, desde a Segunda Guerra, a debater temas como relações étnico-raciais e herança cultural, por associar essas ideias ao pensamento nazista. Assim, o sucesso de seus livros no país de Sartre, Foucault, Simone Weil, Simone de Beauvoir etc. é merecido. Pois quando se uniformiza os seres humanos em nome do "cidadão universal" impede-se que muitas verdades sejam chamadas pelos seus nomes verdadeiros. Quando um problema não é nomeado, não se tem como combatê-lo.

Nascida na cidade portuária de Santos, em São Paulo, no primeiro dia de agosto de 1980, Djamila Taís Ribeiro dos Santos é a caçula de quatro irmãos e cresceu em uma família de classe média baixa. Seu pai, Joaquim José Ribeiro dos Santos, era estivador do maior porto do país e, em meio às lutas sindicais dos anos 1960/1970, acabou assumindo um papel de destaque entre os trabalhadores, sendo um dos fundadores do Partido Comunista local. A jornada o levou também ao movimento negro, do qual sempre foi um militante ativo. Foi dele, por exemplo, a ideia de batizar a filha com o nome de Djamila, variante de *Jamila*, originário do idioma suaíle, falado a partir do litoral oriental africano e traduzido em português como "bela", "bonita". Observemos que o suaíle (*ki-swahili*), idioma com forte influência do árabe, nasceu do contato de povos falantes de várias línguas diferentes e, no início século XIX, era falado ao longo de todas as rotas de caravanas que cruzavam o território africano. Assim, por permitir a comunicação entre falantes de línguas diversas, tornou-se a mais difundida das línguas africanas. E isso tem a ver com a nossa focalizada.

Quando Djamila nasceu, ninguém no Brasil falava sobre *bullying*. Nas escolas, era comum e estranhamente tolerável que crianças humilhassem outras, com agressões verbais ou mesmo físicas, só porque estas não se enquadravam em determinados padrões. Vítimas do racismo estrutural, enraizado na sociedade por conta de 354 anos de escravidão, os negros sempre foram alvo preferencial deste tipo de violência. Nem mesmo o forte apoio familiar, com pai militante do movimento negro e mãe orgulhosa de sua raça e sua cor, foi suficiente para impedir que aquela menina sofresse. Ela sabia que a responsabilidade não era dela, mas a crueldade alheia causava dor mesmo assim. A diferença é que ter consciência do problema a ajudou nos anos seguintes, guiando sua trajetória, influenciando suas escolhas políticas e acadêmicas.

Desde muito cedo, ela e seus irmãos passaram a receber, dentro de casa, uma série de estímulos para que pudessem se entender como negros no Brasil dos anos 1980. Seu pai tinha uma biblioteca com centenas de livros, muitos deles contando a história dos povos africanos, que eram lidos e debatidos em família. Assim, Djamila compreendeu, já na infância, que havia uma luta a se travar na sociedade. Sabia que era uma mulher negra e entendia os problemas decorrentes disso.

Na escola, piadas racistas eram contadas com tamanha naturalidade que pareciam ser parte indissociável do mundo. Seu cabelo, tão bem cuidado por sua mãe, a dona de casa Erani, foi tantas vezes motivo de chacota que, na adolescência, Djamila acabou se rendendo ao alisamento em uma tentativa desesperada de levantar a autoestima, abalada por anos de violência contra sua raça.

Aos 19 anos, todo o arcabouço teórico, histórico e cultural desenvolvido ao longo das rodas de leitura e debate com sua família ganhou um novo significado: o movimento feminista. Foi em 1999 que Djamila conheceu a ONG Casa de Cultura da Mulher Negra, em Santos. O impacto foi tão grande que ela passou quatro anos trabalhando no local, se envolvendo cada vez mais profundamente com o tema. Foi lá que ela teve acesso a obras de mulheres negras e feministas, como a brasileira Sueli Carneiro e a americana Angela Davis, que serviram de base para toda a sua luta nos anos seguintes.

Entre os 20 e 25 anos, um turbilhão de emoções. Perdeu a mãe e o pai em um intervalo de poucos meses, ambos vítimas de câncer, se casou, foi aprovada no vestibular de jornalismo e engravidou. O nascimento de Thulane mudou radicalmente a vida de Djamila, que abandonou a faculdade para cuidar da filha, repetindo os passos de sua mãe. Mas aquela rotina não combinava com o espírito guerreiro da filha de seu Joaquim, e ela quase entrou em depressão.

No dia 5 de dezembro de 2006 teve um sonho com os pais, tão marcante que registrou a data como o ponto de virada mais relevante de sua vida. Acordou decidida a mudar completamente. Conseguiu emprego como secretária e, em segredo, fez um novo vestibular, dessa vez para filosofia, na Universidade Federal de São Paulo. O problema é que o curso era em Guarulhos, e ela continuava morando em Santos. Enfrentou a distância e também os protestos do marido e do restante da família por deixar Thulane, então com 3 anos, na escolinha em tempo integral.

Graduou-se em 2012 e emendou no mestrado, focando os estudos nas obras das filósofas feministas Simone de Beauvoir e Judith Butler. Nessa época, começou a publicar na internet textos sobre o feminismo negro, ganhando notoriedade. Foi convidada para escrever artigos para uma revista, passou a frequentar programas de TV e a dar palestras e aulas para compartilhar sua visão de mundo.

Em 18 de maio de 2016, foi nomeada secretária-adjunta de Direitos Humanos e Cidadania da Prefeitura de São Paulo, comandada na época pelo petista Fernando Haddad.

No ano seguinte, Djamila lançou seu primeiro livro, *O que é lugar de fala?*, parte da coleção Feminismos Plurais — organizada por ela —, pela editora Letramentos. Também em 2017 apresentou o programa *Entrevista*, do Canal Futura, deu três cursos na Faculdade de Sociologia e Política de São Paulo e se tornou a mentora intelectual (junto com a filósofa Márcia Tiburi) de um grupo de atrizes, diretoras e roteiristas da TV Globo interessadas em estudar as bases do feminismo.

Em 2018, lançou seu segundo livro, *Quem tem medo do feminismo negro?*, em que recupera memórias da infância e da adolescência para discutir o silenciamento da voz e da personalidade de mulheres negras no Brasil.

Cosmopolita, falando "alto" e intermediando a comunicação entre milhares de pessoas — como o idioma afro-litorâneo de onde veio seu nome —, a influência da santista Djamila ultrapassou barreiras e fronteiras. Tanto que, em março de 2019, foi escolhida pelo governo da França como representante do Brasil no programa "Personalidade do amanhã".

JOEL RUFINO DOS SANTOS

ELE FOI TREZENTOS

Ele gostava de contar esta história; talvez real, talvez inventada. Dizia que um dia, no banho de sol do presídio onde estava, um interno da mesma cor que a sua, preso por furto, lhe pediu, com justificado interesse: "Me explica aqui, neguinho. Qual foi a jogada que você armou pra ficar aí separado da gente, junto com os subversivos?"

Em 2011, no lançamento da portentosa antologia *Literatura e afrodescendência no Brasil*, organizada por Eduardo de Assis Duarte para a Editora UFMG, instaurou-se um frenesi em determinado reduto do jornalismo literário, no sentido de revelar quem seriam, na atual literatura produzida por afrodescendentes no Brasil, os nossos Wole Soyinka, Toni Morrison ou Alice Walker.

Essa visão, tendente a sempre tomar como referência o que vem de fora, disseminada entre boa parte da intelectualidade brasileira, é com certeza fruto de um complexo de inferioridade coletivo, nascido da colonização do pensamento, num processo já antigo — hoje reforçado pela ação transnacional dos grandes conglomerados da indústria cultural e de mídia.

O padrão de consumo musical, por exemplo, é, no Brasil de hoje, ditado pelo pop de expressão anglo-saxônica. Então, qualquer música será bem-vista e difundida desde que produzida dentro desse padrão, globalizado pela indústria do entretenimento. Mesmo vindo dos guetos e irradiando atitudes de pretensa afirmação étnica ou transgressão, ela será assimilada, com essas posturas facilmente trabalhadas para o consumo. Da mesma forma a literatura: se é negra, melhor será se vier da favela, da "periferia", do gueto.

O carioca Joel Rufino dos Santos foi suburbano, mas não do gueto. Nasceu em Tomás Coelho, na secular Freguesia de Inhaúma, cortada pelos trilhos das estradas de ferro Melhoramentos e Rio D'ouro, que seguiam em demanda da Baixada Fluminense, num tempo ainda a vapor, com resquícios de antigas fazendas e carros de bois nas estradas sem pavimentação. Perto de Tomás Coelho ficava o Engenho da Rainha, evocando a presença da corte portuguesa no Brasil colonial. Nesse ambiente, transbordante de historicidade, criado em uma família modesta mas estruturada, com pouco mais de 20 anos, Joel era já assistente da cadeira de história social do Instituto de Estudos Brasileiros (ISEB).

O ISEB, órgão vinculado ao antigo Ministério da Educação e Cultura (num tempo em que cultura e educação andavam de mãos dadas), era autônomo administrativamente e também em relação às pesquisas. Funcionando como um polo de ideias, congregava nomes como os de Antonio Candido, Álvaro Vieira Pinto, Guerreiro Ramos, Hélio Jaguaribe, Roland Corbisier, Abdias Nascimento e Heitor Villa-Lobos, entre outros, promovendo o estudo, o ensino e a divulgação das ciências sociais. Criado em 1955, não resistiu ao impacto do golpe militar de 1964, por força do qual muitos dos colaboradores tiveram que buscar o exílio. Para Joel Rufino, a atuação no ISEB levou não só ao exílio, mas também ao cárcere e à tortura.

Em maio de 1964, Joel partiu para o exílio, depois de pedir asilo político à Bolívia. Da capital boliviana rumou para o Chile. Retornando ao Brasil em fevereiro de 1965, foi preso pelo Exército por cerca de trinta dias. E no ano seguinte foi preso sessenta dias pela Marinha. Então, em 1970, o professor tornou-se militante da Ação Libertadora Nacional (ALN), que promovia ações de guerrilha urbana.

Em dezembro de 1972, Joel foi preso ao desembarcar no Rio, procedente de São Paulo. Sua irmã Bena e sua mulher (de quem se separaria seis anos depois) procuraram por ele sem obter notícias. Em janeiro e fevereiro foi torturado no cárcere da Operação Bandeirantes (OBAN), um dos braços repressivos das Forças Armadas. Na sequência, foi condenado pela Justiça Militar a quatro anos de prisão, pena esta reformada para dois anos e iniciada no Presídio Tiradentes, na capital paulista, de onde foi depois transferido para o Presídio do Hipódromo. Dessa prisão, saiu em liberdade condicional em maio de 1974, com obrigação de apresentar-se à Justiça Militar até o fim do período da condenação.

O efetivo engajamento do brilhante historiador na luta de libertação o conduziu também ao apuramento de sua consciência, não só com relação aos problemas do povo brasileiro em geral, mas também e particularmente com os do povo negro. Mesmo porque Joel não tinha o fenótipo de um "mestiço", condição étnico-racial ainda bastante usada para mascarar o racismo brasileiro, muitas vezes edulcorado por certo ideário da "morenice".

Pois Joel Rufino — repetimos — não era fenotípica nem ideologicamente um mestiço. E essa é também uma de suas marcas, enquanto historiador (e não mero professor de história), ensaísta, romancista, autor de livros infantis e juvenis, e principalmente filósofo e pensador; um sábio negro e preto, enfim. E como escritor, ao contrário dos que constroem obra reconhecida mas divorciada de suas origens ancestrais, utilizou sua gigantesca e diversificada obra escrita como instrumento na luta contra o racismo e a exclusão, figurando entre aqueles escritores — assim definidos por ele mesmo — "cujo discurso penetra nas brechas e fissuras do Sistema".

Querem mais? Então, leiam: "Um ladrão estava encurralado na Rainha Elizabeth (...) Ensanguentado, levava porrada de saradões, mulheres, velhos. De passagem, o historiador Joel Rufino, 74 anos, exibiu a carteira de diretor de comunicação do TJ e impediu o massacre. Um policial civil armado assistiu sem se meter."

Essa nota foi publicada no jornal *O Globo*, na Coluna do Ancelmo, em agosto de 2005. Joel Rufino dos Santos faleceu no Rio de Janeiro, dez anos depois.

HÉLIO DE LA PEÑA

IRONIA FUSTIGANTE

Na Roma antiga, a expressão *ridendo castigat mores* servia para mostrar que o riso é um bom antídoto contra os maus costumes. E a tradição africana dos povos mandingas, da atual República do Mali, andou pelo mesmo caminho. Assim, em 1916, o antropólogo Maurice Delafosse assinalava a existência, entre eles, de uma forma de teatro surpreendente. Encenadas em praças de aldeias, constava de peças em que o ladrão era sempre castigado, o poltrão desmascarado; e o adultério tratado em forma de comédia, com o traído ridicularizado e a mulher sempre voltando para o lar. Por fim, concluiu o cientista que o teatro, apesar de ser, na África, uma das expressões culturais mais perseguidas ao longo dos tempos coloniais, conseguiu sobreviver a toda a destruição produzida pelo escravismo e pelo colonialismo. Entre nós também...

Hélio Antonio do Couto Filho, o popular Hélio de La Peña — porque nascido e criado na Vila da Penha, na zona suburbana da Leopoldina carioca —, é um reluzente humorista brasileiro. De cor "castanho-carregada", como diziam os colonialistas lusitanos em Moçambique, veio ao mundo em 1959. Teve infância e juventude brincando na rua, jogando pelada, viajando de trem, indo à festa junina, brincando Carnaval, namorando, como todo rapaz suburbano da Zona Norte Carioca. E estudando também; e até se formando em Engenharia (assim mesmo, com "E" maiúsculo), o que já começa a ser um diferencial no seu ambiente e em sua época. Mas o fato é que, apesar de ser um profissional das "exatas", o "De La Peña" acabou se tornando, na verdade, "um cara multimídia", como já disse alhures, pois fez de tudo ou quase tudo na área da comunicação: jornal, revista, livro, roteiro, programa de humor, novela, filme, internet e *stand-up*.

Em 1978 foi fundador da revista de humor *A Casseta Popular* — "Casseta", em vez de "Gazeta" — ao lado de Marcelo Madureira e Beto Silva, seus colegas no curso de engenharia de produção da UFRJ. Era um jornalzinho de faculdade, criado para zoar o pessoal do movimento estudantil, do qual eles também faziam parte. O centro acadêmico da faculdade já tinha um jornal, mas era muito sisudo, muito sério. E o trio, Beto, Marcelo e Hélio, fez uma caricatura daquilo. "Então o jornal começou com uma reivindicação que era a mais legítima dos estudantes de engenharia da UFRJ naquela época: que era a ausência de mulheres no curso", contou De La Peña em uma entrevista.

Em 1984, o trio encenou o show *Casseta in Concert*. E nesse mesmo ano Reinaldo Figueiredo, Hubert Aranha e Cláudio Paiva, ex-redatores do legendário tabloide *Pasquim*, lançaram *O Planeta Diário*, vendido em bancas, que, muito bem-sucedido, chegou a 100 mil exemplares por edição. Hélio e seus companheiros da *Casseta Popular* foram colaboradores desde o início. Até que, em 1987, a turma foi convidada por Cláudio Paiva, cartunista e roteirista, para integrar a equipe do programa *TV Pirata*, que estava para estrear na TV Globo.

Com o grupo Casseta & Planeta — que contou com a presença destacada de Cláudio Besserman Viana, o "Bussunda", falecido em 2006 às vésperas de completar 44 anos —, Hélio de La Peña participou, como corroteirista e ator, dos filmes *A Taça do Mundo é nossa* (2003), com direção de Lula Buarque de Hollanda, e *Seus problemas acabaram* (2006), com direção de José Lavigne.

O humorista também publicou livros — aliás, nem todos especificamente de humor. Em sua bibliografia constam, por exemplo, *O livro do papai*, de 2003, adaptado para TV e veiculado no canal GNT, em 2007, como *Paidecendo no paraíso*; *Vai na bola, Glanderson!*, de 2006; *Meu pequeno botafoguense*, de 2010; e *Poliana Okimoto*, com Daniel Takata Gomes, em 2017.

Vale dizer que Hélio de La Peña entende a fase vivida pelo Brasil, no momento deste texto (2019), como mais um ciclo. "Em 1988, a gente fazia um show que era 'invadido' por um negro, um gay e um índio para reclamar que o espetáculo não era representativo e não dava voz às minorias", disse ele em entrevista ao jornalista Edson Aran. "Eu fazia o negro, claro. O Bussunda era o índio e o Madureira era o gay. E, no final, a gente fazia releitura de marchinhas de Carnaval para cada um deles. O negro cantava 'Afro-brasileira do cabelo duro, qual é o pente que te penteia, qual é o pente que te penteia…'. O gay cantava 'Olha a cabeleira do Zezé, se for uma opção dele ninguém tem nada a ver com isso'. E o índio cantava 'êêêêê, índio quer demarcação de terras, se não der, ele vai se organizar e lutar pelos seus direitos'. Eu morro de medo da estupidez coletiva. Estupidez coletiva que nos levou agora, os razoáveis, a escolher entre um ou outro estúpido."

Hélio de La Peña reluz na constelação dos grandes humoristas brasileiros.

RUTH DE SOUZA

PROTAGONISMO E DIGNIDADE

Foi em Copacabana, na "Sessão das Moças", num fim de semana, que ela despertou do sonho nascido lá na roça. Juntou talento, fé e força de vontade para enfrentar a vida de verdade e buscar o caminho de ser feliz. A moça era persistente e queria mesmo ser atriz. Mas... "Negros não podem ser atores, nem patrões, nem doutores..." — era o que todo mundo dizia. No entanto, sua mãe tinha a chave do encanto. E lhe ensinou, um dia, a vencer o grande tormento: "Minha filha, você pode ser o que quiser, com dignidade, postura e comportamento. Seja sempre uma grande mulher!" — era o que ela repetia para si mesma, a cada momento.

Cahê Rodrigues e Cláudio Vieira

Ruth Pinto de Souza nasceu em 12 de maio de 1921 no subúrbio do Engenho de Dentro, Rio de Janeiro. Entretanto, muito cedo mudou-

-se da antiga capital da República. Até os 9 anos de idade, viveu com a família na chácara de seu pai, no vilarejo de Porto Marinho, interior de Minas Gerais, quase na fronteira com o Rio de Janeiro. Naquele trecho, os dois estados são separados pelas águas do rio Paraíba do Sul, em cujas margens a memória de Ruth, pouco antes de seu falecimento em julho de 2019, ainda pescava a imagem de sua mãe, lavadeira, conversando com as amigas, enquanto o pai e lavradores vizinhos passavam o dia na roça, plantando os alimentos que supriam a comunidade.

Foi na pré-adolescência que Ruth perdeu o pai. Como o cemitério ficava no lado oposto do rio, aconteceu o inesperado: os lavradores de Porto Marinho organizaram um cortejo de canoas para acompanhar o amigo em sua última travessia. Apesar de toda a dor, ficaram também boas lembranças, como a beleza das canoas enfeitadas com flores e o inconfundível aroma de jenipapo espalhado pelo ar. Ruth não sabia se chorava ou se arquitetava um jeito de voltar ao local na manhã seguinte, para recolher os frutos, madurinhos.

Com a perda do pai, Ruth, a mãe e os irmãos voltaram a morar no Rio, em Copacabana, numa vila de lavadeiras. Impressionada com a luminosidade do bairro, bem diferente da escuridão que abraçava as noites do interior, a menina escolheu, como uma de suas brincadeiras prediletas, caçar vaga-lumes e enfileirá-los, montando no banco de cimento da vila operária uma "miniatura da avenida Atlântica".

Já adolescente, tinha uma única diversão: frequentar a "Sessão das moças", no cinema próximo à sua casa, todas as quintas-feiras, às duas horas da tarde — quando o ingresso era mais barato. E era tudo o que conseguia fazer com a mesada que recebia de sua mãe. Mas foi no lançamento de *Tarzan, o filho das selvas* que uma certeza se instalou no seu coração: a de ser atriz. Prometia às amigas que, um dia, seria ela quem estaria brilhando nas telas. Mais tarde, pelas mãos da própria mãe, dona Alaíde, conheceu o teatro e, incentivada por ela, passou a assistir a récitas no Theatro Municipal.

O palco a fascinava. E, um dia, lendo um anúncio de canto de página da *Revista Rio*, tomou conhecimento da formação do grupo de jovens atores liderados por Abdias Nascimento no Teatro Experimental do Negro (TEN). Juntou-se ao grupo, ainda em organização, e não demorou muito para aprender de tudo um pouco: representou, dirigiu, criou figurinos, cenários e ainda ajudou na bilheteria.

Idealista e sonhadora, no esplendor de seus 17 anos, Ruth e os companheiros do TEN foram até o prefeito Henrique Dodsworth, do então Distrito Federal, para fazer um comovente pedido: o de reservar uma data na agenda do Theatro Municipal para que os artistas do TEN estreassem a peça *O imperador Jones*, de Eugene O'Neill. E conseguiram! No dia 8 de maio de 1945, pela primeira vez, atores negros pisavam no palco do aristocrático Municipal. Assim, Ruth tornou-se a primeira atriz negra a conseguir este feito — o primeiro de muitos outros, aliás.

O diplomata e escritor Paschoal Carlos Magno, presidente da Casa do Estudante do Brasil, ficou impressionado com o talento e a atitude da jovem. E, graças à sua intermediação, Ruth ganhou uma bolsa de estudos patrocinada pela Fundação Rockefeller para estudar arte dramática nas melhores escolas dos Estados Unidos. Passou um ano entre a Universidade de Harvard, em Washington, a Academia Nacional do Teatro Americano, em Nova York, e a Karamu House, em Cleveland, onde aperfeiçoou seus conhecimentos, inclusive de som, iluminação, vestuário, dança e música. Assim, o talento da atriz, que já era excepcional, ganhou contornos mais técnicos e profissionais.

Em 1948, Ruth foi disputada pelos principais estúdios cinematográficos da época e participou de diversas produções nos estúdios Atlântida, Maristela Filmes e Vera Cruz, sendo neste contratada com exclusividade. Daí, atuou em *Ângela* (1951), *Terra é sempre terra* (1952) e *Sinhá moça* (1953), todos dirigidos por Tom Payne; e *Candinho* (1954), de Abílio Pereira de Almeida, estrelado por Mazzaropi.

Celebrada como a Grande Dama do Teatro Negro do Brasil, Ruth de Souza colecionou elogios, prêmios e uma série de "primeiros lugares". Depois de ter sido a primeira negra a pisar, como atriz, no palco do Municipal, por sua atuação no filme *Sinhá moça* tornou-se a primeira brasileira a receber indicação para um prêmio cinematográfico internacional, no caso, o Leão de Ouro em Veneza. Mais tarde destacou-se também como a primeira negra a protagonizar uma telenovela e a primeira artista negra a ser capa da prestigiosa revista *Manchete*.

A trajetória foi marcada também por alguns percalços. Em 1969, na montagem da polêmica telenovela *A cabana do Pai Tomás* — na qual o personagem-título era interpretado pelo famoso ator Sérgio Cardoso, com maquiagem *blackface*, Ruth representava Chloe, a mulher dele. Entretanto, mesmo com um vasto tempo de exposição em cena, seu nome não encabeçava os créditos na abertura. A escolha de Cardoso para o papel motivou uma campanha em jornais, liderada pelo dramaturgo Plínio Marcos. Nesse clima, enquanto a controvérsia aumentava a audiência do programa, Ruth via seu papel ser reduzido, perdendo falas... Talvez pelo fato de a personagem que representava ser uma negra altiva, que não se curvava à opressão. Quem sabe?

O certo é que o reconhecimento conquistado por Ruth deveu-se também à firmeza em recusar papéis inconsistentes ou que se distanciassem completamente da realidade. E a consagração final dessa vida marcada pela luta contra o preconceito veio em março de 2019, quando, aos 97 anos, mesmo com chuva, no sábado de Carnaval, a Grande Dama adentrou a avenida Marques de Sapucaí, palco maior do Carnaval carioca, à frente da escola de samba Acadêmicos de Santa Cruz, que a homenageou com o enredo "Ruth de Souza — Senhora Liberdade, abre as asas sobre nós".

Poucos meses depois, a Grande Dama fazia sua última viagem. Sob os aplausos de seus milhões de admiradores.

MILTON GONÇALVES

HONRANDO SEU PAPEL

A presença negra nas arenas e nos palcos brasileiros remonta aos tempos coloniais. E se conta a partir de performances de rua, desempenhadas por artistas solitários como o liberto Vitoriano, no século XVIII, ou por elencos de autos populares como os cucumbis, as congadas etc. No século seguinte, brilhavam, entre outros, Xisto Bahia, ator, cantor e compositor; Francisco Vasques; Eduardo das Neves, no circo e também como um dos pioneiros do cinema nacional; e Benjamin de Oliveira, filho de escravos que, além de "rei dos palhaços brasileiros", foi o introdutor de dramas teatrais nos espetáculos circenses, encenando e personificando, inclusive, o *Otelo* de Shakespeare. Essa história prossegue na atualidade.

Milton Gonçalves nasceu no município mineiro Monte Santo de Minas, em 9 de dezembro de 1933. Cresceu na capital paulista, onde o pai, pedreiro, decidiu morar com a mulher e os três filhos, em busca de melhores oportunidades de emprego. Antes de ser ator, Milton foi aprendiz de sapateiro e de alfaiate, trabalhou em livraria e em gráfica. Por esse tempo, um dia, depois de assistir a uma encenação da peça *A mão do macaco*, saiu maravilhado. Decidido a vivenciar aquele mundo encantado, logo ingressou em um grupo amador de teatro infantil, do qual alçou voo em direção ao profissionalismo. O primeiro papel foi como um preto velho na peça *Ratos e homens*. O diretor era Augusto Boal e o grupo, o Teatro de Arena de São Paulo, onde o ator encontrou Gianfrancesco Guarnieri, Flavio Migliaccio, Oduvaldo Viana e outros. Sua formação artística vem dessa companhia, que contratava professores de interpretação, música, filosofia e história para preparar o grupo.

Com o Arena, Milton Gonçalves trabalhou em algumas das peças mais emblemáticas da época, como *Eles não usam black-tie*, *Chapetuba Futebol Clube* e *Arena conta Zumbi*. O grupo fez montagens no Rio de Janeiro, onde a TV Globo começava a erguer seus estúdios para produzir telenovelas. Um dos primeiros contratados da nova emissora, adaptou-se ao veículo com um estilo naturalista de interpretação. Os trabalhos para teatro e cinema se tornaram mais esporádicos à medida que aumentava sua participação na televisão, atuando em mais de cinquenta novelas, séries e programas especiais. Sem formação acadêmica em artes cênicas, credita sua longevidade na profissão ao próprio empenho no aprendizado da estrutura de interpretação, direção, fotografia e iluminação com atores, diretores e técnicos. Como diretor, atuou nas primeiras versões de *Irmãos Coragem* (1970), *Selva de pedra* (1972), *A grande família* (1972), *Escrava Isaura* (1976) e *Carga pesada* (1979). Embora jamais pretendesse ser um comediante, preferindo papéis dramáticos, também atuou em programas humorísticos, entre eles *Balança mas não cai*, *Chico Anysio Show* e *Zorra total*, além do infantil *Vila Sésamo*. Depois de diversas premiações por trabalhos em televisão e cinema, Milton foi indicado, em 2006, ao prêmio de Melhor Ator no Emmy Internacional, por seu papel na segunda versão de *Sinhá moça*.

O mais conhecido ator negro do Brasil, e mais antigo funcionário em atividade na TV Globo, Milton Gonçalves sempre teve postura firme mas pouco ortodoxa quanto à militância pela igualdade racial, pelo que muitas vezes é alvo de polêmicas. Porém, protestou publicamente quando o ator Sérgio Cardoso, de rosto e corpo escurecidos por maquiagem, interpretou o protagonista da novela *A cabana do Pai Tomás*, em 1969. Quase perdeu o emprego, mas suas boas atuações o credenciaram para continuar na casa.

A militância, para o veteraníssimo ator, é consequência de ser parte da maioria da população que, no entanto, não se vê representada nas artes, sequer nas telenovelas. Gosta de interpretar personagens multifacetados, que espelhem a diversidade da vida. Em 1974, fez um traficante homossexual no filme *A rainha Diaba*. Na mesma época, procurou a escritora Janete Clair, pedindo que desse para ele um personagem "que falasse um bom português e não fosse nem sinhozinho, nem preto velho". Janete criou o psiquiatra Percival, papel de relevância na novela *Pecado capital* (1975). Em 1981, era um dos operários grevistas na versão cinematográfica de *Eles não usam black-tie*. A maior repercussão com um papel controverso veio em 2008, quando interpretou um político na novela *A favorita*.

Já o envolvimento com a política partidária começou no teatro, na campanha das Diretas Já, quando apresentava comícios ao lado do radialista Osmar Santos. Filiou-se ao PMDB, foi candidato a deputado nos anos 1980 e a governador do Rio de Janeiro em 1994. Conseguiu conciliar a carreira de ator com atividades como membro do Conselho de Cultura do Estado do Rio, do Conselho de Artes do Paço Imperial, do Conselho Cultural da Fundação Palmares e como superintendente regional da Radiobrás. Embora reticente quanto às cotas para afrodescendentes nas universidades, em 2003 liderou a comissão de artistas que pedia incentivo ao aumento da participação de negros no mercado audiovisual.

Milton Gonçalves destacou-se também, em 2006, como o primeiro brasileiro a apresentar uma categoria na cerimônia de premiação do Emmy Internacional. E entre suas inúmeras premiações, no teatro, na televisão e no cinema, estão os quatro principais prêmios brasileiros como Melhor Ator, pela atuação no filme *Rainha diaba* (troféus Candango, Air France, Governador do Estado e Coruja de Ouro), em 1974. Constam mais as seguintes: Festival de Gramado — Melhor Ator Coadjuvante pelo filme *Barra pesada* (1978); Prêmio Estácio de Sá, pelos serviços prestados ao teatro carioca (1981); Prêmio de Melhor Ator do Festival de Natal, pelo filme *Natal da Portela* (1990); Festival de Gramado — Troféu Oscarito (2003); Festival de Gramado — Melhor Ator pelo filme *As filhas do vento* (2005). Pelo conjunto de seus trabalhos, Milton recebeu: Prêmio TECO de Teatro (2006); Troféu Raça Negra (revista *Raça Brasil*, 2008); Festival de Teatro do Rio (2009); Prêmio Camélia da Liberdade (2010); Troféu Top of Business (2013); Prêmio Cesgranrio de Teatro (2014); Festival de Cinema CineOP (2015); e Troféu Mário Lago (2018).

Premiações merecidíssimas.

RUTH GUIMARÃES

ÍCONE ENTRE AS PRIMEIRAS

Na opinião de alguns teóricos, para a literatura produzida na atualidade por escritores negros no Brasil ser de fato considerada uma literatura específica, diferenciada, seria necessário propor uma nova estética. Esta teria que conseguir romper os limites "ocidentalizantes", qualificados como essenciais pelos teóricos da área. Em contrapartida, existem estudiosos que acreditam que tal rompimento começaria na denúncia e no enfrentamento do racismo e dos fatores que desprezam, ocultam ou negam essa literatura. Outros, como Joel Rufino dos Santos diz na orelha de *A lei do Santo*, entendem que a estratégia negra mais eficaz é "penetrar nas fissuras, nas brechas".

Ruth Botelho Guimarães nasceu na cidade de Cachoeira Paulista, na região do Vale do Paraíba, São Paulo, em 13 de junho de 1920.

Ainda criança, foi morar em uma fazenda no sul de Minas Gerais, mas continuou frequentando uma escola de sua cidade natal. Gostava de escrever poesias e, já aos 10 anos de idade, teve alguns de seus versos publicados nos jornais cachoeirenses *A Região* e *A Notícia*, e em outros periódicos do Vale do Paraíba. Aos 18, após perder a mãe, mudou-se para a capital paulista.

Uma vez lá, passou a colaborar com as imprensas paulistana e carioca, logo se tornando jornalista. A maioria do material produzido por Ruth tratava de literatura, seja escrevendo resenhas para a *Revista do Globo*, de Porto Alegre — para a qual escreveu por muitos anos e onde publicou seus primeiros textos autorais e traduções —, seja com crônicas e críticas literárias para *O Valeparaibano*, o *Correio Paulistano*, *A Gazeta*, o *Diário de S.Paulo*, a *Folha de Manhã* e a *Folha de S.Paulo*.

Em 1946, publicou *Água funda*, romance que se destacou entre os intelectuais da época e a colocou como uma das primeiras escritoras negras do país a ter voz e espaço na literatura brasileira. Para Antonio Candido, que prefaciou a segunda edição do livro, Ruth "tem a capacidade de representar a vida por meio da ilusão literária, graças à insinuante voz narrativa que inventou". Em 1950, ano de seu segundo livro, *Os filhos do medo*, formou-se em letras clássicas na USP.

O grande mestre de Ruth foi Mário de Andrade. A partir dele e de sua obra, ela se debruçou a estudar a cultura popular brasileira, principalmente o folclore. Com Mário, Ruth passou a participar do Grupo da Baruel, um círculo literário que reunia os principais escritores paulistas para encontros e rodas de discussão e estudo.

Em 2007, no evento Negras Palavras, Encontro de Gerações, organizado pelo Museu Afro Brasil, Ruth fez um discurso sobre sua produção literária e a questão do negro no país, dois aspectos que estão absolutamente ligados:

> Minha formação é totalmente anônima, mergulhada na literatura brasileira, uma literatura sem escolha. Aliás, todos nós brasileiros estudamos literatura de uma maneira desorganizada; a gente lê o

que quer, o que gosta, os professores dão um texto aqui, outro ali, nada sistematizado, com um sentido e programação. Quando nós chegamos ao fim, se é que a gente pode dizer ao fim, temos uma espécie de formação mista; assim como somos um povo mestiço, todo cheio de misturas de todo jeito, a nossa literatura também é toda feita de pedaços de textos, de arrumações aqui e ali. Não há nada que nos torne inteiriços, inteiros. Minha literatura é isso também. Eu conto a história da roça, de gente da roça, do caipira. Eu também sou caipira, modéstia à parte. Eu não me importei muito se havia uma tendência, ou se havia uma inclinação para contar a história do preto; como eu também sou misturada, o meu livro é misturado. Como eu sou brasileira, nesse sentido de brasileiro todo um pouco para lá, um pouco para cá, o meu livro também é assim, um pouco para lá, um pouco para cá.

E mais disse a admirada Ruth Guimarães:

Nós precisamos saber da raiz negra de onde viemos. A história negra está por fazer, a literatura negra está por fazer, a poesia está por fazer. Eu, depois de velha, resolvi pesquisar e, para isso, estou contando e escrevendo histórias, tentando fazer um fabulário brasileiro, não só com pesquisa entre negros, mas entre o povo, todo o nosso povo, e, ocasionalmente, quando se faz o estudo aí a gente separa: isso daqui para lá é dos pretos, isto de lá para cá é de todo mundo.

Entre as muitas publicações de Ruth Guimarães, destacam-se, além de *Água funda*, *Calidoscópio: a saga de Pedro Malazarte*, *Lendas e fábulas do Brasil*, *Contos de cidadezinha* e o ensaio *Os filhos do medo*. Traduziu Balzac, Dostoiévski, entre outros grandes nomes, e escreveu um dicionário de mitologia grega.

Em vista de sua carreira literária e acadêmica, Ruth foi eleita, em 2008, para ocupar a cadeira n.º 22 da Academia Paulista de Letras, sendo empossada em 28 de setembro daquele ano. Em 2009, tornou-se madrinha da então recém-criada Academia de Letras da cidade de Lorena. Nesse mesmo ano, quase nonagenária, Ruth Guimarães assumiu a pasta da Cultura em Cachoeira Paulista, convidada pelo prefeito de sua cidade natal.

Em 21 de maio de 2014, com a saúde fragilizada, esse grande ícone da cultura brasileira transpôs a porteira da "fazenda Eternidade", aos 93 anos.

PAULO CÉZAR CAJU

NA PONTA DA REBELDIA

Segundo Marcelo Duarte em *Guia dos craques,* Paulo Cézar Caju tinha "técnica excelente, ótimo nível de habilidade, inteligência na armação das jogadas e chute forte com a perna direita". Mas sua irreverência e seu "jeito debochado" teriam impedido que ele "se transformasse num gênio do futebol". Será que é isso mesmo? Afinal, o futebol, apesar de toda a sua popularidade, tem, no Brasil, uma longa história de discriminação em relação aos atletas negros... Desde sua chegada ao país em 1894.

Paulo Cézar Lima, o "Paulo Cézar Caju", nasceu no Rio de Janeiro em 16 de junho de 1949 e brilhou no futebol atuando como meia e ponta-esquerda.

Órfão de pai, o menino passou parte de sua infância internado em um colégio de Conservatória, no interior do Rio de Janeiro, de onde saiu para morar na favela mencionada em algumas fontes como "Cocheira", talvez por ter sediado um abrigo de carroças ou cavalos. O local era o Morro de São João, atrás do Cemitério de São João Batista, ao qual se chega pela Ladeira dos Tabajaras, que começa em Copacabana e termina em Botafogo, na Zona Sul carioca.

No livro *Valeu, passista!: samba de Botafogo — registro e memória*, de Ivy Zelaya, é mencionada uma irmã do craque, Célia, na década de 1950, como integrante da turma que, batendo panelas e frigideiras, brincava o Carnaval no Bonde 12 (Ipanema, via Túnel Velho), uma das linhas que integravam a rede de transportes públicos do bairro. No mesmo livro, nosso perfilado é citado como participante, nos anos de 1960, do Bloco da Chuva, juntamente com outros craques, famosos moradores de Botafogo, como Jairzinho e Afonsinho.

Como quase todo menino de comunidade carente, logo enxergou o futebol como caminho para uma vida melhor. Então, fugia de casa para jogar "pelada" na rua, voltando para o barraco com o dedão do pé esfolado, para desespero de sua mãe, que achava que futebol era "coisa de vagabundo". Mas a pelada foi o caminho para o futebol de salão do Flamengo, onde Paulo Cézar conheceu Fred — filho de Marinho Rodrigues, zagueiro campeão carioca pelo Botafogo em 1948, e pelo Flamengo em 1953 e 1954 — que acabou convencendo o pai a adotá-lo.

Por essa época, Marinho era treinador e viu no novo membro da família um craque em potencial. Assim, o levou juntamente com Fred para jogar em Honduras e depois na Colômbia, onde os dois foram titulares do time principal do Atlético Juniors, de Barranquilla.

De volta para o Rio, Paulo Cézar, com 17 anos, estreou no Botafogo. O ano da estreia no alvinegro da rua General Severiano foi auspicioso. O craque conquistou seu primeiro título, e com uma participação decisiva: no jogo final da Taça Guanabara, contra o América Futebol Clube, em 1967, que os botafoguenses venceram de virada, por 3 a 2, com três gols marcados por Paulo Cézar.

Já consagrado como um craque, o "Nariz de Ferro" — como foi apelidado —, com seu futebol insinuante, provocador e acima de tudo inteligente, foi também campeão carioca e conquistou a Taça Brasil em 1968.

O ano de 1968, com o movimento pelos direitos civis da população negra nos Estados Unidos, irradiou para as Américas e outras partes do mundo a consciência da necessidade de se afirmar o orgulho de ser negro e a negação da inferioridade das culturas de origem africana. Era a ideologia Black Power (Poder Negro), expressa publicamente por meio de comportamentos e atitudes desafiadores. Nesse ano, no México, por exemplo, os atletas afro-americanos Tommie Smith e John Carlos, conquistando medalhas de ouro e bronze, protagonizaram uma cena inédita nos Jogos Olímpicos: no pódio, após os acordes do hino americano, os dois ergueram os punhos esquerdos calçados com luvas pretas, remetendo à expressão Black Power. Outras manifestações vieram, mas o gesto de Carlos e Smith, que lhes trouxe severa punição, foi o que efetivamente entrou para a história, como afirmação da excelência da Diáspora Africana no esporte mundial.

Segundo algumas fontes, foi nesse contexto que o craque Paulo Cézar Lima adotou o estilo de cabelo black power e tingiu os pelos de acaju, a cor castanho-avermelhada da madeira de mesmo nome, também conhecida como "mogno".

Nascia aí o Paulo Cézar Caju, campeão mundial de futebol em 1970 mas como reserva de Rivelino. Segundo consta, o técnico Zagallo tentou encaixá-lo no time, mas logo percebeu que, com o esquema que pretendia usar, ele e Rivelino não poderiam jogar juntos. Mesmo assim, tornou-se um nome referencial.

De 1975 a 1977, Caju atuou no Olympique de Marselha. Nessa mesma época, foi também garoto-propaganda da Puma, a grife alemã de artigos esportivos, de uma marca de café da Costa do Marfim, da água mineral Perrier e das criações do costureiro francês Michel Axel.

No auge da carreira, fora dos gramados, Paulo Cézar teve sérios problemas pessoais, inclusive junto à opinião pública, por namorar mulheres louras, bonitas e famosas — como a filha de um famoso cirurgião que morava em Milão e passava férias no Rio, no aristocrático Parque Guinle, no bairro carioca de Laranjeiras. Muita gente se sentia incomodada por ele frequentar festas da alta sociedade, ir ao teatro em noites de gala e gastar em restaurantes famosos e boates da moda. Mas ele falava um francês fluente, "defendia-se" bem em inglês e se expressava num espanhol acima da média. Diferentemente da maioria dos jogadores do seu tempo, nas folgas entre os treinos fora do Brasil, sempre procurava aumentar seus conhecimentos, indo a museus, teatros e exposições de arte. Na Copa do Mundo de 1978, era titular absoluto e estava física e tecnicamente numa ótima fase. Mas como manifestava seu desagrado em relação às atitudes de alguns dirigentes da antiga Confederação Brasileira de Desportos (CBD) e lutava de modo ostensivo por seus direitos, foi "esvaziado".

Entre 1978 e 1979, jogou no Grêmio, de onde saiu para o Vasco da Gama e, deste, para o Corinthians. Ao voltar para o tricolor gaúcho, foi campeão da Copa Intercontinental em 1983.

Um documentário de 1997 trata um pouco da história de Paulo Cézar. Embora as filmagens tenham se concentrado em acompanhar dez dias de seu cotidiano como ex-jogador, o filme mostrou algumas referências sobre sua bem-sucedida e polêmica carreira, além de belas jogadas preservadas em arquivos diversos terem sido exibidas.

A partir de 2008, Paulo Cézar pôs sua irreverência e sua verve a serviço da imprensa desportiva, passando a escrever para o jornal *O Globo*. Em 3 de julho de 2019, durante a disputa da Copa América, escreveu: "O Brasil é o único país do mundo que ainda consegue descobrir jogadores de qualidade regularmente. O problema é que eles sofrem uma lavagem cerebral, são moldados em fábricas de gesso, ganham um passaporte europeu e viram robôs."

Dez dias depois, com a seleção já campeã, Caju arrematava: "Vocês acreditam que a CBF me convidou para assistir à final da Copa América, mas eu teria que arcar com a passagem aérea? Moro em Florianópolis, e a maioria os campeões de 1970 também mora fora do Rio. A ideia era reunir esse grupo. A CBF ganha milhões e não consegue comprar passagem para os convidados? Pede para fechar!!!"

ZÓZIMO BULBUL

ALMA NO OLHO

De início, ele, alto, forte, espadaúdo, feições harmoniosas — vivendo na Zona Sul dos anos dourados e do cinema novo —, foi visto como "um dos negros mais bonitos do Brasil". Mas a festa acabou e viu-se mais fundo. Descobriram então o artista de olhos também acurados, sensível às dores gerais e ciente de seu papel na sociedade que se transformava, nem sempre para melhor. Nascia aí o cineasta investigativo, militante, engajado. Sem deixar de ser artista. E sem perder a ternura.

Zózimo Bulbul foi o nome artístico adotado por Jorge da Silva, cineasta carioca nascido em 1937. Um dos maiores expoentes da cinematografia afro-brasileira, Zózimo fez da história do povo negro no Brasil o seu caminho nas artes audiovisuais nas décadas de 1960 e 1970.

O ator, diretor e roteirista começou sua carreira em meados da década de 1960, e sua formação se deu no ambiente do Centro Popular de Cultura (CPC) da União Nacional dos Estudantes, a célebre UNE. Todos os seus filmes são importantes para a preservação e a memória da cultura afro-brasileira e, em especial, foram criados para denunciar as diferenças, a solidão, a discriminação e a desigualdade que o povo negro ainda vive no país.

Seu primeiro trabalho como ator foi no filme *Cinco vezes favela*, de 1962, sob a direção de Leon Hirszman e ao lado de Abdias Nascimento, importante figura da militância negra brasileira e forte influência artística e política de Zózimo.

Em 1963, Zózimo atuou em *Ganga zumba*, de Cacá Diegues; em 1967, estava no *Terra em transe*, de Glauber Rocha; e, em seguida, em *A Compadecida*, de George Jonas. Ao longo de sua vida, atuou em mais de trinta filmes brasileiros, além de ter sido o primeiro protagonista negro de uma novela (*Vidas em conflito*, de 1969, na TV Excelsior, em que Zózimo deveria formar par romântico com Leila Diniz, uma atriz branca, mas a trama teve de ser mudada devido à discordância do público — nem sequer chegaram a se beijar).

Insatisfeito com a condição reservada aos negros nas telas, Zózimo decidiu escrever e dirigir seus próprios filmes. Assim, em 1974 dirigiu *Alma no olho*, curta-metragem em preto e branco que trata, através de uma metáfora, sobre a escravidão. O título foi inspirado no livro *Alma no exílio*, de Eldridge Cleaver (líder dos Panteras Negras), publicado nos Estados Unidos em 1968 e no Brasil em 1971, tornando-se leitura obrigatória entre os intelectuais negros brasileiros.

Em 1981, ele dirigiu seu segundo curta, *Aniceto do império*, e continuou trabalhando como ator. Foi em 1988 que Bulbul lançou seu primeiro longa-metragem, *Abolição*, uma reflexão crítica sobre o centenário da abolição da escravatura, registrando para a posteridade as imagens e o pensamento dos mais importantes personagens do movimento negro brasileiro na segunda metade dos anos 1980.

Com o tempo, outros curtas vieram somar-se à filmografia de Zózimo Bulbul: *Samba no trem* (2000), *Pequena África* (2002), *República Tiradentes* (2005), entre outros.

Outro grande feito de Zózimo foi a fundação, em 2007, do Centro Afro Carioca de Cinema, um trabalho de conscientização, memória e incentivo a novos caminhos, de aumento de autoestima e da compreensão do mundo através da arte cinematográfica, com oficinas, debates, seminários, mostra de filmes nacionais e internacionais, lançamentos de livros etc. Três anos depois, Zózimo fez, a convite do presidente da Republica do Senegal, o filme *Renascimento africano*, que trata das comemorações dos cinquenta anos de independência do país africano.

Em 2013, em meio a essas realizações, Zózimo Bulbul faleceu. Sua obra, entretanto, permanece intacta, pois o principal legado desse admirável homem de cinema e ativista sempre foi a valorização da cultura negra no Brasil.

SONIA GOMES

IDENTIDADE NEGRA EM CRIAÇÕES E INSTALAÇÕES

> *Como expressão profunda de um sentimento, de uma concepção de mundo, de uma cultura perpassada de humanismo, a criação do artista negro sempre estabelece uma conjunção entre o estético e o espiritual, entre o equilíbrio e o ritmo. Sua beleza sempre se assenta em uma base de emoção e religiosidade.*
>
> A partir de Alioune Sène e Leopold Senghor, *Kitábu,*
> *o livro do saber e do espírito negro-africanos*

Sonia Gomes, um dos maiores expoentes das artes visuais no Brasil, costuma dizer que encontrou sua vida com a autodescoberta de sua vocação artística. "Antes eu sobrevivia", afirma. Nascida em 1948 em Caetanópolis, uma cidade de pouco mais de 10 mil habitantes no interior de Minas Gerais, tornou-se conhecida pela criação de instalações em que utiliza principalmente tecido e roupas usadas. Foi em 2004, aos 56 anos, que sua trajetória finalmente pareceu fazer sentido: *Objetos*, sua primeira grande exposição, entrou em cartaz em Belo Horizonte.

Sua cidade natal foi pioneira no setor têxtil em Minas Gerais. Em 1872, quando ainda era o "povoado do cedro", foi inaugurada em Caetanópolis a Fábrica do Cedro, que empregava centenas de pessoas — na maioria mulheres. Sonia, filha de uma mulher negra pobre e um homem branco de classe média, muito cedo perdeu a mãe, sendo criada pela avó até por volta dos 5 anos, quando foi entregue à família do pai.

A avó materna era benzedeira e parteira e lhe apresentava o mundo da cultura popular. E uma lembrança dessa avó ressurge na série dos "Patuás", que remete às religiões afro-brasileiras. Na casa da "família branca", Sonia conheceu bordados mais requintados, como os da Ilha da Madeira e os do estilo *Richelieu*.

Como precisava sobreviver, ainda menina tornou-se professora de primeiras letras. Aos 15 anos, uma tia, diretora do grupo escolar, já a colocava para substituir professores que faltavam. Mais tarde, Sonia foi cursar direito na Faculdade de Sete Lagoas, cidade a cerca de setenta quilômetros de Belo Horizonte, e se formou.

Por essa época, a costura era apenas uma maneira de se posicionar no mundo. "Quando era jovem tentei [fazer minhas roupas], porque não gostava de nada do que estava pronto nas vitrines", contou ela à *Folha de S.Paulo*. "Na adolescência, talvez por rebeldia mesmo, sempre procurei ser diferente. Talvez já fosse o apelo da arte, de não querer nada muito massificado. Eu não fazia minhas roupas, mas desconstruía. Minha primeira expressão foi através do vestir, mesmo." Percebeu que fazia algo diferente, mas nessa época ainda não sabia que aquilo podia ser arte. Quem sabe alguém mais se interessava? "Um dia levei bolsas a uma loja de artesanato e não quiseram [...] Queria viver, sobreviver do que eu fazia, e não sabia o que era."

Morava em Belo Horizonte, em um apartamento de 35 metros quadrados, quando um primo, que vivia na Califórnia, a chamou para passar um tempo fora do Brasil. Em entrevista para a pesquisadora Adriana de Oliveira Silva, Sonia conta que passou os três primeiros meses de sua temporada americana chorando. Percebeu como os migrantes brasileiros tinham vidas mais confortáveis do que a dela em Minas Gerais, mesmo trabalhando em ocupações de menor prestígio. Depois do período de choque, levada pelo primo, que trabalhava numa rede de supermercados, começou a conhecer a região.

Certo dia, em um restaurante, uma mulher perguntou a Sonia quem havia feito os adereços que ela estava usando. Ao saber que havia sido ela mesma, a americana disse que os objetos pareciam "feitos por um anjo". De volta ao Brasil, Sonia firmou a decisão de que, se dessa vez seu projeto não desse certo no país, tentaria novamente no exterior.

Amigos sugeriram que ela fizesse um curso livre na Escola Guignard, que desde 1989 faz parte da Universidade do Estado de Minas Gerais. Tratava-se de um curso de desenho com a professora Mônica Sartori, no qual, entretanto, a aluna não se adaptou à técnica ensinada. Então, a professora quis ver o que Sonia fazia em casa, e aí constatou o enorme potencial artístico do trabalho com tecido.

Em 1994, surgiu a oportunidade de expor a série *Pinturas* na Casa de Cultura Sete Lagoas. Mas foi dez anos mais tarde, quando expôs suas obras em tecido num antiquário de Belo Horizonte, que o trabalho da artista foi identificado e reconhecido por sua linguagem, própria e renovadora. Na mesma época, Sonia foi apresentada ao galerista Pedro Mendes, da Mendes Wood, importante galeria de arte paulistana, que em 2008 passou a representá-la.

A obra de Sonia Gomes costuma ser comparada à de Arthur Bispo do Rosário, renomado artista sergipano falecido em 1989, pelo trabalho de "ressignificação de tecidos" por ela feito, com excelente resultado artístico. Outra identificação também buscada é com as obras de Tunga, falecido em 2016, o qual, pelos resultados que conseguia ao transformar objetos em instalações, Sonia considera um dos seus padrinhos nas artes.

Os objetos de Sonia Gomes, feitos principalmente com arames e roupas usadas (compradas em brechós ou recebidas do público), mas também com troncos, têm um aspecto orgânico, como seres vivos formados pelos vestígios dos usos originais daqueles panos. Segundo o crítico e curador Alexandre Araújo Bispo, a artista "explora o tempo buscando a espessura histórica que fica nas coisas, que as afeta enquanto materiais que mantiveram relações emocionais com os corpos".

A força de suas amarrações, de seus panos e de seus patuás atraiu a atenção internacional. Em 2013, participou de uma das feiras de arte mais importantes do mundo, a Art Basel, na Suíça. Levou a impressionante *Memória* (2004), uma colagem de tecidos que parece ao mesmo tempo uma colcha de retalhos em farrapos e uma pintura, que foi reproduzida pelo jornal *Financial Times*. No mesmo ano, fez parte da mostra *A nova mão afro-brasileira*, com curadoria de Emanoel Araujo, no Museu Afro Brasil. Mas a consagração definitiva viria dois anos depois, quando foi convidada pelo curador nigeriano Okwui Enwezor para ser a única representante do Brasil na mostra especial da Bienal de Veneza.

No início de 2019, a produção recente da artista foi reunida no Museu de Arte de São Paulo (MASP), cidade onde ela hoje reside. As obras foram quase todas criadas especialmente para a mostra. "Ao utilizar materiais ligados ao universo doméstico, a artista lhes confere novos significados; eles passam a questionar e, ao mesmo tempo, reafirmar o que se atribui a uma produção feminina, mais ainda, os limites nem sempre explícitos entre arte e artesanato, sublinhando as falsas premissas que distinguem esses campos", afirmou Amanda Carneiro, que assina a curadoria. Sonia, inspirada no poema "Still I Rise", da poeta e ativista americana negra Maya Angelou, decidiu intitular a mostra como *Ainda assim me levanto*. A escolha do título partiu de um posicionamento consciente. "Lido com questões poéticas, não sou ativista, de ir para a rua", explicou ela à *Folha de S.Paulo*. "O ativismo está no próprio trabalho, que carrega muita identidade negra, porque eu sou negra."

A tradição curva-se ante a modernidade. E agradece.

GOYA LOPES

FINAS ESTAMPAS

O trabalho é tão universal que já estampou figurinos de artistas negros como Jimmy Cliff e Gilberto Gil. Brilhou nas passarelas mais exclusivas do mundo da moda, em Roma, Milão, Paris e Nova York. Projeta-se sobre visitantes do Palácio do Itamaraty, em Brasília. Pode ser encontrado nas mais conceituadas lojas de decoração e design do Brasil. E fala a língua da cultura afro-brasileira.

Maria Auxiliadora dos Santos Goya Lopes nasceu no dia 7 de maio de 1954, em Salvador, capital da Bahia. Filha de Hamilton de Jesus Lopes, engenheiro da Petrobras, e de Thereza Maria dos Santos Lopes, dona de casa, desde muito nova demonstrou habilidade acima da média para ilustração e trabalhos manuais. Aos 7 anos, Goya foi com a família para Paris, onde o pai faria um curso de especialização profissional. Na escola francesa, a professora identificou o dom da menina, que fazia desenhos muito mais elaborados que o restante da turma. Entusiasmado com a informação, Hamilton tratou logo de estimular a criatividade da filha, comprando uma coleção com centenas de reproduções de obras de arte expostas no Louvre, que a filha guarda carinhosamente até hoje.

De volta a Salvador, Goya continuou sua trajetória e seu desenvolvimento artístico e estético. Aos 11 anos, foi ter aulas particulares com a professora Marisa Gusmão, decana da Escola de Belas Artes. Entre as atividades, as mais comuns eram desenhar, por observação, elementos referenciais da cultura popular, como cerâmicas de Maragogipinho, típicas da Bahia, ex-votos deixados em igrejas por fiéis em busca de cura, além de imagens e figuras africanas. Era a década de 1950. A sociedade brasileira, por força de alguns segmentos pensantes, passava por um processo de reinterpretação do papel do povo negro, que recomeçava a luta por sua integração completa no todo nacional, com suas características, hábitos e costumes, até então negados, ignorados ou taxados de "primitivos". A experiência foi fundamental para nortear o estilo que, nos anos seguintes, se tornaria marca registrada de Goya Lopes.

Em 1972, com 18 anos, a designer foi aprovada no vestibular para Artes Plásticas na Universidade Federal da Bahia. Durante o curso, apaixonou-se pela cultura africana, suas pinturas rupestres e línguas ágrafas. Chegou a pensar em cursar arqueologia, mas acabou ingressando na faculdade de História. Em 1976, formou-se na Escola de Belas Artes e só não concluiu a segunda graduação porque, seguindo o conselho de um professor de estética, buscou uma especialização no que ele chamou de "profissão do futuro": o design.

Assim, em 1977 Goya foi em busca das maiores referências em design no mundo. Conquistou uma concorrida bolsa de estudos para a Itália e passou três anos em Florença, capital da arte, especializando-se em design, expressão e comunicação visual na Universitá Internazionale Dell'Arte di Firenze. Lá, fez estágio com a designer Linda Ieromonti, da Stamperia Fiorentina, e também estudou litografia.

Ao retornar da Itália, em 1980, a artista passou um tempo em Salvador, mas logo percebeu que, para desenvolver plenamente seu trabalho de design, deveria mudar-se para São Paulo — e assim o fez. Na Pauliceia, passou a trabalhar como *freelancer* de arte e moda, criando estampas para marcas de roupas. Mas, desde essa época, já se dedicava às próprias criações e investiu em sua formação empresarial. Em 1986, voltou para Salvador, onde abriu, no Pelourinho, a sua própria grife, com influência da cultura afro-brasileira: Didara, termo de origem iorubá, do campo semântico do "belo" e do "bom".

No início dos anos 1990, Goya Lopes se tornou referência de moda afro-brasileira. Sua marca passou a ser conhecida internacionalmente, e os padrões de design que desenvolvia ganharam o mundo, estampando figurinos de artistas como Jimmy Cliff, Angélique Kidjo, banda Araketo, Moraes Moreira e Gilberto Gil. Além das cores e do grafismo, outra característica marcante das roupas criadas por Goya é a modelagem, sempre larga, grande, confortável.

O reconhecimento da artista como uma autoridade no design étnico, com temática afro-brasileira, levou Goya Lopes a ser convidada pelo então presidente Itamar Franco a organizar a ambientação da sala em que eram recebidos os presidentes dos países ibero-americanos no Palácio do Itamaraty. Em 1997, foi chamada para decorar o hall de entrada da Fundação Palmares. E, em 2000, criou também painéis para a sede da Ford Foundation, em Nova York. Por esse tempo, sua relação com o mundo dos negócios a levou, em 2009, a integrar o grupo de trabalho que criou o Colegiado Setorial de Moda no Ministério da Cultura.

No ano seguinte, a artista criou uma nova marca, dessa vez batizada com seu próprio nome: Goya Lopes Design Brasileiro. O objetivo foi desenvolver uma criação voltada para o resgate da simbologia da cultura africana e dos referenciais afro-baianos, além de desenhos com influências indígenas e da cultura brasileira como um todo.

No trabalho, Goya Lopes tem como algumas de suas principais referências o universo de cores vibrantes de J. Cunha, considerado um dos mais importantes artistas visuais baianos na atualidade; a delicadeza do olhar do escultor, pintor e desenhista Mário Cravo Jr.; e toda a trajetória da obra de Calazans Neto, da pintura à xilogravura.

Artista mais que admirável, Goya já tem seu nome estampado na história do design brasileiro.

ENEDINA ALVES MARQUES

RÉGUA, COMPASSO E PISTOLA

Ao longo da história do continente africano, a participação feminina ocorreu em todas as instâncias da vida social, política, cultural e econômica, como produtora das condições materiais de existência de seus respectivos grupos, e mantenedora de seus clãs e linhagens. Também na Diáspora africana — como aliás em todo o mundo —, o trabalho feminino veio ao longo dos séculos, quebrando barreiras e fronteiras, ao ponto de hoje a distinção entre ocupações masculinas ou femininas constituir uma espécie de anacronismo. Entretanto, no Brasil, da atualidade, as estatísticas ainda apontam para um descompasso na área das ciências exatas. E embora cada vez mais alunas se matriculem nos cursos de engenharia civil, apenas pouco mais de 25% estão no mercado de trabalho, de acordo com dados do Censo da Educação Superior.

Enedina Alves Marques nasceu em 1913 em Curitiba (PR). Filha de uma lavadeira, ajudou o sustento da família exercendo o magistério. E em 1945, ao concluir o curso da Faculdade de Engenharia do Paraná, sua conquista atraiu a atenção de boa parte da sociedade curitibana.

O motivo era duas vezes insólito: uma mulher estava entre os formandos e, pela primeira vez no país, uma negra se graduava em engenharia. Enedina Alves Marques, aos 32 anos, transpusera um espaço hegemonicamente masculino e branco, única mulher ao lado de mais de trinta colegas do sexo masculino.

Reproduzir os ofícios da mãe, empregada doméstica, não estava nos planos de Enedina, que chegou a trabalhar na adolescência como babá, concluindo os estudos secundários somente depois da maioridade. Ficou muito próxima à filha de Domingos Nascimento, patrão de sua mãe. As duas meninas tinham a mesma idade e se tornaram inseparáveis, estudando nos mesmos colégios particulares, pagos pela família dos empregadores. Foi o que permitiu Enedina cursar a Escola Normal, recebendo diploma de professora primária. Entre 1932 e 1935, como professora da rede pública do estado, ela viveu em diversas cidades do interior. Para atender a uma obrigação legal — um decreto que exigia dos professores uma capacitação profissional de três anos, além de um curso complementar para ingresso em instituição de ensino superior —, Enedina voltou à capital.

Quando concluiu o curso complementar de pré-engenharia, em 1939, Enedina se interessou em seguir a carreira. Para se manter na Faculdade de Engenharia do Paraná, fazia serviços domésticos em troca de hospedagem na casa de uma família. Como estudante, experienciou grandes dificuldades, por falta de entrosamento com os colegas, a maioria homens brancos de famílias ricas. Constantes reprovações em algumas disciplinas a levaram a formar-se em seis anos, um a mais do que o curso regular. Discriminada por colegas e professores, persistiu, e acabou recebendo apoio de alguns estudantes, que lhe emprestavam os livros que ela não tinha como comprar. Na solenidade de entrega do diploma, no entanto, foi homenageada por colegas que, durante todo o curso, nunca lhe haviam dirigido a palavra.

Em 1946, Enedina tornou-se auxiliar de engenharia na Secretaria de Viação e Obras Públicas do Paraná. Deslocada para o Departamento Estadual de Águas e Energia Elétrica, foi uma das coordenadoras da construção da Usina Capivari-Cachoeira, a maior central hidrelétrica subterrânea do sul do país, trabalhando também nas obras do Colégio Estadual do Paraná e da Casa do Estudante Universitário de Curitiba (CEU).

Apesar de vaidosa, durante a obra na usina chamava atenção por usar macacão e portar arma na cintura. Conhecida como enérgica e rigorosa, ao sentir que alguém lhe faltava ao respeito, não titubeava em puxar a arma e dar tiros para o alto — como consta em alguns relatos.

Solteira e sem filhos, no final da vida a singular engenheira morava no Edifício Lido, no centro de Curitiba, onde foi encontrada morta aos 68 anos, vítima de um ataque cardíaco. Por não ter familiares próximos, seu corpo demorou a ser encontrado. Seu túmulo, entretanto, tornou-se um dos principais pontos da visita guiada pela pesquisadora Clarissa Grassi, no cemitério municipal de Curitiba, sendo tema de reportagens, livros e trabalhos acadêmicos. Além disso, sua memória foi exaltada em importantes homenagens sobre seus feitos. Assim, em 1988, uma importante rua no bairro Cajuru, na capital paranaense, recebeu o seu nome: rua Engenheira Enedina Alves Marques. E a casa do major e delegado de polícia Domingos Nascimento, onde Enedina viveu com a mãe durante a infância, foi desmontada e transferida para o bairro Juvevê, onde hoje abriga o Instituto Histórico, IPHAN.

Embora em vida Enedina não se notabilizasse na militância pelos direitos dos negros, sua trajetória tornou-se admirada no ambiente das lutas pelos direitos das minorias. Em 2006, foi fundado o Instituto de Mulheres Negras Enedina Alves Marques, em Maringá, empenhado em combater a invisibilidade racial que atinge negras e negros em diversos setores, como o ambiente escolar, o mercado de trabalho e as demais esferas sociais.

Finalmente, em 2010, já integrando a galeria de paranaenses ilustres, foi uma das figuras imortalizadas no Memorial à Mulher, erguido em Curitiba. Onde seu nome resplandece.

PETRÔNIO DOMINGUES

A NOVA ABOLIÇÃO

> *Colocar o negro em seu devido lugar: o de cidadão ativo, com papel importante na história do Brasil. Desde a formação da imprensa negra e sua repercussão no jornalismo brasileiro, no período pós-abolição, até a atual questão das ações afirmativas, passando pelo importante protagonismo negro na Revolução de 1932. Esta é a base para se estruturar uma nova abolição.*
>
> Adaptado da contracapa de *A nova abolição*

Filho de Maria José Domingues, uma mestiça pernambucana, e Durval Domingues Filho, um negro mineiro, Petrônio José Domingues nasceu em Recife, Pernambuco, em 26 de agosto de 1973. É o terceiro de quatro irmãos e, ao longo de sua formação básica, estudou em escola pública.

Graças à mudança de emprego do pai, um litógrafo, Petrônio e sua família transferiram-se para Fortaleza por volta de 1978, onde moraram por cinco anos. Depois, pais e filhos retornaram ao estado natal, onde residiram em Olinda por dois anos, até que toda a família se transferiu para São Paulo, fixando-se em São Bernardo do Campo, no ABC paulista.

A partir daí, Domingues viveu em São Paulo por 17 anos. Cursou o ensino fundamental, depois o ensino médio (quando concluiu o curso de técnico em mecânica, na Escola Técnica Estadual Lauro Gomes, em São Bernardo do Campo) e finalmente a faculdade. Em 1992, passou no vestibular da FUVEST e começou a cursar Ciências Sociais na Universidade de São Paulo. Dois anos depois, decepcionado com algumas disciplinas da grade curricular, prestou novamente o vestibular, passando dessa vez em história, curso no qual se formou em 1997. No ano seguinte, iniciou o mestrado em história na USP, defendendo, em fevereiro de 2001, a dissertação intitulada *Uma história não contada: negro, racismo e trabalho no pós-abolição em São Paulo (1889-1930)*. Em 2005, Petrônio obteve o grau de doutor em história ao defender sua tese *A insurgência de ébano: a história da Frente Negra Brasileira (1931-1937)*.

Petrônio Domingues leciona desde 1994. No início, como professor contratado de história da rede oficial de ensino do estado de São Paulo; e mais tarde, aprovado em concurso público para professor de história, lecionou tanto na rede de ensino estadual quanto na municipal da cidade de São Paulo.

Paralelamente às lides acadêmicas e profissionais, Domingues participou do movimento estudantil e, em seguida, do movimento sindical e negro. Foi membro atuante do Sindicato dos Professores do Ensino Oficial do Estado de São Paulo (APEOESP) e do Núcleo da Consciência Negra (NCN), na USP, onde exerceu o cargo de coordenador. Mas sem se afastar do magistério.

Desde 2002 leciona no ensino superior, inicialmente na rede privada. Pouco depois, entretanto, foi aprovado em concurso público para o cargo de professor da Universidade Estadual do Oeste do Paraná (UNIOESTE), indo residir na cidade de Marechal Cândido Rondon (PR), onde permaneceu por três anos. Em 2006, foi novamente aprovado em concurso público, dessa vez para o cargo de professor adjunto na Universidade Federal do Sergipe (UFS), instituição onde trabalha até a atualidade, e pela qual teve a oportunidade de voltar a morar no Nordeste.

Entre 2012 e 2013, o professor fez seu primeiro pós-doutoramento, na condição de *visiting scholar* (pesquisador visitante) na Rutgers, a Universidade Estadual de Nova Jersey, nos Estados Unidos. E, entre 2016 e 2017, fez o segundo, na Universidade Federal do Rio de Janeiro.

A partir dessa experiência acadêmica, Domingues vem se distinguindo como especialista no campo de estudo e pesquisa denominado "pós-abolição", tendo sido até aqui o co-organizador de quatro coletâneas e autor ou coautor de quatro livros (com destaque para *Nestor Macedo e o populismo no meio afro-brasileiro*, de 2018), de 25 capítulos de coletâneas e dezenas (mais de oitenta) artigos e resenhas publicados em periódicos acadêmicos no Brasil e no exterior. No terreno pessoal, Domingues reside em Aracaju; é divorciado e pai de dois filhos, Guilherme Orfeu Nunes Domingues, de 7 anos, e Tarsila Giovana Nunes Domingues, de 2 anos.[4]

Em 2019, a renomada antropóloga e historiadora Lilia Moritz Schwarcz, em uma entrevista, mencionava Petrônio Domingues como "um grande historiador de Sergipe, negro, que em sua obra expõe o ativismo negro, mostrando que os negros foram vítimas, sim, mas também se rebelaram, mataram, fizeram insurreições; e que muitas mulheres negras recorreram ao aborto para que os filhos que geravam não nascessem escravos".

---

[4] Comunicação via e-mail com Nei Lopes em 13 de setembro de 2019.

MATEUS ALELUIA

O ÚLTIMO TINCOÃ

Em 1960, ano em que o cenário da música brasileira de consumo de massa abrigava tanto as primeiras manifestações do estilo de samba definidas como bossa nova quanto os boleros e sambas-canções dos cabarés, além de milongas e guarânias vistas como fora de contexto, nascia na Bahia um importante trio vocal. Destacando-se com grande sucesso nas duas décadas seguintes, o grupo chamava atenção dos ouvidos mais apurados, interpretando um repertório com profundas raízes ancestrais, primorosos arranjos vocais e, por vezes, cantadas em resíduos de línguas africanas.

Mateus Aleluia Lima nasceu no Recôncavo Baiano, no vale do rio Paraguaçu, em 1943. Berço de fortes tradições religiosas e artísticas, a cidade é conhecida por sediar alguns dos mais antigos candomblés da vertente jeje (do antigo Daomé), modernamente considerados, em especial a partir dos estudos do antropólogo Luis Nicolau Parés, os principais fornecedores das bases em que se assenta o chamado candomblé da Bahia. Nascido nesse "berço esplêndido", Mateus é hoje, depois de inúmeras reviravoltas, tido, por sua música e sua postura, uma "ponte viva" entre o Brasil e o continente africano. Um homem se conhece pelas obras, disse ele. E mesmo não tendo uma obra grande, causou um impacto forte e duradouro na música brasileira, quando, integrando o trio vocal Os Tincoãs, unia, com os companheiros, cantos religiosos, tambores afro-brasileiros e consciência racial. Mateus talvez seja mais conhecido por "Cordeiro de Nanã", um lamento composto por ele com seus dois parceiros nos Tincoãs, Dadinho e Heraldo, e gravado no terceiro disco do trio, em 1977. "Sou de Nanã Euá, Euá, Eua-ê", diz o refrão, que seria gravado em 1981 por João Gilberto. Mas, se o refrão funciona quase como um mantra, os versos recolocam o afrocanto ritual na história de escravidão e diáspora negra.

O artista nasceu em Cachoeira, uma cidade que hoje tem pouco menos de 34 mil habitantes, a 120 quilômetros de Salvador. Na infância de "Seu Mateus", como hoje é muitas vezes chamado, o candomblé era perseguido e as músicas rituais tinham que ser entoadas à noite. Os moradores dormiam ao som dos tambores do candomblé e eram acordados pelo sino da igreja católica, que batia, segundo Aleluia, num ritmo já influenciado pelo ijexá. "Para nós o culto é que dá origem à cultura aqui", afirmou o músico no programa *Conversa com Bial* de 10 de junho de 2019.

Nos anos 1950, faziam sucesso nas rádios os trios vocais, como o Trio Irakitan, que cantavam principalmente boleros. O trio Os Tincoãs, formado originalmente por Erivaldo, Heraldo e Dadinho, todos de Cachoeira, começou em 1960, no programa *Escada para o Sucesso*, da TV Itapoan, entoando o ritmo da moda. O nome vem do tincoã, um pássaro pequeno, de cauda longa, que tem um canto parecido com o gemido de um gato. O grupo gravou seu primeiro disco em 1962. No ano seguinte, Erivaldo deixou a banda e Mateus assumiu seu lugar. Aos poucos foram mudando a musicalidade do grupo, tocando ritmos afro-brasileiros e incorporando referências religiosas.

Ainda pouco conhecidos, os músicos precisavam se virar, e Mateus nessa época foi professor de artes industriais. Até que, nos anos 1970, já no Rio de Janeiro, foram descobertos por Adelzon Alves, radialista que apresentava o programa *Amigo da Madrugada*. Adelzon dava visibilidade a sambistas dos morros cariocas e incentivava novos nomes, como Clara Nunes. E convenceu Milton Miranda, que dirigia a Odeon, a gravar o segundo disco do grupo. *Os Tincoãs*, de 1973, mostrava o grupo com sonoridade própria. Trazia "Deixa a gira girá", adaptação de cantos afros feita pelos três Tincoãs e hoje um clássico do repertório de Mateus. O trio mesclava o ritmo dos tambores do candomblé com harmonias vocais inspiradas nos cantos barrocos das igrejas de Cachoeira, além de arranjos de músicos como Radamés Gnattali e João Donato, num estilo que depois Mateus chamaria de "afrobarroco".

O grupo gravou outros dois discos nos anos 1970, *O africanto dos Tincoãs* (1973) e *Os Tincoãs* (1977). Quando Heraldo faleceu, em 1975, o trio passou por algumas alterações: primeiro, entrou Morais, que se desligou logo depois; em seguida, Badu assumiu de vez como terceiro integrante.

Em 1983, Dadinho e Mateus decidiram ir para Angola, em busca das raízes africanas, acompanhando o cantor Martinho da Vila. Haviam gravado o *Afro Canto Coral Barroco*, com a participação de coral sob a regência do maestro Leonardo Bruno, mas a gravação ficou inédita até 2003. A viagem acabou virando permanência duradoura. Badu preferiu se desligar do grupo, voltou para o Rio de Janeiro e depois se estabeleceu nas Ilhas Canárias.

Mateus conta que foi como ir de uma Bahia para outra. Até a temperatura era semelhante. Ao mesmo tempo, foi como testemunhar a origem ancestral das práticas culturais a que estava acostumado na Bahia. Mas Angola havia se tornado independente de Portugal em 1975. Entao, dali até 2002, o país enfrentaria conflitos civis intermitentes.

Em Luanda, Mateus casou-se com a angolana Rosa Antonia, a Rosinha. Trabalhou pesquisando o candomblé e as influências brasileiras na cultura local. Hoje gosta de dizer que sua casa, de frente para o mar e sempre com cheiro de alecrim, tem uma porta que leva da Bahia direito a Angola.

Em 2000, Dadinho teve um derrame cerebral e faleceu, e Mateus Aleluia acabou voltando para o Brasil em 2002. Os Tincoãs pareciam ter ficado no passado, uma lembrança longínqua de um movimento de valorização da musicalidade afro-brasileira e dos cantos rituais. Foi quando entrou na vida de Mateus o músico baiano Carlinhos Brown, líder do grupo Timbalada. Brown, para quem a Timbalada devia aos Tincoãs, queria fazer um disco com cantos do candomblé e chamou Mateus para participar de duas faixas de seu disco *Candombless*.

Em 2010, Mateus Aleluia finalmente gravaria seu primeiro disco solo, *Cinco sentidos*. Na carreira solo, trocou o atabaque que tocava nos Tincoãs pelo violão. Violonista por necessidade, levou para o instrumento o ritmo da percussão. "Como eu tocava percussão nos Tincoãs, quando fiquei sozinho depois, transportei para o violão aquele ritmo que tinha. E aí o violão passou a ser percussivo. Eu trago os sons e as células rítmicas — do rum, rumpi, lé e o gã — para o meu dedilhado."

Mateus Aleluia viu, em 2017, aos 74 anos, a história dos Tincoãs discutida em *Nós, os Tincoãs*, com textos de Capinan, Martinho da Vila, Carlinhos Brown, jornalistas e estudiosos, selecionados por Gringo Cardia. No mesmo ano, lançou seu segundo disco solo, *Fogueira doce*, com a participação do trompetista Mateus Aleluia Filho, seguindo as pegadas do Seu Mateus.

NINA SILVA

BLACK MONEY E ALFORRIA

Durante a época escravista, a compra de alforria foi uma das formas legais de que os cativos dispunham para alcançar a liberdade. E, para tanto, a reserva de dinheiro ou bens, em forma de pecúlio, foi fundamental. No Brasil, a Sociedade Protetora dos Desvalidos, associação assistencial e beneficente criada em 1832 por libertos na Bahia, destacou-se nesse tipo de atividade. E, segundo algumas fontes, ela teria fornecido as bases para a organização de associações de poupança e empréstimo depois surgidas entre o povo negro.

Quando era criança, Marina Silva — nascida em 1980 no Jardim Catarina, no município fluminense de São Gonçalo — costumava ir ao supermercado com o pai, seu Antônio, e fazer as contas para não ultrapassarem o orçamento. Se sobrasse dinheiro, ela podia levar seu biscoito favorito. Essa podia ser uma boa história para mostrar como Nina Silva, eleita em 2019 pela *Forbes Brasil* uma das vinte mulheres mais poderosas do país, estava desde criança destinada ao mundo dos negócios. Mas a verdade é que as coisas foram acontecendo em sua vida mais ou menos por acaso. Hoje, a executiva de TI (Tecnologia da Informação), referida profissionalmente como Nina Silva, é o principal nome, ao lado de Alan Soares, por trás do Movimento Black Money, um "agente de desenvolvimento do ecossistema afroempreendedor".

O bairro Jardim Catarina já foi considerado a maior favela horizontal da América Latina. Na época em que a menina andava por lá com seu pai fazendo conta das compras da família, seu Antônio ainda não tinha concluído o segundo grau. Mas a família se esforçava para dar uma boa educação às crianças, e Nina já tinha em casa um exemplo na figura da irmã, seis anos mais velha. O pai, que nesse meio-tempo conseguiu um cargo na Assembleia Legislativa fluminense, se esforçava para pagar uma escola particular para a mais velha e conseguiu bolsa para Nina.

A irmã foi a primeira da família a cursar faculdade, e Nina seguiu seus passos. Queria fazer direito, mas a irmã achava que ela devia fazer administração. Nina fez vestibular algumas vezes até passar, em 2000, para o curso de administração da Universidade Federal Fluminense, em Niterói. No segundo ano de faculdade, teve seu primeiro contato com tecnologia da informação. A certa altura foi convidada para participar da implementação de um sistema integrado de gestão empresarial (em inglês, *Enterprise Resource Planning*, ou ERP) da empresa alemã SAP. O problema é que não sabia nada de TI. "Eu tinha um namorado na época, e ele fazia administração de redes. Ele virou para mim e falou: 'A SAP dá muito dinheiro. Dá muito dinheiro, menina, pelo amor de Deus, você tem que fazer isso.' E eu fui, porque dava dinheiro", explicou Nina.

Acabou se apaixonando por tecnologia empresarial e passou a estudar mais, com apoio da empresa onde trabalhava. Foi funcionária por 16 anos de organizações como Heineken, Honda e L'Oréal. Jovem, mulher e negra, às vezes sentia-se um peixe fora d'água. "Eu era uma pessoa com a cara da diversidade, numa época que diversidade não era tão bem-vista assim", contou ela em entrevista a Dimítria Coutinho, do site *Ada*, especializado em tecnologia do ponto de vista feminino. Assim, crescia na carreira, mas ainda sofria preconceito. De vez em quando ouvia frases como "quem é aquela menina ali?" ou "minha gerente é aquela menina". Nina se esforçava ao máximo até que, em 2013, teve um esgotamento — a "Síndrome de Burnout" —, causada pela tensão emocional e pelo estresse no trabalho.

Decidiu passar um ano longe do trabalho e viajar. Passou um tempo nos Estados Unidos, estudando literatura. Esse período sabático drenou todas as economias que havia feito durante os anos de mundo empresarial, mas serviu para aproximá-la da luta pela diversidade no empreendedorismo. Quando voltou ao país, tentou abrir um salão de beleza, mas acabou atraída de novo para o mundo da tecnologia. Nina havia percebido que, apesar de formarem um enorme grupo consumidor, com poder de compra cada vez maior, os negros enfrentavam barreiras quando queriam ir para o outro lado da equação e se tornar empreendedores.

Em 2017, a população negra brasileira consumiu 1,7 trilhão de reais, mas o dinheiro não retornava para a comunidade negra. Empreendimentos de negros têm crédito três vezes mais negado do que de brancos. Em um depoimento para a revista *Época,* Nina explicou: "Dois de cada três desempregados no Brasil são negros. Daí ele abre uma barraquinha e gera renda familiar. Os negros correspondem a 51% dos empreendedores do Brasil. Mas, em geral, não são pessoas preparadas como gestoras de negócios." É essa lacuna que o Movimento Black Money (MBM) deseja preencher.

O MBM, que atinge uma rede de cem mil pessoas, oferece cursos de curta duração em marketing, finanças e tecnologia, organiza eventos de networking, concentra ofertas de emprego e promove o que chamam de "intercâmbio de consumo": estimular o consumo e a prestação de serviços entre a comunidade negra, para que o dinheiro circule mais tempo apenas entre afrodescendentes. A ideia é que ao menos 30% do dinheiro gasto pelos negros circule dentro da comunidade ou vá para empresas realmente comprometidas com inclusão racial. O movimento levou ainda à criação da fintech — empresa que une mercado financeiro e tecnologia — D'Black Bank, banco digital "de negros para negros".

Com o sucesso de sua iniciativa, foi eleita uma das cem pessoas afrodescendentes mais influentes do mundo com menos de 40 anos pelo MIPAD100 (Most Influential People of African Descent), chancelado pela Organização das Nações Unidas, em 2018. Na cerimônia em Nova York, subiu no mesmo palco da duquesa Meghan Markle, esposa do príncipe britânico, e do ator americano Chadwick Aaron Boseman, do filme *Pantera negra*. Além de ser CEO do MBM, Nina hoje é líder em gestão de projetos em TI na empresa de consultoria em softwares ThoughtWorks, especializada em programas de código aberto.

Quando perguntada sobre a importância de tudo que conquistou, Nina não hesita em responder: "A importância é que sou rosto de representatividade." O desejo de Nina é criar um ambiente em que os negros possam se desenvolver profissionalmente e ela deixe de ser uma exceção. Não quer ser a única. Deseja, com suas conquistas, "que pessoas negras ocupem mais espaços e que tenham seus próprios espaços, e que ditem as regras desses espaços. E não apenas ter um reconhecimento para eu pendurar na parede".

Mas há um outro lado de Nina além da empreendedora. Em 2014, publicou, com Akins Kintê, o livro de poemas *InCorPoros — nuances de libido*. O livro fala de erotismo do ponto de vista do negro, de modo a evitar a objetificação do corpo de pessoas negras, que em geral ocorre no "erotismo branco".

MESTRE BIMBA

A RESSIGNIFICAÇÃO DA CAPOEIRA

Técnica corporal de ataque e defesa, desenvolvida no Brasil a partir de fundamentos introduzidos por escravos bantos, a capoeira expressa-se por meio de uma simulação de dança, executada ao som de cânticos tradicionais, conduzidos pelo berimbau de barriga e outros instrumentos de percussão. Na origem, malícia, calma e uma ritualística complexa faziam com que, na aparência, o "jogo de angola", como era chamada, parecesse apenas um bailado. Até que se tornou efetivamente uma luta, um esporte, uma arte marcial.

Com séculos de prática, a capoeira passou por diversos estágios de aceitação social até seu reconhecimento pela UNESCO, em 2014, como Patrimônio Cultural Imaterial da Humanidade. Um dos principais articuladores de sua aceitação e incorporação como um traço da brasilidade e esporte nacional foi o baiano Manoel dos Reis Machado, o Mestre Bimba, considerado o responsável pela revitalização e popularização da antiga luta desenvolvida no Brasil por africanos escravizados.

Nascido em 23 de novembro de 1900, na freguesia de Brotas, em Salvador, e caçula de 25 irmãos, Bimba trabalhou desde a adolescência como garimpeiro, carpinteiro, almoxarife, estivador e condutor de charretes. Aos 12 anos, começou a praticar o chamado "jogo de angola" (antiga forma de se referir à capoeira). Na época, a capoeira ainda era associada à camada marginal da sociedade, e sua prática, em público, poderia acarretar até três meses de prisão — bem melhor do que as punições de décadas antes, quando o praticante poderia ser açoitado ou deportado.

Com o pai, Luís Cândido Machado, Bimba aprendera o "batuque", uma variante desenvolvida no Nordeste, provavelmente semelhante à antiga "batucada" dos malandros cariocas. Iniciado no "angola" por certo Bentinho, capitão da Companhia de Navegação Marítima, tornou-se mestre e ensinou sua prática tradicional durante dez anos. Ao perceber quanto a capoeira havia perdido suas características de arte marcial, mantendo-se quase que totalmente como encenação folclórica, Bimba buscou restaurar seus valores tradicionais, mas introduzindo novas variedades e sequências de investidas, trazidas de lutas orientais e europeias, que propiciavam os "golpes ligados", não existentes na capoeira angolana.

Aos movimentos tradicionais, o Mestre juntou passos do batuque e uma coreografia marcada pelos toques do berimbau; e desenvolveu um método de ensino para a prática, até então aprendida apenas pela observação. Os novos movimentos eram mais rápidos, facilitavam a defesa pessoal em embates com praticantes das artes marciais estrangeiras, que começavam a se popularizar no Brasil a partir da década de 1930. Nascia assim a Capoeira Regional, considerada genuinamente brasileira, menos ritualística do que a de Angola, e que Mestre Bimba, a princípio, chamou de "luta regional baiana".

Para ser reconhecida e desmarginalizada, Mestre Bimba acreditava que a capoeira precisava de um código de ética, que exigia dos praticantes o uso de uniformes brancos impecáveis, com cordas coloridas indicando a gradação de cada lutador. Aos poucos, ele transformava a capoeira de ataque e defesa em aprendizado, com níveis alcançados por ritos de passagem que seguiam padrões acadêmicos, denominados de batizado, formatura e especialização.

Muitos viam isso como uma grave distorção. Mas o fato é que, em 1928, Mestre Bimba já havia adquirido reconhecimento suficiente para questionar o preconceito contra a capoeira, numa conquista em que contou com o apadrinhamento do político Juracy Magalhães, então interventor federal na Bahia.

Nesse contexto, na década de 1930, o Estado Novo imprimiu no país uma política nacionalista que incluía a "retórica do corpo", permitindo a prática (vigiada) da capoeira: somente em recintos fechados e com alvará da polícia. Bimba aproveitou a brecha e abriu, em 1932, no bairro de Brotas, a primeira academia especializada em capoeira — cujo alvará de funcionamento foi concedido apenas cinco anos depois.

A academia trazia disciplina à prática, com metodologia de ensino, apostilas, avaliações, turma de alunos, aulas e rodas em dias e horários definidos. Além de nove regras de comportamento, recomendando, entre outros cuidados, que os capoeiristas deixassem de lado o fumo e a bebida, praticassem exercícios diariamente e a máxima "melhor apanhar na roda do que na rua". Para Mestre Bimba, capoeiristas sempre deveriam evitar briga, pois via a capoeira como uma luta de cooperação, na qual o oponente mais forte sempre se responsabiliza pelo mais fraco.

Quatro anos depois de abrir sua segunda academia, em 1942, o Mestre promoveu a primeira exibição pública de capoeira. Já levara a capoeira a ser considerada uma manifestação cultural, além de torná-la uma atividade econômica rentável para seus praticantes. Em julho de 1953, Bimba fez uma apresentação para o presidente Getúlio Vargas, que teria declarado ser a capoeira "o único esporte verdadeiramente brasileiro".

Manuel dos Reis Machado, o "Mestre Bimba", faleceu em 1974, em Goiânia, para onde havia se mudado um ano antes, ressentido com a falta de apoio do governo baiano às escolas que fundara. Em 1996, entretanto, Bimba se tornava, *post mortem*, o primeiro mestre de capoeira com título de doutor *honoris causa* concedido pela Faculdade de Educação da Universidade Federal da Bahia. E em 2005, era homenageado com medalha e diploma da Ordem do Mérito Cultural, na classe Grã-Cruz, concedidos por ato do presidente da República Luiz Inácio Lula da Silva.

RUI DE OLIVEIRA

ILUSTRAÇÃO E COSMOPOLITISMO

No universo das artes visuais, qualquer imagem que acompanhe um texto de livro, jornal, revista ou folheto é uma ilustração. Em algumas delas, o texto é apenas acessório; em outras, ele nem sequer precisa existir. Ao longo da história, muitos ilustradores atingiram o mesmo nível de escritores cujas obras ilustraram. Assim foi, por exemplo, o francês Gustave Doré, que ilustrou obras célebres, como o *La vie de Gargantua et de Pantagruel*, de Rabelais (1854 e 1873), os *Contes drolatiques*, de Balzac (1885), *A divina comédia*, de Dante (1861), o *Dom Quixote* (1863), de Cervantes e a Bíblia (1866). No Brasil, modéstia à parte, temos Rui de Oliveira.

Rui Gonçalves de Oliveira nasceu em 14 de maio de 1942, na rua São Januário, em São Cristóvão, numa família de migrantes vindos do Pará num navio *Ita*. "Na minha família são todos brancos, e eu puxei a minha avó africana, então meus irmãos me chamavam de 'Negra Consentida', expressão cantada em uma rumba cubana da época.[5]

O primeiro a sair do Pará foi seu pai. Logo depois veio a mãe, grávida do segundo filho, que nasceria já no Rio. Na infância de Rui, moravam numa casa simples em uma vila em Benfica, localidade fronteiriça ao Bairro Imperial, com o qual às vezes se confunde. A casa, com apenas um quarto, sala e cozinha, chegou a abrigar 14 pessoas. O pai, sapateiro, embora filosoficamente apoiasse o anarquismo, era filiado ao Partido Comunista; a mãe era católica. Rui lembra que, por medida de segurança contra a repressão política, os irmãos mais velhos eram ensinados a não dar informação nenhuma a quem acaso viesse procurar pelo pai.

A família, embora modesta, sempre incentivou nos jovens o gosto pela arte. Rui se lembra de ouvir música erudita na pequena casa da infância. "Há sempre um preconceito de que a classe operária não gosta de música de concerto, não gosta de uma arte refinada e mais elaborada", disse ele em depoimento para o Museu da Pessoa. "Isso é um puro preconceito, isso é uma maneira muito errada de ver a classe operária."

Rui era um leitor ávido. Seu pai se tornou contador em uma livraria e levava livros para o garoto quando podia. "Me lembro de ter lido Schopenhauer, Nietzsche, autores anarquistas, Bergson, Alencar, Graciliano, Blasco Ibañez." Mas, quando tinha 14 anos, Rui perdeu o pai, vítima de um acidente. A perda foi enfrentada com muito trabalho e leitura.

Um tio, também funcionário de livraria, sempre levava papéis usados para os sobrinhos desenharem no verso, pois Rui compartilhava o gosto pela leitura e pelo desenho com os irmãos, Francisco Xavier (1937) e Denoy (1933-1998), que mais tarde se tornariam cineastas. "Certa vez", contou ele a Luciano Ramos e Gabriel Gianordoli, em entrevista para a Sociedade dos Ilustradores do Brasil, "meu

---
[5] No espanhol cubano, o adjetivo "consentido" designa a pessoa "cheia de si", "confiada", "folgada".

pai, uma pessoa muito sagaz, vendo que seus filhos gostavam muito de desenhar, trouxe-nos um livro de anatomia (do Harold Foster)."

Quando tinha 16 anos, ganhou dos irmãos outro livro de anatomia decisivo; agora, o da professora D'Annibale Braga, cujas ilustrações o encantaram. Na mesma época, conheceu a pintura do expressionista francês Bernard Buffet. Inspirado nele e nos mestres da "Nova Figuração", estudou dois anos no Museu de Arte Moderna, onde foi aluno de Ivan Serpa e Orlando Lazzarini.

Até, então, Rui trabalhara em empregos que nada tinham a ver com arte. Foi *office boy* e bancário por quatro anos, mas não abandonou a ideia de viver de seu trabalho com imagens. "Como pintor eu achava que meu trabalho não seria vendável. Mas como eu estava direcionado a encontrar um ofício, comecei a me interessar por artes gráficas." Nessa direção, o jovem ingressou na Escola de Artes Gráficas do SENAI, de onde chegou à Escola de Belas Artes da Universidade Federal do Rio de Janeiro.

Na faculdade, conheceu o maneirismo — estilo de criação estética caracterizado por efeitos bizarros e pontos de vista inusitados, opostos aos do humanismo renascentista —, que até hoje influencia a composição de suas ilustrações. Foi também nessa época que, influenciado pela política, começou a se interessar pela arte da Europa Oriental. E então passou a trocar correspondência com estúdios na Polônia, na Tchecoslováquia, na Hungria, na Bulgária e na Rússia. E quando recebia os folhetos e catálogos, aquilo era para ele como se recebesse uma "revelação", como afirmou.

Em 1968 foi para Budapeste, capital húngara. Durante seis anos estudou ilustração no Instituto Superior Húngaro de Artes Industriais, hoje Moholy-Nagy University of Art and Design. Estudou também animação no estúdio húngaro Pannonia Film. De volta ao Brasil, trabalhou como designer para a TV. "Na televisão", conta ele, "eu era sintético, blocado, concêntrico, depurado, enfim, extremamente designer." Trabalhou oito anos em televisão. Foi responsável pela abertura da série *Sítio do Picapau Amarelo*, da Rede Globo, que foi ao ar em 1977, e foi diretor de arte da TV Educativa por cinco anos.

Mas o ano da grande mudança foi 1983. Abandonou a televisão, nasceu-lhe um filho, Diego Lourenço, e foi aprovado no concurso para professor da Escola de Belas Artes da UFRJ, onde lecionou por trinta anos, ao longo dos quais completou mestrado e doutorado na Universidade de São Paulo. O ano de 1983 foi também aquele em que começou a trabalhar como ilustrador de literatura. "Como ilustrador", disse, "eu podia ser extremamente o oposto [do magistério], isto é, podia ser ambíguo, prolixo, barroco, expressionista, impressionista, dependendo do texto."

Na área de ilustração para livros infantojuvenis, Rui de Oliveira pôde unir duas se suas paixões, a literatura e a ilustração, desenvolvendo uma abordagem própria e versátil. Para ele, a ilustração deve não repetir o texto, mas dialogar com ele, muitas vezes com tensão. Como ele define bem, "ilustrar é escrever por imagens". Ou, como explicou para Ramos e Gianordoli: "Eu acho que a ilustração começa quando você domina a narração."

Para achar novos caminhos para dialogar com o texto, sempre carrega consigo um bloco, verdadeiro "diário em forma de imagens", ou "inventário visual". Das centenas de trabalhos de que participou, um o marcou especialmente: *Guita no jardim*, com o escritor gaúcho Walmir Ayala (1933-1991), que rendeu o primeiro Jabuti do ilustrador. Rui levou alguns desenhos que havia feito na Hungria para o amigo. "Ele pegou esses desenhos e foi olhando, olhando, olhando e foi trocando a ordem dos desenhos, aí falou assim: 'Rui, deixa aí que eu vou escrever.' E ele escreveu, segundo ele próprio, um dos melhores textos que fez, sobre as imagens, que é uma coisa raríssima de ser feito."

Como um Gustave Doré do nosso tempo, Rui de Oliveira já ilustrou mais de 130 livros — autorais, adaptações de clássicos e de autores como Ana Maria Machado, Adriana Lisboa, Luiz Antonio Aguiar, Maria Lúcia Amaral, Leo Cunha e Lilia Schwarcz — e fez mais de quatrocentas capas de livros, além de aberturas de programas de televisão e animações. Assim, é, reconhecidamente, um dos mais importantes e profícuos artistas gráficos do Brasil, quatro vezes ganhador do Prêmio Jabuti de Ilustração e ganhador do prêmio de literatura infantojuvenil da Academia Brasileira de Letras com *Cartas lunares* (2005).

Mais recentemente, Rui tem feito projetos que dialogam com sua herança africana. Em 2010, escreveu e ilustrou *África eterna*, que apresenta para o público brasileiro a variedade cultural e regional africana, e em 2011 escreveu e ilustrou *Três anjos mulatos do Brasil*, sobre o músico padre José Maurício e os artistas plásticos Mestre Valentim e Aleijadinho. "Há poucos dias uma escritora me fez o seguinte comentário: 'Vocês ilustradores deveriam desenhar mais os negros!' Eu respondi: 'Mas onde estão os textos sobre os negros?' Apesar de esta situação ter mudado muito nos últimos anos, a verdade é que, na literatura infantojuvenil, quase não existem textos sobre negros no Brasil." A constatação do artista é muito importante para a autoestima dos jovens afrodescendentes.

MARCELO D'SALETE

QUADRINHOS COM APÓSTROFO

Um dos maiores e mais populares artistas da *belle époque* no Brasil foi Calixto Cordeiro, o "K.Lixto", que assim firmava seus trabalhos. Ilustrador, gravador, pintor, escultor, cenógrafo e professor, formou--se entre os pioneiros das artes gráficas no país, destacando-se, sobretudo, pela criação de famosos anúncios, como os da Loteria Federal, popularizados pelo slogan "insista, não desista". K.Lixto era negro. E o estilo de sua assinatura artística, curiosamente, aponta para um jovem "herdeiro", também de grande valor.

Marcelo D' Salete — no RG, Marcelo de Salete Souza — nasceu em São Bernardo do Campo, no ABC paulista, em 1979, mas cresceu na Zona Leste da capital, em bairros como São Mateus e Artur Alvim, onde era comum encontrar pelo caminho corpos "desovados" pelos chamados "esquadrões da morte". Sua mãe trabalhava numa creche, e o pai era eletricista.

Ainda menino, seu interesse pelas histórias em quadrinhos veio por influência do irmão mais velho, que também desenhava e era fã de clássicos do gênero, como do Incrível Hulk e do Homem-Aranha. No fundo da casa da família, em São Mateus, havia uma lousa verde em que os irmãos desenhavam por horas a fio, tentando copiar os quadrinhos.

Por essa época, D'Salete não imaginava que poderia dedicar-se a essa ou qualquer outra forma de arte. "Na periferia, nunca pensei em ser artista, porque nunca vi um artista negro. Também nunca conheci um médico ou um dentista negros", disse ele em entrevista para o escritor e jornalista Ronaldo Bressane. Foi também nos anos 1980 que conheceu a cultura do rap e do hip-hop, pela qual foi formalmente apresentado às questões raciais e sociais fervilhantes no Brasil.

Sempre cursando escola pública, Marcelo completou o ensino médio na Escola Técnica Estadual Carlos de Campos, no Brás, onde estudou design gráfico. Lá conheceu mangás, gibis de Frank Miller e Alan Moore, a *street art* de OsGemeos, Speto e Onesto, e ficou amigo do músico Kiko Dinucci, seu parceiro em uma história do álbum *Encruzilhada*, lançado em 2011. Foram de Dinucci as primeiras histórias que D'Salete ilustrou, duas delas publicadas na revista *Quadreca*.

Trabalhando como office boy, Marcelo sentiu os efeitos da discriminação racial. Mas a cena que mais o marcou aconteceu quando estava já exercendo sua arte, contou ele à revista da Livraria Cultura. "Em uma editora pequena, da Vila Maria, em que eu desenhava oito horas por dia, cheguei cedo, fui à banca de jornal, peguei uma revista, o jornaleiro se levantou, tirou a revista da minha mão e colocou de volta. Acredita?"

Marcelo cursou artes plásticas e depois mestrado em história da arte, na Universidade de São Paulo. Atualmente, dá aula de artes visuais para adolescentes. Sua primeira HQ de maior circulação foi "Cheio de Azul", na *Front #11*, de 2002. Também ilustrou livros infantis, como *Zagaia* (2007), de Allan Santos da Rosa, até que em 2008 reuniu algumas de suas histórias em seu primeiro álbum, *Noite luz*. Ali o artista já empregava a técnica narrativa que iria explorar em *Encruzilhada* e *Cumbe*.

As seis histórias de *Noite luz* são independentes, mas se cruzam num mosaico narrativo em torno da boate Noite Luz. *Encruzilhada*, de 2011, fala das populações negras marginalizadas das periferias das grandes cidades. Mas é com *Cumbe*, de 2014, que D'Salete uniu seus dois maiores interesses: arte e história.

O termo "cumbe" (*kumbi*) tem, no quimbundo, uma das línguas nacionais de Angola, o significado de "sol" — e, a partir dela, "chama", "fogo" e "força". *Cumbe* narra histórias de resistência de quatro negros e negras escravizados no Brasil. E foram essas histórias, contadas do ponto de vista dos negros, que fizeram D'Salete ganhar, em 2018, o Prêmio Eisner (o "Oscar" dos quadrinhos) de melhor edição americana de livro estrangeiro. *Cumbe*, que foi traduzido para o inglês como *Run for It*, saiu também em Portugal, na França, na Itália, na Áustria e na Alemanha, onde foi indicado ao prêmio Rudolph Dirks.

A pesquisa para a criação de *Cumbe* começou em 2004, quando o quadrinista estava lendo sobre o Quilombo dos Palmares. Em entrevista à revista *Trip*, ele explica que começou a desenhar histórias sobre a escravidão porque considerava o tema ausente do mundo dos quadrinhos. "Embora tenha lido muitas obras sobre escravidão em seu sentido mais estrutural", continuou, "me interessei principalmente por relatos de casos envolvendo homens e mulheres escravizados que foram parar em registros policiais ou judiciais. Isso trouxe novas possibilidades de apresentar esse período nas histórias em quadrinhos, a partir da perspectiva de personagens negros." E conclui: "Deixar essas narrativas apenas para que outros grupos contem sua versão dos fatos é uma violência simbólica enorme. Precisamos de novas perspectivas sobre a história e não é possível fazer isso excluindo parte da população que foi marginalizada."

Também em 2014, D'Salete publicou *Risco*, sobre Doca, um flanelinha que tenta viver na cidade grande. Em 2017, voltou a falar da escravidão em *Angola Janga*, expressão originalmente traduzida como "Angola pequena", mas que parece ter outro sentido, como talvez o de "armadilha", *nyanga* em quicongo, outra língua angolana. Era o outro nome de Palmares, "reino africano" incrustrado na América do Sul, formado por escravizados fugidos, e que durou mais de cem anos, tendo chegado a abrigar, segundo algumas fontes, vinte mil pessoas no século XVII. O álbum, todo em nanquim, levou 13 anos para ser feito, 11 deles em pesquisa, mas conquistou os prêmios Grampo de Ouro, HQ MIX em quatro categorias e o Jabuti.

Ao tratar do passado de escravidão e do presente de camadas marginalizadas da população, D'Salete faz a ponte entre a origem escravocrata da sociedade brasileira e a segregação social de hoje. É o que ele deixa claro ao comparar a figura do capitão do mato com a do policial militar. "O capitão do mato mantinha a ordem: tinha de repreender negros fugidos", disse ele a Ronaldo Bressane. "É uma figura ambígua. O capitão de mato é um intermediário entre dois mundos, assim como o capataz e o gerente da lavoura. Apesar de serem mestiços aliados à elite branca, há capitães do mato conscientes que ajudaram os revoltosos negros."

Desenhando em preto e branco seco, inspirado em Hugo Pratt, Flávio Colin, Muñoz e Alberto Breccia, Marcelo D'Salete desenvolveu um estilo próprio, com poucos diálogos, capaz de transpor, com a liberdade e a capacidade de síntese permitidas pela ficção, experiências históricas. Suas histórias de violência e resistência são baseadas em ampla pesquisa, porém concentradas não em heróis, mas em pessoas comuns. Explicando sua criação, o autor diz que escolhe "personagens muito singulares, inspirados em fatos históricos, e buscando uma coisa muito simples, que é a autonomia sobre a própria vida". É, afinal, esta a força da narrativa artística: proporcionar outro tipo de conhecimento, mais particular e humano. "Sinto que hoje temos muitos dados sobre escravidão, estatísticas", disse ele em outra entrevista, para Matheus Gato de Jesus, "mas temos poucas experiências narrativas para perceber essa experiência de outra forma, para além do estereótipo e da imagem da vítima. Pegar esses casos particulares e transformar em histórias só é possível pela ficção."

EMANOEL ARAÚJO

ARTE E ANCESTRALIDADE

Na arte negro-africana, as máscaras sempre representam antepassados ilustres. Essa constante presença dos ancestrais assegura a estabilidade e a solidariedade do grupo no tempo e sua coesão no espaço. As efígies dos ancestrais são símbolos que evocam os atos desses antepassados, e as obras de arte que as representam são signos que manifestam a presença espiritual deles entre os vivos.[6]

Emanoel Alves de Araújo nasceu no dia 15 de novembro de 1940, em Santo Amaro da Purificação, importante cidade do Recôncavo Baiano. Descendente de três gerações de ourives, foi o 11.º filho do artesão Vital, então casado com sua terceira e última esposa, Gui-

---

[6] A partir de Ola Balogum, em *Kitábu, o livro do saber e do espírito negro-africano*, de Nei Lopes.

lhermina. Desde muito cedo via o pai exercendo seu ofício dia e noite, já que a oficina funcionava na própria sala de visita da casa, no bairro do Sacramento. Assim, a manifestação de habilidades manuais no menino foi uma consequência lógica, mas, ao contrário do que o rigoroso e autoritário Vital esperava, o garoto parecia ter mais interesse em produzir "artes plásticas", como então se dizia, do que propriamente seguir a profissão de ourives.

Aos 9 anos, Emanoel foi expulso do colégio. O pai, então, o obrigou a trabalhar como aprendiz de carpinteiro e entalhador na marcenaria do mestre Eufrásio Vargas. Nessa mesma época, já matriculado no ginásio Teodoro Sampaio, estudou e fez amizade com outro importante santo-amarense: Caetano Veloso.

Com 13 anos, um novo capítulo na formação como artesão: mais uma vez por determinação do pai, foi trabalhar na Imprensa Oficial de Santo Amaro, na função de linotipista e estudando composição gráfica. A experiência foi fundamental para refinar tanto a técnica quanto a expressão artística do jovem Emanoel, reforçando sua vocação e suas habilidades manuais e indicando os próximos passos profissionais: aos 19 anos, ainda na cidade natal, realizou sua primeira exposição individual, apresentando trabalhos feitos com a técnica de gravura em madeira.

Ao completar o curso secundário, Emanoel deixou Santo Amaro rumo a Salvador, com planos de cursar arquitetura. Mas a capital baiana, com seus museus e ateliês, acabou levando-o para outra direção: a Escola de Belas Artes da Universidade Federal da Bahia, onde se tornou discípulo do mestre Henrique Oswald. Na capital, já visto como um virtuose, realizou sua segunda exposição aos vinte anos, quando ainda estava na universidade. Aos 25, já estava inserido nos principais circuitos de arte do Brasil, expondo na Galeria Bonino, no Rio de Janeiro, e na Galeria Astéria, em São Paulo.

Desde o início, a rica produção de Emanoel Araújo reflete, acima de tudo, sua raiz africana, com ascendência entre os iorubás do atual Benin, além de seu interesse nato pela cultura popular baiana. As tradições modernistas brasileiras e europeias também o influenciaram como artista, sendo que a técnica apurada e o estilo marcante chamaram atenção de Jorge Amado e Zélia Gattai.

Em 1965, o festejado escritor baiano escreveu, sobre o artista recém-descoberto: "Guardem este nome: Emanoel Araújo. Vai ser nome repetido e aclamado, não tenham dúvida. Quanto a mim, apenas a alegria de tê-lo visto em seu começo e de saber que é largo o seu caminho, por ele construído no trabalho e sã consciência da dura criação." No livro *Bahia de todos os santos*, escrito ao longo de décadas, Jorge Amado eterniza sua admiração por Emanoel com um belo relato sobre gravuras feitas pelo artista e doadas para o autor e sua mulher, em 1968, cujo tema eram gatos.

O crescimento de Emanoel como artista coincide com o agravamento da situação política brasileira. No fim dos anos 1960, ele entendeu que deveria usar sua arte para mostrar indignação contra a ordem autoritária estabelecida com o golpe de 1964 e, também, contra o tratamento relegado a seu povo — mulheres e homens negros, historicamente preteridos pela sociedade. Por isso teria sido, inclusive, alvo de um inquérito da polícia militar.

A primeira mostra internacional aconteceu em 1967, na Hakusuisha Gallery, em Osaka (Japão). Cinco anos depois, foi premiado com a medalha de ouro na III Bienal Gráfica de Florença (Itália). Em 1974, foi eleito o melhor gravador do ano; e, em 1983, o melhor escultor do Brasil, ambos os prêmios concedidos pela Associação de Críticos de Arte de São Paulo. Ao longo da carreira, realizou cinquenta exposições individuais e participou de mais de 150 coletivas.

Entre 1981 e 1983, Emanoel Araújo destacou-se como diretor do Museu de Arte da Bahia. Em 1988, lecionou artes gráficas e escultura no Arts College, na The City University of New York. E, entre 1992 e 2002, foi diretor da Pinacoteca do Estado de São Paulo, ajudando a consolidar a instituição como um dos mais importantes museus do Brasil.

No Dia da Consciência Negra de 2004, a partir de sua coleção particular, fundou o Museu Afro Brasil, sediado no Parque do Ibirapuera, em São Paulo. A criação do espaço foi a concretização de um trabalho que durou mais de três décadas, tempo em que Emanoel

Araújo produziu e pesquisou arte e cultura negra, desde a ancestralidade africana até os tempos atuais, incluindo, claro, a diáspora e os 354 anos de escravidão vividos no Brasil.

Mais do que um museu, o objetivo do artista plástico foi criar um centro de referência da memória negra no país, reverenciando a tradição secular e, ao mesmo tempo, reconhecendo a vitória cotidiana dos afrodescendentes, realizando uma poderosa ação de valorização do negro ao mostrar, com imagens, que o racismo é, sobretudo, fruto da ignorância acerca do outro.

A propósito, vale lembrar um importante fato histórico: em 1897, quando, após a Conferência de Berlim, as potências europeias partilhavam entre si o continente africano, tropas britânicas invadiam o território do antigo reino de Benin, no leste da atual Nigéria, para punir os nativos por sua insubordinação. O resultado imediato da invasão foi um saque sem precedentes no palácio real, de onde foram levadas mais de duas mil peças de bronze (os célebres "bronzes de Benin"), criadas desde o século XIII, as quais, depois de vendidas em leilão, foram incorporadas ao acervo de diversos museus europeus e norte-americanos, e também de particulares, onde reluzem até hoje.

Por aqui, cerca de um século depois, Emanoel inaugurava o Museu Afro Brasil com peças de seu acervo pessoal, de sua "casa". Mostrando o que sempre foi: um artista que, mesmo num Brasil cheio de preconceitos, ganhou a guerra. Sua arma? A arte.

Suas gravuras e esculturas podem ser vistas em museus de todo o mundo; bem como em casas de importantes personalidades da vida nacional. Baiano, filho de pai cafuzo e mãe mestiça, tornou-se um dos raros indivíduos negros a transitar pelos espaços de prestígio e poder da sociedade brasileira, sendo responsável por uma revolução na gestão pública de artes visuais no país.

GLÓRIA MARIA

BRILHO, REPUTAÇÃO E HONRA

Entre a fama e a glória há uma longa distância. Os dois termos pertencem ao mesmo campo de significados, mas o primeiro define o conceito que se tem de alguém ou alguma coisa, que pode ser bom ou mau; o segundo, porém, é preciso: define um lugar, mesmo abstrato, que um ser humano conquistou por um grande feito, uma grande obra ou por suas qualidades extraordinárias.

Sancionada em julho de 1951 pelo então presidente Getúlio Vargas, a Lei 1390/51, também conhecida como Lei Afonso Arinos, foi o primeiro instrumento jurídico no Brasil a incluir entre as contravenções penais a prática de atos resultantes de preconceitos de raça ou de cor. Demorou 25 anos para que fosse aplicada de fato. Até 1976, quando o gerente de um hotel de luxo da Zona Sul do Rio de Janeiro barrou a entrada de uma mulher negra, proferindo a frase odiosa e odienta: "Preto tem que entrar pela porta dos fundos." Na mesma hora, ela chamou a polícia e exigiu a aplicação da Lei Afonso Arinos — aliás, nascida, por causa de um episódio exatamente igual. E sua aplicação, então, tornava-se algo emblemático, um exemplo concreto na luta contra a discriminação racial no Brasil.

Glória Maria Matta da Silva, a primeira pessoa a exigir a aplicação da Lei Afonso Arinos no Brasil, nasceu num dia 15 de agosto, Dia de Nossa Senhora da Glória. Sua família morava em uma casa simples, no bairro de Vila Isabel, Zona Norte do Rio de Janeiro. Filha de Cosme Braga da Silva, um alfaiate, e Edna Alves Matta, uma dona de casa, a menina estudou em colégios públicos e aproveitou todas as oportunidades que teve para acrescentar informação, cultura e conhecimento. Era apaixonada pelas aulas de inglês, francês e latim, e, desde muito nova, demonstrou uma extrema facilidade com a língua portuguesa, vencendo todos os concursos de redação de que participou no colégio.

Mas, também desde a infância, Glória Maria percebeu que precisaria lutar com mais força e determinação para conquistar o que desejava. Entendeu que, para a população dominante, formada majoritariamente por brancos, o negro era visto e tratado como inferior, subalterno e sem poder de decisão.

Quando passou no vestibular para jornalismo na PUC, uma das universidades mais caras e elitizadas do Rio de Janeiro, foi um choque. Glória Maria era cria do subúrbio, do samba, princesa do bloco carnavalesco Cacique de Ramos. Diferente da maioria dos colegas de turma, filhos da alta burguesia carioca, ela precisou arrumar um emprego para bancar a faculdade, trabalhando como telefonista da Embratel. Em 1970, depois de uma apresentação com o Cacique no programa do Chacrinha, na TV Globo, Glória Maria foi aos bastidores e pediu um emprego na emissora. Sua ousadia e determinação abriram caminho e ela conseguiu uma vaga de estágio no departamento de jornalismo.

Em 20 de novembro de 1971 fez sua primeira reportagem, cobrindo, no Rio, a queda do Elevado Paulo de Frontin, que matou 26 pessoas e deixou outras 22 gravemente feridas. Apesar da inexperiência, Glória Maria demonstrou segurança e conquistou a confiança de seus chefes. Sua ascensão foi meteórica, passando por *Jornal Hoje*, *Bom Dia Rio* e *RJTV*.

Em 1977, na primeira edição a cores do *Jornal Nacional*, foi a primeira repórter a aparecer em um link ao vivo. No mesmo ano, cobriu a posse do presidente americano Jimmy Carter, em Washington. No Brasil, durante o período militar, entrevistou diversos chefes de Estado, como o ex-presidente João Baptista Figueiredo, com quem teve um desentendimento público, a ponto de o general ordenar a seus seguranças: "Não deixa aquela neguinha chegar perto de mim." Em 1982, cobriu a Guerra das Malvinas, na Argentina. Dois anos mais tarde, integrou a equipe da Globo nos Jogos Olímpicos de Los Angeles, onde, apesar de não ser do núcleo de esportes, conseguiu furos internacionais.

Em 1986, passou a integrar a equipe do programa dominical *Fantástico*, já produzindo reportagens especiais sobre lugares, povos e culturas. Um estilo jornalístico que se tornaria sua marca registrada.

Em 1993, foi a última jornalista a entrevistar parte das vítimas da chamada "Chacina da Candelária", de triste memória. Em uma reportagem sobre solidariedade, havia conversado com os meninos que dormiam na praça em frente à igreja, e que se tornariam vítimas de um dos maiores massacres cometidos por grupos de extermínio na história do Rio de Janeiro.

Em 1998, assumiu o posto de apresentadora do *Fantástico*, função que exerceu até 2007. Durante todo esse tempo, não teve um dia sequer que Glória Maria não tenha sido impactada por críticas e reclamações que chegavam à TV Globo via carta ou e-mail. Milhares de pessoas pedindo sua saída do programa, exigindo que fosse substituída por uma apresentadora branca. No entanto, seu sucesso à frente da revista eletrônica foi tamanho que a jornalista teve autorização para tirar um ano sabático e, na volta, escolher o que quisesse dentro da emissora. Foi assim que, a partir de 2010, ela passou a integrar a equipe fixa do *Globo Repórter*, trabalhando apenas com reportagens especiais.

Nas muitas viagens que fez ao longo da vida (segundo suas próprias contas, Glória Maria já esteve em pelo menos 150 países), algo sempre chamou atenção: como o estrangeiro tem uma relação menos hipócrita com as questões raciais. Essa percepção a levou a tomar decisões importantes, e públicas, a respeito de sua própria origem. A jornalista, por exemplo, levantou a bandeira da importância da representatividade racial entre crianças, cobrando que a indústria de brinquedos fabricasse bonecas negras.

Mãe adotiva de duas meninas, Laura e Maria, Glória luta para que elas possam viver em um mundo menos preconceituoso. Em uma entrevista em 2017, sentenciou: "A escravidão continua existindo, só mudou de cara. Continuamos vivendo da maneira que a sociedade branca permite. Para escapar, a gente precisa entrar numa guerra por liberdade; para existir, precisamos mostrar que fazemos parte deste mundo, o que é um absurdo. Dos tempos de escravidão oficial até hoje, praticamente nada mudou."

"Glória" é um nome de muita força!

MAURÍCIO PESTANA

A FIBRA POR TRÁS DA RAÇA

Após *O Homem de Cor*, de Paula Brito, o primeiro periódico editado por negros de que se tem notícia no Brasil é *O Exemplo*, que circulou em Porto Alegre, no Rio Grande do Sul, entre 1892 e 1930. Entre 1915, ano da fundação de *O Menelik*, e 1963, a comunidade afro-brasileira, principalmente em São Paulo, expressou-se por meio de diversos veículos de imprensa. Mesmo com jornais de pequena tiragem e curta duração, essa imprensa foi importante como porta-voz dos anseios e reivindicações do povo negro. Nela, despontaram, entre outros, *A Rua* (1916); *Elite* (1924); *A Liberdade* (1919); *O Clarim da Alvorada* (1924); *A Voz da Raça* (1933); *A Raça* (1935), em Uberlândia (MG); *A Alvorada* (1936), em Pelotas (RS); *União* (1943), em Curitiba (PR); *Senzala* (1946); *Quilombo* (1948); *O Mutirão* (1958) e *Correio d'Ébano* (1963) etc. Nos anos 1990, com *Black People* e *Maioria Falante*, no Rio, e *Raça Brasil*, em São Paulo, a imprensa negra brasileira ressurge em novos modelos.

Maurício Pestana nasceu em 27 de dezembro de 1963, no município de Santo André, na região metropolitana de São Paulo. Destacando-se primeiro como cartunista, assinava suas obras apenas com o sobrenome Pestana, talvez em uma bem-humorada alusão ao fato de que sempre está "de olho" nos acontecimentos, ou de que "queima as pestanas", sempre estudando muito para alcançar seus objetivos. Assim presumimos.

Tendo começado seus estudos acadêmicos na Fundação Santo André, posteriormente ingressou na Fundação Cásper Líbero, renomada instituição de jornalismo, sua trajetória profissional começou a deslanchar na década de 1980, no carioquíssimo *O Pasquim*, trabalhando também, mais tarde, em jornais como *Diário do Grande ABC*, *Diário Popular* e *Gazeta Esportiva*.

Sua trajetória intelectual se destacou principalmente pela luta a favor da igualdade racial no Brasil e pelas dezenas de livros publicados, entre os quais se destacam *A Transação da transição* (1985); *Negro no mercado de trabalho* (1986); *Educação diferenciada* (1989); *Meu Brasil brasileiro* (2002); *Racista, eu!? De jeito nenhum* (2001); *São Paulo — terra de toda gente* (2004); *Revolta dos Malês: a saga dos muçulmanos baianos* (2010); *Revolta da Chibata: a revolta cidadã dos marinheiros negros* (2011); *2 de Julho: a Bahia na independência do Brasil* (2013); *Negro, uma outra história: aplicando a lei 10.639* (2014); *A presença negra e indígena na independência do Brasil* (2014); *Racismo, cotas e ações afirmativas* (2014).

Pestana ganhou destaque também como conferencista, já que, em diversas oportunidades, manifestou publicamente suas ideais sobre os temas de suas publicações e sobre as questões históricas e sociais que as envolvem, sobretudo aquelas relativas ao povo negro. Enquanto gestor empresarial, ele assumiu em 2007 a função de diretor executivo da *Raça Brasil*, única revista de circulação nacional direcionada à população negra do país.

Lançada em São Paulo em 1996, a *Raça* provocou grande impacto na mídia ao surgir. Sua criação foi talvez inspirada pela americana

Ebony, que, meio século antes, em Chicago, declarava seu objetivo de "projetar todas as dimensões da personalidade negra em um mundo saturado de estereótipos". Bem cuidada e atraente, a *Raça* fugiu do padrão das antigas publicações dirigidas ao povo negro e demonstrou na prática a existência de um mercado consumidor afro-brasileiro nas classes média e alta. Depois dela, a visibilidade dos negros nos meios de comunicação nacionais foi sensivelmente ampliada.

Pestana, antes cartunista da revista, assumiu a direção após um período meio nebuloso. E entre as principais reformas editoriais que realizou, conta-se a criação da seção Páginas Pretas, onde já entrevistou dezenas de personalidades do Brasil e do exterior com foco na questão racial, criando, assim, um importante arquivo de referências.

Além das atividades artísticas, literárias e de gestão empresarial, Maurício Pestana participa ativamente do associativismo negro brasileiro. Nessa vertente, em 1993, publicou em coautoria com Arnaldo Xavier, pela editora Nova Sampa, o livro *Manual de sobrevivência do negro no Brasil*, criando as ilustrações, com seu traço personalíssimo. Também se destaca o livro *Racismo, cotas e ações afirmativas: 46 personalidades em entrevista sobre o tema* (2014), em que o ex-presidente Luiz Inácio Lula da Silva fala sobre os desafios enfrentados para a aprovação do Estatuto da Igualdade Racial, em 2010, e sobre a importância desse instrumento legal.

Atento a essa questão e com o respaldo da Lei 10.639/03, que tornou obrigatório o ensino da história e da cultura afro-brasileira e africana em escolas públicas e particulares de ensino fundamental e médio, Pestana publicou *Mãe África*, uma coleção composta por livros infantis que narram e descrevem, sem estereótipos, alguns mitos e lendas africanas.

Em 2009, contribuindo para consolidar nossa história nacional, Pestana escreveu e desenhou *Revolução constitucionalista de 1932*, livro dirigido ao público infantojuvenil. E, além de publicações em livros e revistas, no meio virtual, o artista colaborou como colunista no portal *Geledés*, da importante entidade de mesmo nome.

Para complementar seu trabalho com a população negra, Pestana foi secretário adjunto de Promoção da Igualdade Racial da Prefeitura de São Paulo sob a gestão de Fernando Haddad, entre 2014 e 2015, tornando-se secretário nos anos seguintes do mandato. De 2010 a 2017, foi membro do conselho administrativo do Museu Afro Brasil, além de fazer parte do conselho deliberativo do Baobá, um fundo para equidade racial.

Sobre as mudanças implementadas em toda a estrutura da *Raça Brasil* — da publicação impressa, do site e das demais extensões virtuais — que passou a contar inclusive com um conselho editorial formado por jornalistas, acadêmicos, empresários e estudiosos da questão negra, o diretor Pestana conclui:

> Quando iniciamos esse processo, nosso norte era que nossos canais tivessem o mesmo destino da revista Raça, impresso respeitado pelo pioneirismo e a maior revista negra do hemisfério Sul. Hoje sabemos que estamos construindo o maior canal da comunicação negra neste pedaço do mundo, o que é muito natural, uma vez que com mais de cem milhões pessoas se autodeclarando negras, somos a maior população negra do mundo, então é só transformar esses números em poder!

ÉDISON CARNEIRO

PADRINHO DO SAMBA E DO CANDOMBLÉ

> *Quanto à escola de samba, parece fora de dúvida que as agremiações precisam revitalizar sua essência, sob pena de se distanciarem cada vez mais de suas origens e propósitos iniciais — o que, entretanto, poderá significar uma opção, face aos ditames da indústria cultural dentro da qual se inserem dinamicamente.*
>
> Édison Carneiro, "Carta do samba"

Édison de Souza Carneiro nasceu em Salvador em 12 de agosto de 1912. Filho de Antonio Joaquim de Souza Carneiro e de dona Laura Coelho de Souza Carneiro, foi um dos mais importantes pesquisadores da cultura popular, participando de movimentos em prol da difusão e da valorização das nossas tradições. Estudioso dos temas afro-brasileiros, tornou-se a maior autoridade nacional em relação aos cultos de origem africana e aos problemas da inclusão dos africanos e seus descendentes na sociedade brasileira.

O jovem Édison estudou na capital de seu estado, diplomando-se em ciências jurídicas e sociais pela Faculdade de Direito da Bahia em 1935. Exercendo o jornalismo, entre as décadas de 1930 e 1940 foi redator de diversos periódicos brasileiros e alguns internacionais. A partir de 1933, dedicou-se ao estudo da cultura brasileira de matriz africana, sendo que em 1937 participou da fundação da primeira federação de casas de candomblé baianas, que ganhou a denominação de União das Seitas Afro-Brasileiras da Bahia.

Em 1937, acompanhado de Arthur Ramos, organizou o II Congresso Afro-Brasileiro, evento que contou com a presença de figuras como ialorixá Mãe Aninha (Obá Biyi) e o babalaô Martiniano do Bonfim (Ojé Ladê), e inaugurou, assim, um caminho de afirmação entre a tradição popular e o segmento erudito de pesquisas sobre a cultura afro-brasileira.

A partir de 1939, Édison Carneiro se mudou para o Rio de Janeiro, onde trabalhou principalmente como jornalista. Em 1959, iniciou carreira como professor, com o ensino da disciplina bibliografia do folclore, no curso de biblioteconomia da biblioteca Nacional. Mais tarde, passou a ministrar, na condição de professor visitante, cursos em várias universidades brasileiras. Em 1958, foi um dos inspiradores da criação da Campanha de Defesa do Folclore Brasileiro (CDFB). Assumindo a direção-executiva do órgão, no antigo Distrito Federal, exerceu uma gestão plena de realizações importantes, como a organização da Biblioteca Amadeu Amaral e o início do processo de aquisição de peças para o Museu do Folclore, o qual 18 anos mais tarde, após seu falecimento, recebeu o nome de Museu de Folclore Édison Carneiro. Pouco tempo depois, em 1978, a transformação da CDFB em órgão de caráter permanente concretizou-se pela criação do Instituto Nacional de Folclore, atual Centro Nacional de Folclore e Cultura Popular.

Em 1969, destacado também como escritor, Carneiro foi agraciado pela Academia Brasileira de Letras com o Prêmio Machado de Assis. Também foi condecorado com a Medalha Sílvio Romero pelo Governo da Guanabara e com a Medalha Euclides da Cunha, pela cidade de São José do Rio Preto. Entre seus livros publicados, anteriores e posteriores a essas homenagens, contam-se: *Religiões negras* (1936); *Negros bantos e Castro Alves* (1937); *Trajetória de Castro Alves e O quilombo dos Palmares* (1947); *Candomblés da Bahia* (1948); *A linguagem popular da Bahia* (1951); *Antologia do negro brasileiro* (1950); *Samba de umbigada* (1961); *Ladinos e crioulos* (1964) e *Folguedos tradicionais* (1982). Mas, apesar de toda a sua trajetória intelectual e do reconhecimento de seu notório saber, na década de 1950, o grande Édison Carneiro foi preterido na cadeira de antropologia da Universidade do Brasil, atual UFRJ, que pleiteou após a morte de seu mestre e amigo Arthur Ramos. Coisas da vida brasileira!...

Intelectual e ativista, nosso cientista especializou-se em temas voltados à história do negro e à valorização de sua cultura, inclusive indo à África em 1961 para pesquisar a cultura iorubá e, assim, dimensionar sua influência entre os afrodescendentes brasileiros. Grande estudioso e aficcionado da música popular e do samba em especial, Édison Carneiro foi presidente de honra de diversas agremiações carnavalescas, como a Portela, o Salgueiro e a Mangueira, no Rio de Janeiro, e o Afoxé Filhos de Gandhi, em Salvador.

Nesta área de interesses, em 1962, "dr. Édison" inspirava a criação do Dia Nacional do Samba, nascido no âmbito do 1.º Congresso Nacional do Samba, do qual fora um dos idealizadores e oficializado a partir da lei estadual n.º 554, de 28 de julho de 1964. Mais tarde, por meio de leis ou pelo costume, a efeméride ganhou âmbito nacional.

A data da celebração, 2 de dezembro, faz referência à da assinatura do documento final do Congresso, a importante "Carta do samba", de autoria do "padrinho", na qual são feitas diversas recomendações com vistas à preservação dos fundamentos musicais e coreográficos daquele que é o gênero principal da música brasileira.

Entretanto, aos poucos as escolas de samba foram se transformando, privilegiando, em suas apresentações, o aspecto visual, em detrimento de outros valores. Enquanto essa nova ordem surgia, o professor Édison Carneiro falecia na cidade do Rio, coincidentemente no Dia do Samba de 1972.

SONIA GUIMARÃES

CIÊNCIAS EXATAS, AÇÕES AFIRMATIVAS

Em 1996, duas mulheres matricularam-se em uma das universidades mais exclusivas do Brasil. Estavam "fazendo história", pois eram as primeiras mulheres a estudar no Instituto Tecnológico de Aeronáutica, criado em 1950, em São José dos Campos, São Paulo. Eram as únicas mulheres alunas, mas havia uma professora, ingressada na instituição, marcadamente masculina, três anos antes. E era uma mulher negra.

Sonia Guimarães nasceu em 26 de junho de 1957 em Brotas, cidade paulista conhecida pelo turismo de aventura. Filha de um tapeceiro e uma comerciante, recebeu toda a instrução fundamental em escola pública, estando sempre entre os melhores da turma. Lembra ela que, no curso primário, certa vez, havia uma vaga para o turno da manhã, mas a menina, apesar de se destacar, foi preterida. "Quem tiraram? A *pretinha*. Eu me senti depreciada por isso."

No ensino médio, fez curso de técnico em Edificações. Queria fazer engenharia civil e começou a trabalhar para pagar um curso pré-vestibular. Um de seus professores a aconselhou a colocar física como segunda opção, e, em 1976, Sonia foi aprovada para a concorrida Universidade Federal de São Carlos (UFSCar), no interior paulista. Apaixonou-se pelo curso. Na sua turma, entre cinquenta alunos, havia apenas cinco mulheres.

Sonia foi a segunda pessoa da família a cursar faculdade. Os pais queriam que ela ficasse em Brotas, mas a mãe, Clélia, mesmo relutante, convenceu o marido a permitir que ela fosse para São Carlos. Em 1980, Sonia iniciou o mestrado em física aplicada da universidade de São Paulo, no campus de São Carlos. Continuou com uma especialização em química e tecnologia dos materiais e dos componentes, pelo Consiglio Nazionale dele Ricerche, com bolsa do Conselho Nacional de Desenvolvimento Científico e Tecnológico (CNPq). Logo em seguida, mais uma mudança, boa: Sonia foi para a Inglaterra fazer doutorado em materiais eletrônicos no Instituto de Ciência e Tecnologia da Universidade de Manchester, novamente com bolsa do CNPq.

De volta da Inglaterra, a doutora fez concurso para professora universitária e foi aprovada em algumas faculdades. Entretanto, a proximidade com Brotas e São Carlos pesou na escolha. "Na época eu tinha entrado para a Universidade São João del-Rei, na qual eu lecionei por dois meses. Ao mesmo tempo, eu havia feito concurso para o ITA, no qual eu também tinha passado. Minha mãe me disse que São José dos Campos (sede do ITA) era uma escolha mais perto do que São João del-Rei", lembra Sonia. Para a mãe, o que importava era a família continuar próxima.

No ITA, depois de ter se tornado a primeira mulher negra a conseguir o título de doutora em física, seria a primeira a lecionar no tradicional instituto tecnológico, onde desenvolve pesquisa sobre sensores de calor, passíveis de serem usados em armamentos. Como professora, acredita que o ingresso de mais negros e mulheres na ciência é importante não apenas para a ascensão social desses setores da população. "A população negra pode mudar a ciência para melhor, fornecendo diversidade nas ideias", disse ela em entrevista ao site *Mundo Negro*. "A ciência é basicamente dominada por homens brancos, isso é uma grande limitação, mais cabeças pensam melhor, e maior diversidade irá trazer maior criatividade, pesquisa em maior número de áreas, e com certeza melhores resultados sobre perspectivas até então não imaginadas." E diversidade é mesmo artigo raro na ciência brasileira.

Dos setecentos alunos que ingressaram no ITA entre 2013 e 2018, apenas sessenta eram mulheres. Em 2013, o CNPq passou a solicitar que os pesquisadores informassem raça e cor no seu currículo acadêmico (o currículo Lattes). Segundo dados de 2015 do CNPq, eram apenas 12 mil mulheres pesquisadoras nas áreas de tecnologia, exatas e engenharias, contra 22,4 mil homens. Ainda em 2015, um estudo mostrou que, entre os bolsistas de pós-graduação em ciências exatas pelo CNPq, as mulheres negras são pouco mais de cinco mil, ou 5,5% do total, o que representa cerca de 26% do número de mulheres pesquisadoras.

A ausência de negros e mulheres nos departamentos de ciências exatas reflete-se no tratamento a pesquisadoras e pesquisadores negros. Em um artigo para o jornal *O Estado de S. Paulo*, Sonia Guimarães lembra que, no seu primeiro ano no ITA, havia apenas três alunos negros. Em uma palestra no IX Artefatos da Cultura Negra, na Universidade Federal do Cariri, em Juazeiro do Norte, contou do preconceito que já experimentou na universidade em que dá aula. "Já ouvi de alunos do ITA que minhas roupas chamavam atenção para o meu corpo, e que sou a pior professora do instituto... Brancos racistas acreditam que não brancos são inferiores exatamente porque somos minoria nas universidades, nos melhores postos de trabalho, mas não ocupamos esses postos na mesma proporção que eles principalmente pelas barreiras que o racismo impõe."

A pesquisadora também defende que o racismo se combate com a cabeça em pé. E essa luta já a colocou no centro de uma polêmica. Em uma entrevista no programa *Conversa com Bial*, da Rede Globo, em 10 de maio de 2018, ela afirmou que era odiada na universidade, o que levou o ITA a se manifestar.

Sonia Guimarães sabe que racismo se combate também com educação. Por isso, a fim de ajudar na formação de outros negros, ela é mantenedora da Faculdade Zumbi dos Palmares, que oferece mensalidades acessíveis aos menos aquinhoados, grande parte com bolsas, e reserva 50% das vagas para afrodescendentes. Também dá aulas de inglês para jovens negros. Recebeu, por seu trabalho, o Prêmio Raça em 2000, e em 2017 ganhou o troféu do Dia Internacional da Mulher Negra Latino-Americana e Caribenha, concedido pela Prefeitura de São Paulo. Além disso, ela compõe o Conselho de Desenvolvimento Econômico e Social (CDES), do governo federal.

Em 2019, Sonia poderia finalmente se aposentar, mas decidiu adiar a decisão. Afinal, é neste ano que enfim o ITA vai aderir ao sistema de cotas. "Vinte e dois alunos negros vão ingressar lá no ano que vem [2020] por cotas — e se eles reprovarem em uma disciplina que seja, não poderão concluir o curso", explica ela. "Eu sei que alguns [professores] ali teriam prazer em reprovar alunos que vão ingressar por cotas. Eu quero estar junto nessa briga."

TOMAZ AROLDO DA MOTA SANTOS

A PEDRA FILOSOFAL

A origem da alquimia, a química dos antigos, é atribuída ao egípcio Imhotep, que os gregos associaram ao seu Hermes Trismegisto. Vivendo por volta de 2700 a.C., na época do faraó Djoser, esse sábio destacou-se como médico, astrônomo, matemático e arquiteto. E, no campo do que hoje se conhece como química, manipulava metais, produzindo um pó preto, associado ao deus Osíris e tido como a essência de todas as coisas, num processo denominado *khem* (o que está oculto; magia, sabedoria), cujo nome formou o substantivo "alquimia". Esse sábio, como a maioria dos egípcios de seu tempo, seria, muito possivelmente, um homem negro. Por isso, pedimos licença para trazê-lo a esta nossa conversa.

Itapeipu é uma pequena vila no município de Jacobina, no interior da Bahia. Em 1955, quando o menino Aroldo — lá nascido em 11 de janeiro de 1944 — deixou o vilarejo, tinha pouco mais de quinhentos moradores. Ali, naquela aldeia no sertão baiano, o garoto, um dos 11 filhos de um farmacêutico prático, via os caminhões passando e sonhava em ser motorista de caminhão para conhecer o mundo.

Aos 8 anos, o menino descobriu que havia um nome antes de Aroldo. Era aluno de umas das escolas rurais que o governo da Bahia, a partir da gestão de Anísio Teixeira como diretor de Instrução Pública, começou a espalhar pelo estado, e uma professora o chamou duas vezes de Tomaz. Como o menino não respondeu, a professora decidiu chamá-lo pelo nome completo, Tomaz Aroldo. "Tomaz" era homenagem ao avô paterno. Décadas mais tarde, o professor Tomaz Aroldo voltaria ao vilarejo natal, que lhe pareceu ainda menor. Havia conhecido pelo menos parte do mundo, não como caminhoneiro, mas como pesquisador, professor emérito e reitor de uma das maiores universidades do Brasil.

Voltemos, entretanto, a Itapeipu, de onde Tomaz Aroldo foi para Salvador, para cursar o ensino médio. Em 1960, seguiu os passos do irmão Altino, que havia se mudado para Belo Horizonte. Na capital mineira, morou no Tupis, um edifício *art déco* de 17 andares conhecido como "Balança mas Não Cai", um antigo prédio comercial que abrigava muitos estudantes nos anos 1960 em apartamentos com banheiro coletivo.

Mais uma vez por influência do irmão Altino, o futuro professor ingressou na militância católica de esquerda. "Percebi que católicos podiam conviver com marxistas na busca do ideal comum da justiça social", explica ele, que, na época, trabalhava em um banco e estudava. Em 1963, entrou para o curso de sociologia e política da Faculdade de Ciências Econômicas da UFMG. Quando o presidente João Goulart foi deposto, no ano seguinte, decidiu mudar de área, já que o novo regime não queria regulamentar a profissão de sociólogo, sempre uma "pedra no sapato" dos ditadores. Então, em 1965, ingressou no curso de farmácia da UFMG, que, segundo ele, estava preocupada com a "valorização do farmacêutico no desenvolvimento na indústria nacional".

Formou-se em 1968, e no início dos anos 1970 lecionou bioquímica e biofísica na Faculdade de Medicina de São José do Rio Preto (São Paulo). Voltaria para a UFMG em 1975, como professor de imunologia. Dois anos depois, obteria o título de doutor em bioquímica e imunologia pela mesma universidade, com uma tese sobre imunologia da esquistossomose. O lado político, no entanto, não desapareceu, e ele conciliou a carreira como pesquisador com cargos administrativos. Foi pró-reitor de extensão entre 1984 e 1986 e diretor do Instituto de Ciências Biológicas de 1990 a 1994. Em 1994, tornou-se o primeiro reitor negro da UFMG, cargo que ocupou até 1998.

Tomaz Aroldo esteve afastado da universidade mineira apenas três vezes: fazendo estágio pós-doutoral no conceituado Instituto Pasteur de Paris, entre 1986 e 1988; como pesquisador visitante no Instituto Gulbenkian de Ciência, em Oeiras (Portugal), em 1998; e após aposentar-se na UFMG, quando foi reitor *pro tempore* da Universidade da Integração Internacional da Lusofonia Afro-Brasileira (UNILAB), entre março de 2015 e outubro de 2016.

Esta foi uma experiência realmente nova. A UNILAB faz parte de um conjunto de iniciativas de integração de universidades em âmbito internacional criadas durante o governo de Luiz Inácio Lula da Silva. E sua inauguração ocorreu em 2010 em Redenção (CE), a primeira cidade brasileira a libertar todos os seus escravos, em 1884. Dessa vez, teve de se afastar da casa do bairro Ouro Preto, na região da Pampulha, em Belo Horizonte, e foi para o Ceará em companhia da esposa, Yara, assistente social e professora aposentada da PUC-Minas, com quem tem três filhos.

Uma das preocupações de Tomaz Aroldo da Mota Santos na UFMG, desde quando era pró-reitor de extensão, foi a alfabetização de servidores. Ele achava "um escândalo que a universidade tivesse funcionários analfabetos", e por isso instituiu programas de educação de jovens e adultos.

Esse cuidado vem de longe. Foi Tomaz Aroldo quem apresentou a leitura e a escrita à mãe, dona Placídia. Na Unilab, que recebe alunos de todos os países da Comunidade dos Países de Língua Portuguesa, Tomaz Aroldo mais uma vez pôde testemunhar o efeito da educação pública de qualidade e democraticamente acessível. "Eu não tenho dado preciso, mas tenho a impressão de que 70 a 80% dos jovens da UNILAB sejam os primeiros das suas famílias a ingressar numa instituição de educação superior", afirmou ele.

Quando recebeu o título de professor emérito da UFMG, em 2017, Tomaz Aroldo fez questão de lembrar que sua carreira é produto do ensino público. "Meu empenho foi indispensável, pois esforço e dedicação são necessários a qualquer pessoa que queira construir sua vida profissional, sua autonomia. Mas eu não me fiz sozinho. Minha trajetória profissional não teria sido possível sem que outras condições tivessem sido providas. [...] Sem escolas nas zonas rurais e colégios públicos de qualidade nas cidades, o esforço individual de cada jovem para educar-se não prospera."

Além da educação pública e da origem pobre, ser negro marcou a percepção de mundo e as escolhas do professor Tomaz como administrador. Ele conta ter percebido "certo estranhamento" quando viam um negro na reitoria, como se estivesse ocupando um lugar inapropriado para alguém de sua cor. Ao mesmo tempo, houve reações positivas: "Fui abordado por pessoas negras e não negras que, ao me verem nas funções de reitor, expressavam sentimentos de admiração e orgulho. Diziam-me, principalmente as pessoas negras, que se sentiam bem, valorizadas, me vendo na TV, nas formaturas, em eventos públicos, como reitor da UFMG. Sem que eu falasse, o meu corpo, como se fosse um discurso, dizia: 'Negros podem ocupar funções de relevo, de maior prestígio social.'" E essa experiência deu-lhe ainda mais convicção da importância de uma educação pública inclusiva. "Essa discriminação, que parece ser um simples detalhe da organização da nossa sociedade, é assunto com o qual devem ocupar-se explicitamente as universidades públicas para muito além da boa execução das políticas de cotas, que, diga-se de passagem, já melhoraram — e muito — a presença da juventude negra brasileira na educação superior no Brasil."

Tomaz Aroldo da Mota Santos descobriu a "pedra filosofal", capaz de transformar educação em ouro. Sob a inspiração de Imhotep.

MUNIZ SODRÉ

VOZ E AÇÃO DO PENSAMENTO NAGÔ

Diz a tradição que, após a morte de Xangô, mítico rei da cidade-estado de Oyó, no atual território nigeriano, os súditos resolveram perpetuar sua memória através de um culto religioso. Para tanto, formou-se um conselho de ministros, organizado do modo como os antigos conselheiros se sentavam diante do rei: seis à sua direita (*otun*) e seis à esquerda (*osi*). Em 1936, reavivando o culto chegado ao Brasil no século XVIII, a ialorixá Mãe Aninha Obabiyi criou, na comunidade do Axé Opô Afonjá, em Salvador, um corpo de "ministros", intitulados obás, cujas denominações repetiam os nomes de antigos governantes relacionados à história de Oyó: *Oba Abiodun*, *Oba Aré*, *Oba Arolu* etc. A tradição, com os lugares e títulos dos falecidos sendo herdados pelos substitutos, chegou até nossos dias.

Na atualidade, o *Oba Areçá*, o segundo à esquerda, chama-se Muniz Sodré.

O sociólogo e escritor Muniz Sodré de Araújo Cabral nasceu em São Gonçalo dos Campos, Bahia, em 1942. É mestre em sociologia da informação pela Paris-II, Sorbonne, doutor em letras pela Universidade Federal do Rio de Janeiro e tem pós-doutorado em sociologia e antropologia pela École Pratique des Hautes Études en Sciences Sociales. Jornalista profissional e tradutor, Muniz tornou-se, em 2012, professor emérito da UFRJ.

Entre seus muitos e honrosos encargos, Muniz Sodré é professor-visitante de várias universidades estrangeiras e foi presidente da Fundação Biblioteca Nacional (2005-2010). Destacado como uma das maiores autoridades nacionais em teoria da comunicação e um dos mais respeitados pensadores brasileiros contemporâneos, em 2003 tomava posse como membro do Conselho de Desenvolvimento Econômico e Social, instituído pelo governo Lula.

Um dos poucos teóricos brasileiros na área de comunicação que têm circulação e respeitabilidade no exterior, Muniz escreveu e publicou *Um vento sagrado* (em coautoria com Luis Filipe de Lima), livro que fala da trajetória de Agenor Miranda Rocha, falecido professor e líder do candomblé. A obra foi adaptada para um longa-metragem de mesmo nome.

Absolutamente integrado à sua vida intelectual e acadêmica, Muniz Sodré mantém uma admirável e íntima relação com os universos filosófico e religioso das tradições afro-brasileiras irradiadas de sua Bahia natal para todo o território brasileiro. Cultor do iorubá, língua litúrgica das casas matriciais na Bahia, Muniz Sodré maneja, em graus diferentes de domínio, línguas estrangeiras como inglês, francês, italiano, espanhol, alemão, russo e árabe. Assim, integra o Corpo de Obás (ministros de Xangô) do Ilê Axé Opô Afonjá, uma das três casas matriciais do culto jeje-nagô na Bahia. Nessa honrosa posição, foi o primeiro obá confirmado pela ialorixá Stella de Oxóssi, Odé Kayodê, falecida em 2019. E em 13 de junho deste mesmo ano, eleito membro da Academia Baiana de Letras, passou a ocupar a cadeira de n.º 33, em que antes se sentava a saudosa Odé Kayodê.

No mesmo campo relacional, ao lado de Deoscóredes M. dos Santos, Mestre Didi, Juana Elbein dos Santos, Marco Aurélio Luz e outros, Muniz Sodré foi fundador da Sociedade de Estudos da Cultura Negra no Brasil (SECNEB), responsável por encontros e obras afirmativos da identidade afro-brasileira nas últimas décadas. Da mesma forma, foi discípulo de Mestre Bimba, lendário criador da capoeira "regional" na Bahia, sobre quem escreveu *Corpo de mandinga*. E, em meados de 2019, seu romance *O Bicho que chegou a Feira* foi adaptado para os quadrinhos.

Muniz Sodré tem numerosos livros publicados e inumeráveis artigos sobre comunicação, cultura e ficção, alguns dos quais traduzidos no exterior. Dentre eles, contam-se: *A verdade seduzida: por um conceito de cultura negra no Brasil* (1983); *O terreiro e a cidade: a formação social negro-brasileira* (1988); *Claros e escuros: identidade, povo e mídia no Brasil* (2001), *Antropológica do espelho* (2002), *O império do grotesco* (com Raquel Paiva, 2002) e *Mestre Bimba: corpo de mandinga*. Algumas obras tornaram-no mais conhecido, como é o caso de *Monopólio da fala* (sobre o discurso da televisão) e *Comunicação do grotesco* (sobre programas de TV que exploram escândalos e aberrações).

IVAIR AUGUSTO ALVES DOS SANTOS

JOGANDO OS DADOS

No Brasil, o racismo contra a porção afrodescendente da população existe, sim, e produz efeitos catastróficos. E a constatação dessa realidade já vem, há algum tempo, baseada em dados oficiais e levantamentos estatisticamente indiscutíveis. Quem nega essa verdade o faz de má-fé ou porque "não compreende nem se interessa por diversidade, conceito que implica convivência respeitosa e mesmas oportunidades para todos os grupos sociais".

No início dos anos de 1970, a presença de um negro em uma universidade pública era algo raro. Pouco mais de oito décadas após o fim oficial da escravidão no Brasil, a desigualdade social e econômica, somada ao racismo inerente à sociedade, continuava sendo uma barreira praticamente intransponível para os afrodescendentes desejosos de ascensão. Durante dois anos, entre 1970 e 1972, o cenário na Universidade Federal de São Carlos, no interior de São Paulo, era desolador para aquele único estudante negro do curso de química. Seus pares eram todos brancos. Aquilo gerava um grande incômodo e despertou nele uma necessidade urgente de mudança. Quando finalmente encontrou no campus outro aluno de origem igual à sua, uniu-se a ele e deu início a uma série de ações que, uma década depois, culminaram na criação do Conselho de Participação e Desenvolvimento da Comunidade Negra do Estado de São Paulo, primeiro órgão do poder público criado para tratar especificamente da questão étnico-racial.

Ivair Augusto Alves dos Santos nasceu na cidade de São Paulo, no dia 10 de setembro de 1952. Seus pais, Hilda Alves dos Santos e Ivo dos Santos, tiveram outros três filhos, Ivani, Ilsa e Ivamar. A família sempre foi muito conectada às raízes africanas, e o orgulho da ancestralidade se fazia presente em conversas sobre os mais diversos assuntos. Até a Bíblia era usada para ilustrar casos de discriminação sofrida por negros ao longo da história. A avó materna, Sebastiana Maria de Jesus, era presença constante nesses momentos.

Na escola, Ivair sofria duas vezes. Primeiro com a crueldade dos colegas de turma, pouco acostumados a conviver com pessoas negras em situação de igualdade. Depois, com a própria história do Brasil. Os livros didáticos que retratavam a formação do país sempre mostravam negros sofrendo algum tipo de violência. Incomodado, o menino chegou a interpelar um professor: "Mas por que eles só apanham? Não tem outra coisa que eles fazem a não ser apanhar?"

Ficou sem resposta.

Com 17 anos, Ivair começou a mobilizar os negros no bairro onde morava, na Zona Leste de São Paulo. Agia motivado pela necessidade de se expressar e, principalmente, pela urgência em conscientizar outras pessoas acerca dos problemas raciais que eram cada vez mais explícitos para ele.

No ano seguinte, a despeito de todas as adversidades, Ivair foi aprovado no vestibular para o curso de química na Universidade Federal de São Carlos. Lá, participou ativamente do movimento estudantil, chegando à presidência do Diretório Central de Estudantes (DCE). Em 1972, conheceu outro estudante negro que frequentava o campus, no curso de engenharia: Henrique Cunha Júnior. O encontro foi um divisor de águas na vida de Ivair. O pai de seu novo amigo era uma importante liderança do movimento negro paulista e organizava reuniões em casa, onde os dois rapazes conheceram a "velha guarda" da militância, como Correia Leite, Jayme Aguiar, Odacir de Mattos e Eduardo de Oliveira e Oliveira.

Em 13 de maio de 1973, incentivado por Cunha Júnior, Ivair escreveu um artigo sobre racismo e enviou para um jornal de São Carlos. O texto foi lido pelo sociólogo e intelectual Clóvis Moura, autor do clássico *Rebeliões da senzala: quilombos, insurreições, guerrilhas* e pai da Sociologia da Práxis Negra, na qual traduz o marxismo a partir da perspectiva do sujeito afrodescendente. Impactado pela visão de mundo daquele jovem estudante de química, Clóvis o chamou para trabalhar na *Folha de S.Paulo*, abrindo portas para voos ainda mais altos.

Em 1974, filiou-se ao MDB, partido de oposição ao governo militar, e iniciou uma trajetória político-partidária que o levou a estreitar relações com líderes como o sociólogo e futuro presidente da República Fernando Henrique Cardoso.

Cinco anos mais tarde, já consolidado como uma das vozes mais ativas do movimento negro brasileiro, Ivair Alves se viu diante de um convite irrecusável: trabalhar em Angola. Inicialmente seriam apenas três meses, mas a "volta à África" falou mais alto, e ele acabou passando quatro anos no país, conhecendo a fundo a realidade daquele povo que, por conta do tráfico de escravos, muito contribuiu para a formação do brasileiro.

Na volta ao Brasil, em 1983, Ivair Alves já era uma das maiores autoridades sobre a questão etnorracial em atividade no país. Franco Montoro, então governador de São Paulo, o chamou para participar de sua gestão. Surgiu, então, o Conselho de Participação e Desenvolvimento da Comunidade Negra, nascido para combater o racismo e a discriminação, além de inserir a matéria na agenda política do Brasil.

O trabalho no conselho serviu de base para sua tese de mestrado em ciência política na Universidade Estadual de Campinas.

Em 1991, no governo de Luiza Erundina na Prefeitura de São Paulo, Ivair chefiou a Coordenadoria Especial do Negro. Três anos mais tarde, integrou o comitê de campanha de Fernando Henrique Cardoso. Entre 1995 e 1996, já no governo tucano, ajudou a montar o Grupo de Trabalho Interministerial para a Valorização da População Negra, ligado ao Ministério da Justiça. Ainda no governo FHC, desenvolveu, junto ao Ministério do Trabalho, uma série de ações afirmativas para diminuir a discriminação e o racismo no mercado. Com a chegada de Lula e do PT ao poder, em 2002, as lideranças negras ligadas ao partido o convidaram para participar da criação da Secretaria Especial de Promoção de Políticas da Igualdade Racial.

Em 2009, tornou-se doutor em sociologia pela UnB, onde é professor. Sua tese foi sobre *Direitos humanos e as práticas do racismo*, na qual faz uma análise detalhada de processos e sentenças judiciais relacionados ao racismo no período de 2005 a 2007, revelando que no Brasil, em cada 17 denúncias de racismo, apenas uma resultava em ação penal.

NEUZA MARIA ALVES DA SILVA

A PIONEIRA DO TORORÓ

Neuza Maria Alves da Silva nasceu em 17 de dezembro de 1950, em uma comunidade muito pobre no bairro de Tororó, em Salvador, Bahia. Até os 4 anos de idade, viu o pai apenas esporadicamente, e jamais foi por ele reconhecida como filha. Em compensação, sempre contou com o apoio e o incentivo da mãe, dona Beatriz. Empregada doméstica e responsável, sozinha, pela criação de cinco filhos, essa senhora, embora com pouquíssima instrução formal, soube compreender a vocação e a força de vontade da menina para com os estudos.

Por volta dos 14 anos, a jovem percebeu, pela primeira vez, o amargor da exclusão: numa singela festa junina da igreja, no momento da escolha dos pares da tradicional quadrilha, foi a única a "sobrar", não sendo escolhida. E a razão do descarte, entendeu, era a cor da sua pele.

Apesar de todos os obstáculos, Neuza cumpriu uma trajetória escolar proveitosa, sempre em estabelecimentos da rede pública, completando o ciclo fundamental no curso "ginasial" da época; em seguida formando-se professora (atividade em que pôde ajudar no sustento da casa); e daí prestando o concorrido exame vestibular para o curso de direito da Universidade Federal da Bahia.

O desejo de ser advogada surgiu ainda no ensino médio. Um professor reuniu um grupo de alunos para simular um tribunal de julgamento, e ela foi escolhida para atuar como advogada de defesa. "Eu me apaixonei pelo caso e pela função", explicou. E dali a alguns anos lá estava a menina do Tororó admirando as teorias do direito e ansiando pelo momento de defendê-las num tribunal verdadeiro.

Neuza conta que fez todo o curso lendo livros emprestados por bibliotecas. Quando sabia que um dos que desejava ia ser devolvido, era a primeira a chegar para garanti-lo e levá-lo para casa. E se apaixonou pela leitura. Tanto que sempre se lembrou do primeiro livro comprado com seu próprio salário: uma antologia dos poemas de Augusto dos Anjos, encadernada e impressa em papel fino, publicada por uma editora de origem espanhola.

A partir de 1974, quando concluiu o bacharelado e já tinha em mãos sua carteira da OAB, Neuza começou a exercer a advocacia. Foram 13 anos no total, sendo oito deles no quadro funcional da Rede Ferroviária Federal. No transcurso desse tempo, foi aprovada no concurso para juízes e juízas da Justiça do Trabalho. Tomando posse em 29 de novembro de 1987 como juíza substituta, exerceu o cargo por apenas dez meses. E isso porque, sendo aprovada também no concurso para a magistratura federal, optou por essa segunda condição.

Assim, em 29 de agosto de 1988, Neuza Maria Alves da Silva tornava-se a primeira juíza federal afrodescendente no país. Entretanto, como tinha três filhos pequenos e a mãe estava doente, a magistrada hesitou em assumir o novo cargo, já que poderia ser enviada para qualquer estado da federação. Mas os deuses da Justiça ajudaram e ela conseguiu permanecer em Salvador. Observe-se que, na época, havia apenas uma mulher na justiça federal da Bahia, Eliana Calmon, que seria também a primeira mulher a ocupar uma cadeira no Supremo Tribunal de Justiça (STJ).

Neuza Maria permaneceu no cargo de juíza federal durante 17 anos. Por todo esse tempo, destacou-se também na Associação dos Juízes Federais do Brasil, seção da Bahia, bem como no Conselho Estadual de Defesa dos Direitos da Mulher (CDDM/BA). Entre suas principais conquistas no período está a implantação de juizados novos, de modo a estender a ação da Justiça a cidadãos e cidadãs de menor poder aquisitivo. Credita-se também a ela a importante participação na consolidação do Conselho de Defesa dos Direitos da Mulher, órgão oficial vinculado à Secretaria da Justiça do Estado da Bahia do qual foi vice-presidente e que, apesar de já existir formalmente havia quase duas décadas, não saía do papel.

Apesar de suas inúmeras ocupações, a magistrada não deixou de ampliar seus conhecimentos profissionais. Assim, fez cursos de especialização, como o de direito processual, na Faculdade de Direito do Estado da Bahia, e o de direitos humanos, na Universidade Estadual da Bahia (UNEB), em convênio com a Escola do Ministério Público do estado baiano.

No dia 2 de dezembro de 2004, após ter seu nome incluído em lista tríplice apresentada ao presidente Lula, para escolha do novo julgador do Tribunal Federal da 1.ª Região, a maior do país, com sede em Brasília, Neuza Maria Alves da Silva tomava posse no cargo de desembargadora federal. Tornava-se, assim, a primeira mulher negra a ocupar tal posto no país, confirmando sua sina de mulher desbravadora, a qual foi inclusive usada por seu povo como uma espécie de epíteto ou sobrenome: "Neuza Pioneira."

Mas não é só o pioneirismo que distingue esta nossa notável personagem. Ela se caracteriza também pela simplicidade, característica rara em seu ambiente profissional. Partindo do princípio de que os cidadãos devem entender as decisões judiciais que afetam suas vidas, nossa desembargadora faz questão de ser sempre muito bem entendida em suas decisões e pronunciamentos: "Eu sempre tive uma linguagem muito clara", contou ela em entrevista ao site da

Associação dos Juízes Federais (AJUFE). "Eu disse a mim mesma: 'O jurisdicionado, quando bate à porta da justiça com uma demanda, ele quer a solução. Quando eu tiver que fazer trabalhos rebuscados, eu vou escrever um artigo, vou escrever um livro, vou publicar matérias, eu vou fazer alguma coisa no campo acadêmico, porque sentença, acórdão, decisão judicial *lato sensu* ou *stricto sensu* se faz é no bom e claro português, que qualquer pessoa entenda o que foi concedido, o que foi negado e o que é que deve ser feito dali em diante; nada de ficar andando em círculos.'"

Neuza tem uma carreira exemplar na magistratura, mas nada lhe foi fácil. Sempre teve a exata noção de que, para chegar aonde chegou, provando sua capacidade, teria que realizar esforços redobrados. E o excesso de trabalho cobrou seu preço. Teve problemas ortopédicos que a levaram à mesa de cirurgia; e seu casamento não sobreviveu à rotina pesada. Embora sonhasse com momentos de repouso, em casa, lendo ou ouvindo música, raras vezes conseguiu estar assim. E, além disso, aprendeu que o preconceito racial atinge mesmo quem, como ela, está no topo de uma das instituições mais poderosas do país.

Certa vez, quando era juíza federal, num restaurante de luxo onde fora comemorar seu aniversário de casamento, encontrou um colega juiz, que virou o rosto para não cumprimentá-la. "Essa pessoa não quis mostrar para seus amigos e familiares que era amiga de uma negra."

E mesmo em Salvador, a capital de maior população negra do país, passou por situações como essa e outras semelhantes. Advogados, ou mesmo partes nos processos, diziam ao entrar no seu gabinete: "Não! Eu quero falar é com o juiz." Quando explicavam que a juíza era ela, respondiam: "É ela? Eu não sabia que era mulher." Para combater o preconceito e romper os obstáculos, Neuza resolveu adotar, nos debates, uma postura mais firme do que a dos colegas. "Por diversas vezes", conta ela, "fui interrompida; e eu tinha que chamar o presidente da sessão às falas, reivindicar cumprimento de regras do regimento, sob pena de, não agindo assim, não conseguir me impor."

Em 2008, a juíza Neuza Maria Alves da Silva recebeu da Câmara de Vereadores de Salvador a comenda Maria Quitéria, como reconhecimento à sua atuação e ao seu pioneirismo, em um país historicamente marcado pela ausência de oportunidades, sobretudo, aquelas oferecidas a mulheres negras e pobres.

À medida que crescia na carreira, Neuza fazia parte de uma minoria cada vez menor. No Brasil, apenas 38% dos juízes são mulheres, isso porque a proporção vem aumentando. Mas a desigualdade é ainda maior quando se trata de raça. Apenas 18,1% dos juízes brasileiros se declararam negros em 2018 — 16,5% pardos e 1,6% pretos. São muitas as barreiras rompidas por Neuza, filha de uma empregada doméstica que saiu de um bairro pobre de Salvador para se tornar a primeira juíza federal negra e, depois, a primeira desembargadora negra do país.

Em 2017, após trinta anos de serviços prestados à magistratura, a desembargadora Neuza Maria aposentou-se.

LEÔNIDAS DA SILVA

FUTEBOL-ARTE, NO GRAMADO E NO MERCADO

> *Não me lembro, pois não vi./ Mas eu sei./ [...] Teu nome ainda é Diamante/ Negro — pelo brilho, pela cor —/ lapidado pelos anos/ que viveste/ e por estes em que vives/ e encontras/ novas formas de viver/ construídas não apenas/ por teus pés,/ por tuas mãos/ ou tuas falas no ar./ Mas por algo que te vai dentro/ herança da gente forte./ Poucos sabem como eu./ E como eu hão de te lembrar!*
> Albertina P. Santos, "Poema para Leônidas"

Leônidas da Silva, jogador de futebol brasileiro popularizado inicialmente apenas pelo seu primeiro nome, nasceu na cidade do Rio de Janeiro, em 1913. Um dos maiores centroavantes brasileiros de todos os tempos, começou sua carreira no Bonsucesso e atuou sucessivamente no uruguaio Peñarol, no Vasco da Gama, no Botafogo, no Flamengo e no São Paulo. Foi campeão carioca pelo Vasco, pelo Botafogo e pelo Flamengo e várias vezes campeão paulista na década de 1940, além de artilheiro da Copa do Mundo de 1938 — da qual foi a maior estrela. Veloz, técnico e elástico, sendo inclusive chamado de Homem-Borracha, foi ele o responsável por popularizar a bicicleta, uma bela jogada acrobática do futebol. Também cognominado "Diamante Negro" (nome logo associado a uma famosa marca de chocolate, numa pioneira estratégia mercadológica), foi um dos primeiros grandes craques do futebol mundial e um símbolo desse esporte enquanto arte e espetáculo. Fora dos gramados, foi comentarista esportivo até recolher-se a uma clínica geriátrica na capital de São Paulo, onde faleceu em 2004.

Carioca de São Cristóvão, o menino Leônidas começou a jogar pelada pelas redondezas do bairro da Zona Norte carioca. Concluiu os estudos até o correspondente ao atual ensino médio, mas queria se profissionalizar no futebol, que começava a regulamentar-se, deixando de ser um esporte amador. Aos 13 anos, Leônidas se destacou no time juvenil do São Cristóvão. Pouco depois, passou a defender outros clubes da região, como o Havanesa, o Barroso, o Sul-Americano, o Sírio Libanês, até chegar ao Bonsucesso em 1930, onde começaria seu processo de semiprofissionalização. Também atuante em outros esportes, Leônidas integrou a equipe de basquete do Bonsucesso e, com ela, ganhou um campeonato pela primeira vez.

Era o início de uma carreira que se cristalizaria com títulos de campeão estadual com times cariocas e paulistas. Como titular da Seleção Brasileira, marcou 37 gols nas 37 partidas que disputou, algumas delas nas Copas de 1934, na Itália, e de 1938, na França.

Nesse certame, Leônidas obteve êxito estrondoso, retornando consagrado e já conhecido como o Diamante Negro, epíteto criado, segundo algumas versões, pelo jornalista francês Raymond Thourmagen, encantado com a habilidade e a elegância de Leônidas nos campos da França; ou segundo outras, no Uruguai, onde antes jogara. O certo é que, com a popularidade do craque, a associação de seu nome a diversos produtos era garantia de sucesso. Uma fábrica lançou os cigarros Leônidas; outra colocou no mercado o chocolate Diamante Negro — um dos mais vendidos no país até hoje.

Muitos especialistas lamentam que a Segunda Guerra Mundial tenha privado o mundo de ver Leônidas jogar. A Copa do Mundo, interrompida após 1938, só voltou a ser promovida em 1950, quando o então técnico da seleção, Flávio da Costa, não convocou Leônidas, que chegara aos 37 anos.

A imensa popularidade de Leônidas não se devia apenas ao — bom — futebol que levava aos campos, mas à sua agilidade acrobática, que atingiu o auge com a bicicleta, figuração da qual reconhecia não ter sido o criador — historiadores concordam que o chute nasceu na América do Sul, provavelmente no Peru ou no Chile, com diferentes autores da jogada, entre eles o espanhol naturalizado chileno Ramón Unganza, que a apresentou em 1914. A denominação também causa divergências. Embora boa parte do mundo chame a jogada de bicicleta, pelo movimento das pernas no ar, os chilenos a batizaram de... "chilena", enquanto os peruanos preferem "chalaça". No Brasil, a primeira vez que Leônidas "deu uma bicicleta" em campo foi em 1932, numa partida entre Bonsucesso e Carioca.

Além da agilidade acrobática, Leônidas da Silva era um jogador preciso que, em seis anos jogando pelo Flamengo, marcou incríveis 153 gols em 149 partidas, o que o torna o jogador com a maior média de gols da história do clube rubro-negro. Como muitos especialistas dizem, Leônidas foi "o Pelé da era pré-Pelé", quando o futebol ainda não tinha contratos milionários nem a divulgação de feitos em transmissões diretas televisionadas. Ao se aposentar dos gramados, em 1950, Leônidas foi comentarista de futebol, conquistando sete prêmios Roquette Pinto pela qualidade de suas observações sobre os jogos.

Nos campos e fora deles, Leônidas foi uma figura polêmica. Muitos jornais o acusaram de "mercenário" e até de desonesto. Mas quem conhece o racismo brasileiro sabe como, quando e por que essas coisas acontecem...

MILTON SANTOS

CONSCIENTIZAÇÃO PELA GEOGRAFIA

No Brasil, durante muito tempo a geografia foi vista por boa parte da juventude estudantil como uma disciplina enfadonha, maçante, cujos conteúdos bastava memorizar, na chamada "decoreba". Um dia, entretanto, o mestre mostrou a importância da matéria; sua utilidade para analisar todos os aspectos da relação da Humanidade com o mundo... E dignificou amplamente a geografia no ambito das ciências sociais.

Os boatos de que a Escola Politécnica de Salvador "não fazia gosto" de receber alunos negros levaram o geógrafo Milton Santos a desistir de seguir engenharia, embora fosse um bom aluno em matemática. Decidiu, então, cursar direito, sem jamais exercer qualquer profissão ligada à carreira. O Brasil perdeu, então, um engenheiro e um advogado, pois o bacharel decidiu tomar outro rumo. Um dos mais reverenciados geógrafos do mundo, em 1994 Milton Santos tornou-se o único latino-americano a receber o prêmio Vautrin Lud, considerado o "Nobel da Geografia".

Num meio intelectual dominado por profissionais brancos de classe média, Milton Santos rompeu barreiras além do pensamento acadêmico. Num fim de semana chegou a ser impedido de entrar na Universidade de São Paulo. O porteiro, também negro, duvidou que ele fosse professor. Sobre o racismo, o geógrafo costumava lamentar a ambivalência com que a sociedade dominante reage quando se trata da existência do problema no Brasil. Tal atitude revela uma ambiguidade que, segundo ele em um texto para a *Folha de S.Paulo*, "marca a convivência cotidiana e influi sobre o debate acadêmico", com um discurso repetido individualmente, "utilizado por governos, partidos e instituições". O negro no Brasil é frequentemente objeto "de um olhar vesgo e ambíguo", afirmou o geógrafo.

Sua trajetória foi sempre acompanhada pela sombra do racismo. Durante a fundação da Associação dos Estudantes Secundários da Bahia, da qual participou ativamente, o aluno Milton Santos foi convencido a não se candidatar ao cargo de presidente: seus colegas argumentavam que, como ele era negro, não teria acesso ao necessário diálogo com as autoridades.

Nascido em Brotas de Macaúbas, no interior da Bahia, em 1926, o menino só foi entrar em escola formal aos 10 anos. Os pais eram professores primários e lhe davam aulas em casa. Os avós, ainda no tempo da escravatura, na condição de emancipados, também haviam lecionado. Assim Milton seguiu a vocação da família "remediada, humilde mas não pobre", interessada em lhe dar uma educação para que pudesse, "dentro da sociedade existente na Bahia, conversar com todo mundo", contava o geógrafo. No colégio interno de classe média, em Salvador, já dava aulas particulares para os alunos menores, durante o recreio.

Seguir o caminho acadêmico, depois de formar-se em direito, era quase uma consequência natural. O jovem bacharel escolheu a geografia, especializou-se e fez doutorado na Universidade de Strasbourg, na França, desenvolvendo novas compreensões de conceitos como espaço geográfico, lugar, paisagem e região, nas quais defendia o uso político de cada território. Assim foi até 1964, como professor de geografia humana na Universidade Católica de Salvador e na Federal da Bahia, onde, catedrático, criou o Laboratório de Geociências.

Entre 1954 e 1964 dirigiu a Imprensa Oficial da Bahia e foi também redator do jornal *A Tarde*. Como jornalista conheceu diversas personalidades do Brasil da época, entre elas, durante uma viagem a Cuba em 1960, Jânio Quadros, presidente da República por sete meses no ano seguinte, em cujo breve mandato foi subchefe da Casa Civil e representante do governo federal na Bahia. Em 1964, Milton presidiu a Comissão Estadual de Planejamento Econômico, apresentando propostas polêmicas, como a criação de um imposto sobre grandes fortunas. As posições nacionalistas e as denúncias sobre precárias condições de vida dos trabalhadores do campo, em plena ditadura militar, acabaram causando sua demissão da Universidade Federal da Bahia e sua prisão, por sessenta dias, no quartel de Cabula, em Salvador.

Libertado depois de sofrer um princípio de enfarte e um acidente vascular causador de um derrame facial, o ilustre pensador, aceitando convite para lecionar no exterior, iniciou um exílio autoimposto, só encerrado em 1977. Nesse longo período, foi professor convidado das universidades de Paris, Toulouse e Bordeaux. Da França, chegou ao Canadá, onde lecionou na Universidade de Toronto, em 1971, dividindo-se em uma série de instituições e países nos anos seguintes.

Nos Estados Unidos, Santos foi pesquisador convidado do Massachusetts Institute of Technology (MIT), onde trabalhou com Noam Chomsky. Na Venezuela, foi diretor de pesquisa sobre planejamento da urbanização do país para um programa da ONU. Na Faculdade de Engenharia de Lima, no Peru, contratado pela Organização Internacional do Trabalho, elaborou um projeto sobre a pobreza urbana na América Latina. Depois, voltou a lecionar em Paris e na Venezuela, antes de permanecer dois anos na Tanzânia, onde montou o curso de pós-graduação em geografia da Universidade de Dar es Salaam. E foi, ainda, professor da Universidade de Columbia, em Nova York.

De volta ao Brasil, o célebre geógrafo tornou-se professor da Universidade Federal do Rio de Janeiro, de 1979 até 1983, ano em que ingressou na Universidade de São Paulo. Em 1995, foi reintegrado oficialmente à Universidade Federal da Bahia, de onde fora demitido por alegada "ausência". Dois anos depois, com a aposentadoria compulsória, recebeu o título de professor emérito da USP. Mesmo assim, Milton continuou a pesquisar, publicar e orientar estudantes até o fim de sua vida, aprofundando as críticas à globalização e ao capitalismo dominante em países pobres, cujas políticas de planejamento econômico jamais se voltam para o atendimento às necessidades internas. Entre suas principais obras publicadas em livro contam-se *Pobreza urbana* (1978); *O espaço dividido: dois circuitos da economia urbana* (1979); *Manual de geografia urbana* (1981); e *Ensaios sobre a urbanização latino-americana* (1982).

Um dos maiores intelectuais brasileiros de todos os tempos, o internacionalmente reverenciado professor doutor Milton Almeida dos Santos faleceu na cidade de São Paulo, em 24 de junho de 2001.

JOSÉ VICENTE

EDUCAÇÃO SEM GRILHÕES

> *Como educação moldada sobre a plataforma de uma sociedade escravocrata e por sua natureza racista e discriminadora, a educação [formal brasileira] tal como pressuposta, somente poderia ter se constituído como extensão de um regime e pensamento em que o negro não pudesse ter vez nem voz.*
> José Vicente, "Negros e educação: aprisionados pelo passado"

Num país em que, ainda hoje, apenas 9,3% dos negros concluíram o ensino superior, criar uma universidade voltada para a população afrodescendente é uma atitude corajosa e revolucionária. Embora ainda pequena, a Faculdade Zumbi dos Palmares (Unipalmares) é referência em políticas educacionais inclusivas. Com mensalidades baratas e bolsas, ela reserva 50% das vagas para afrodescendentes. Em 2010, 90% dos 1.800 alunos se declararam negros. Dos 78 professores, 55% eram negros. Fundada em 2004, desde 2009 a faculdade ocupa um edifício em Armênia, no distrito de Bom Retiro, na região central de São Paulo.

Quem está por trás desse desafio é José Vicente, fundador e reitor da Zumbi dos Palmares. Nascido em 1959 em Marília, a 450 quilômetros da cidade de São Paulo, José Vicente é advogado, mestre em direito e administração, doutor em educação e diretor da Sociedade Afro-Brasileira de Desenvolvimento Sociocultural (AFROBRAS). O reitor nasceu em uma fazenda, onde os pais trabalhavam como lavradores. Caçula de seis irmãos, perdeu o pai ainda com 1 ano de idade, e sua mãe sustentava a família como boia-fria. Aos 6 anos, José Vicente já ajudava no orçamento familiar engraxando sapatos. Depois fez diversos bicos e outros trabalhos não qualificados (vendedor, entregador, servente de pedreiro, pintor de paredes), até ser contratado pela Universidade de Marília (UNIMAR) como esterilizador de equipamentos na Faculdade de Odontologia.

José Vicente cresceu em uma das regiões mais pobres de Marília, o Morro do Querosene. "Éramos seis irmãos e nossa mesa só tinha três cadeiras. Casa de madeira. Chuveiro era um balde furado", lembrou ele em entrevista ao repórter Edison Veiga, do *Estado de S. Paulo*. A família ocupou seis casas diferentes, todas de madeira, até ser sorteada para receber uma casa popular. Em 1981, com 22 anos, tendo cursado somente até o segundo ano do ensino médio, José Vicente se mudou para São Paulo para iniciar sua carreira de soldado da polícia militar. "Tive um choque", disse ele a Edison Veiga. "Eu mal sabia segurar o revólver e estava caçando bandido. Caramba, entrei em crise, pensei em me jogar do viaduto." Decidiu terminar o ensino médio e, em 1983, entrou no curso de direito das Faculdades Integradas de Guarulhos (FIG). Conseguiu ser promovido a cabo, terceiro-sargento e segundo-sargento e, em 1987, terminou a faculdade. Trabalhou como advogado e conseguiu passar no concurso para delegado de polícia, da qual se desligaria em 2003. Foi delegado no Capão Redondo, uma das regiões mais pobres de São Paulo.

Mas a ideia da Faculdade Zumbi dos Palmares não surgiu logo. Em 1994, José Vicente decidiu fazer uma segunda graduação e ingressou no curso de sociologia da Escola de Sociologia e Política de São Paulo, que abandonaria no último semestre. Ele próprio bolsista, percebeu que as políticas afirmativas não podiam ficar sujeitas apenas às decisões políticas de deputados e reitores de universidades particulares. Os movimentos negros precisavam criar condições de acesso de afrodescendentes à educação por meio de cursos pré-vestibulares, bolsas e, por que não, uma universidade comunitária. Assim, enquanto ainda era aluno de sociologia, reuniu estudantes, professores, militantes e artistas para fundar, em 1997, a AFROBRAS. O objetivo, segundo José Vicente, era "criar condições para o acesso de afrodescendentes ao ensino superior, com vistas à qualificação acadêmica de um contingente numeroso de pessoas excluídas do processo de produção do conhecimento científico, em função de condições econômicas precárias e das dificuldades acumuladas ao longo da educação básica". A ONG foi o embrião da Faculdade Zumbi dos Palmares.

Em 2000, a AFROBRAS preparou um projeto de universidade, com o apoio da Universidade Metodista de Piracicaba (UNIMEP), e conseguiu convencer o então ministro da Educação, Paulo Renato de Souza, que destacou uma equipe para auxiliar a criação da universidade. Nas palavras de José Vicente, a ideia era criar uma "instituição de ensino superior que prestigiasse a história e a cultura negra e que contribuísse com a qualificação dos jovens negros do Brasil".

Em 2004, finalmente a Faculdade Zumbi dos Palmares começou a funcionar, com mensalidades baratas e muitas bolsas, pagas por empresas parceiras. Hoje oferece cursos de administração, direito, pedagogia e comunicação social, além de cursos superiores de tecnologia e de especialização. Em 2012, sua primeira turma de direito colou grau numa cerimônia no Museu da América Latina e teve como patrono o então presidente do Supremo Tribunal Federal, ministro Ayres Britto. Nesses 15 anos de existência da Unipalmares, o país deu alguns passos na direção à inclusão do negro na sociedade. As bandeiras defendidas pela Afrobras entraram para a agenda nacional, e o governo federal deu passos importantes para a igualdade por meio das cotas em universidades públicas e do Programa Universidade Para Todos (PROUNI).

Primeiro da família a concluir um curso superior, José Vicente viveu na pele os obstáculos que quase sempre impedem os negros brasileiros de ter acesso à educação de qualidade. O pai, Santo Vicente, era analfabeto. A mãe, Isabel, que se aposentou como empregada doméstica, se alfabetizou aos 40 anos. De seus irmãos — dois homens e três mulheres —, quatro têm ensino médio incompleto e apenas um tem ensino superior, também em direito. José Vicente é um exemplo vivo de como a educação é a grande barreira que impede que todos os brasileiros tenham as mesmas oportunidades.

Em sua tese de doutorado, em que aborda os fundamentos teóricos por trás da Unipalmares e os resultados alcançados entre 2004 e 2012, José Vicente define assim seu trabalho:

> Munidos de uma boa educação, uma boa qualificação em diversas áreas de conhecimentos, pudemos remover algumas barreiras raciais como muitos afro-americanos o fizeram graças às políticas afirmativas naquele país. [...] A educação constitui o cordão umbilical e o campo de batalha por excelência não apenas para entrar no mercado de trabalho, mas também para lutar contra o racismo e seus fetiches. É por isso que nós elegemos a educação superior do negro como uma das frentes importantes de luta, retomando a mesma luta das entidades negras que nos antecederam, mas desta vez não apenas com a retórica, mas sim com armas diferentes, inspiradas tanto nos trabalhos acadêmicos e intelectuais realizados no país pelos pesquisadores nacionais e estrangeiros como também lançando mão das experiências de outros países, como os Estados Unidos, cuja mobilidade social do negro que chegou até a Casa Branca não teria sido possível sem educação superior de qualidade.

Mas não basta ser bom aluno para romper as barreiras do racismo. Para José Vicente, o negro brasileiro deve ter também consciência de sua identidade e de sua cidadania. Deve falar: "Eu sou negro e me orgulho disso, eu tenho uma trajetória histórica em que todos aqueles que me antecederam foram negros. Eu sou negro e me orgulho disso, porque os negros construíram este e tantos outros países. Inclusive o Brasil e, portanto, este é um Brasil meu também. E eu sou negro e me orgulho disso e esse país é meu também."

Por isso, a Faculdade Zumbi dos Palmares criou, em 2019, o projeto "Herói de todos nós", que lançou o movimento Machado de Assis Real para recuperar a imagem do nosso maior escritor, autor de *Dom Casmurro* e fundador da Academia Brasileira de Letras, cuja negritude foi colocada para baixo do tapete pela historiografia literária.

BENEDITA DA SILVA

MULHER, NEGRA, DEPUTADA

"Dias de luz, festas de sol" (mas nem tanto), o barquinho da bossa nova singrava as águas salgadas da Zona Sul quando um samba de letra "polêmica", de autoria do compositor Billy Blanco e gravado pela cantora Elza Soares, fazia sucesso nacional. Falava de uma jovem "escurinha" — como então se dizia — que gradativamente "desceu do morro pra cozinha" e da cozinha para os bares, onde se tornou "jambete" (dançarina de samba em shows de boate), subindo de padrão financeiro, a ponto de ir mudando de nome: "Maria... Mária... Mariá" (título do samba). A letra protestava contra sua ascensão, de empregada doméstica a dançarina profissional, e seu consequente "embranquecimento". Mas o protesto não era pela personagem ter melhorado de vida, e sim por ter deixado o patrão, que vocaliza o caso contado musicalmente, privado de seus serviços domésticos.

Aqui, entretanto, a história é outra...

"Mulher, negra e favelada." Assim dizia o slogan da campanha de Benedita da Silva, auxiliar de enfermagem, líder comunitária da favela carioca Chapéu Mangueira, que se candidatava, em 1982, a vereadora pelo Partido dos Trabalhadores. Nascida no Rio de Janeiro, viúva, mãe de dois filhos, aos 40 anos ela continuava uma trajetória política iniciada uma década antes, e viria a se tornar a primeira mulher negra a atingir os mais altos cargos na política brasileira: vereadora e deputada federal constituinte, reeleita para um segundo mandato em 1990; senadora em 1994, com mais de 2,4 milhões de votos; e vice-governadora em 1998. Em 2002, assumiu o Governo do Estado do Rio de Janeiro e, em 2003, esteve à frente da Secretaria Especial da Assistência e Promoção Social. Retornou ao Parlamento em 2011 como deputada federal do Rio pelo PT.

Criada no Morro do Chapéu Mangueira, no Leme, Benedita nasceu em 1942. Como seus irmãos — 14 no total, dos quais ela só conheceu oito —, precisou interromper os estudos ainda criança para ajudar a mãe, a lavadeira Maria da Conceição Sousa da Silva, e o pai, José Tobias da Silva, pedreiro e lavador de carros. Depois de vender frutas e amendoins nas ruas, foi tecelã numa fábrica de tecidos durante a adolescência. Em 1965, já casada com o primeiro marido, Nilton Aldano da Silva, conquistava sua primeira eleição numa área ainda distante da que tomaria: Benedita foi eleita "Miss Samba" nos festejos do quarto centenário da cidade. Três anos mais tarde, a batucada saía definitivamente de sua vida. Converteu-se à fé cristã protestante, sendo batizada na Assembleia de Deus e adotando um estilo de vida muito discreto, sem jamais utilizar a religião como estandarte político.

A vida não era fácil para a jovem mãe, que perdeu dois bebês recém-nascidos e teve que enterrar um dos filhos como indigente por falta de recursos para pagar o sepultamento. Para enganar a fome, misturava farinha com açúcar e água e fazia sopa de pão para os pequenos Pedro Paulo e Nilcea. Dificuldades estas que superava conciliando faxinas, trabalhos domésticos e de camelô com a militância social, atividade em que se destacou como uma das fundadoras do departamento feminino da Federação das Associações de Favelas do Estado do Rio de Janeiro (FAFERJ) e do Centro de Mulheres de Favelas e Periferia (CEMUF).

O ano de 1975 é um marco na vida de Benedita, pois foi quando procurou o Centro da Mulher Brasileira para articular um trabalho em conjunto, promovendo a troca histórica de experiências entre estratos sociais diferentes: as mulheres do morro e as da classe média ilustrada. Foi também quando, funcionária no Detran do Rio, voltou a estudar. Terminou o ciclo colegial (atual ensino médio) e fez um curso de auxiliar de enfermagem, o que lhe permitiu trabalhar em hospital e preparar-se para o vestibular — sendo a única de sua família a ingressar numa universidade.

A ascensão pessoal de Benedita não esmoreceu seu empenho em lutar pelos que estavam a seu lado. Em 1976, foi eleita presidente da Associação de Moradores do Chapéu Mangueira, na qual trabalhou pela instalação de um posto de saúde e de uma creche comunitária no morro. Em 1979, filiou-se ao recém-criado PT, pelo qual foi candidata a vereadora dois anos depois. O marido Nilton morreu repentinamente, de acidente vascular cerebral, em 1981, antes de vê-la eleita e formada em serviço social.

Em 1983, Bené se casou com o líder comunitário Agnaldo Bezerra dos Santos, também filiado ao PT e de grande expressão dentro da organização popular do partido. Em 1987, foi para Brasília, eleita deputada da Assembleia Nacional Constituinte, atuando como titular da Subcomissão dos Negros, das Populações Indígenas e Minorias, e suplente na Comissão da Nacionalidade, da Soberania e das Relações Internacionais e na Comissão da Soberania e dos Direitos e Garantias do Homem e da Mulher. Participou da elaboração de artigos no capítulo da nova Constituição sobre a ordem social, inclusive os relativos à demarcação das terras indígenas, à regulamentação da propriedade das terras de quilombolas e direitos trabalhistas das empregadas domésticas. Nas principais votações da Constituinte, defendeu o rompimento das relações diplomáticas com governos que mantivessem políticas oficiais de discriminação racial. Também foi favorável à criação de um fundo de apoio à reforma agrária e à nacionalização do subsolo. No campo econômico, posicionou-se pelo limite dos juros em 12% ao ano e também pela limitação dos encargos da dívida externa. Defendeu a anistia às dívidas dos micro e pequenos empresários. Na área trabalhista, pediu o acréscimo de 50% na remuneração das horas extras, a fixação da jornada de trabalho semanal de quarenta horas e o limite máximo de seis horas para o turno de trabalho ininterrupto. Também defendeu o aviso-prévio proporcional ao tempo de serviço quando da demissão dos trabalhadores e a ampliação da licença-maternidade para 120 dias. Defendeu ainda a pluralidade sindical, a instituição do mandado de segurança coletivo, a descriminalização do aborto, a extensão do direito de voto aos jovens a partir dos 16 anos e o presidencialismo, além de votar contra a adoção da pena de morte. Nessa época, tendo enviuvado pela segunda vez, Benedita voltou ao Rio de Janeiro em 1992 para candidatar-se à Prefeitura, vencendo o primeiro turno, mas perdendo a eleição no segundo para César Maia. Em 1994, já casada com o ator Antonio Pitanga, foi eleita senadora. Quatro anos depois, abriu mão do cargo para ser vice-governadora de Anthony Garotinho.

Em 2001, presidiu a Conferência Nacional de Combate ao Racismo, Discriminação Racial, Xenofobia e Intolerâncias Correlatas, que reuniu mais de dez mil pessoas de todo o país, entre lideranças de ONGs e governos. Em 2002, ao assumir o governo do Rio, garantiu que o primeiro escalão da administração estadual tivesse 20% de negros.

Tanto no Poder Executivo quanto no Legislativo, Benedita trabalhou pela igualdade racial, pela inclusão social das minorias e pela defesa dos direitos humanos, em particular o das mulheres. Entre suas propostas aprovadas e transformadas em lei estão a garantia de que presidiárias permaneçam com os filhos durante a amamentação e a titulação das terras de quilombolas. Um dos destaques de sua carreira foi como relatora da chamada "PEC das Domésticas", em benefício de uma categoria que congregava sete milhões de pessoas, a maioria mulheres, e que teve assegurados direitos trabalhistas como o seguro-desemprego e a jornada de trabalho de oito horas por dia e 44 horas semanais. O que certamente irritaria mais ainda o "patrão" do samba da "Mariá".

Ironias à parte, em março de 2019 a deputada Benedita da Silva foi eleita presidente da Comissão de Cultura da Câmara Federal. Ao tomar posse, reafirmou seu compromisso com a resistência ao racismo, ao machismo e à intolerância.

MAURÍCIO VICENTE FERREIRA JR.

PRESENÇA NO PALÁCIO IMPERIAL

O antigo palácio Dom Pedro II começou a ser edificado em 1843, na época em que se iniciava o arrendamento da fazenda do Córrego Seco para urbanização e colonização de Petrópolis, sob a responsabilidade do engenheiro Júlio Frederico Köeler. Concebido ao gosto neoclássico, guarda, no entanto, certa singeleza de composição. O acervo histórico e artístico do Museu [Imperial, nele instalado] abrange um conjunto de grande valor, tanto do ponto de vista artístico como histórico.

Cyro Corrêa Lyra

Maurício Vicente Ferreira Júnior nasceu em 3 de maio de 1962 em Petrópolis, no estado do Rio de Janeiro. Bacharel em história pela Universidade Federal do Rio de Janeiro, e mestre em Artes (Museum

Studies) pela Universidade Estadual de Nova York (com bolsa de estudos do CNPq) e pesquisador do Instituto Brasileiro de Museus do Ministério da Cultura (IBRAM-MinC), Maurício foi selecionado em 2008 para dirigir o Museu Imperial de Petrópolis.

Em artigo publicado em 2007 no site *Diário do Turismo*, Maurício afirma que o museu "vem consolidando a posição de referência nacional para o estudo do período monárquico brasileiro e da cidade de Petrópolis. Essa dupla representatividade é fruto da sua própria gênese e da história da edificação que o abriga na relação com a cidade que o circunda".

Prova disso é a opinião da professora Lara Sayão Lobato de Andrade Ferraz, doutoranda e mestre em filosofia da educação. Segundo ela, Maurício abriu as portas do Museu Imperial de Petrópolis para a comunidade, literalmente. Desde que ele assumiu a direção do Museu Imperial de Petrópolis, os petropolitanos começaram a ver os portões se abrindo, pois antes era comum estarem fechados e receberem apenas turistas, autoridades e festas da família imperial.

"Na administração de Maurício", afirma Lara,[7] "a população da cidade tem gratuidade em pelo menos um dia por semana, além de descontos e estímulos para adentrar o palácio. Muitas atividades culturais da cidade começaram a acontecer nos espaços do museu: festas literárias, concertos, exibição de filmes com debates, teatro, visitas guiadas, encontros de educadores, atividades das escolas públicas, cursos diversos, sempre que possível com a presença e o apoio do professor Maurício. Os jardins do museu abrigam todos os que desejem usufruir de suas belezas, caminhando, se exercitando, conversando, brincando, meditando... Em paz."

Lara Sayão também conta que a atividade docente de Maurício nas universidades Estácio de Sá e Católica de Petrópolis favoreceu um intenso diálogo com a formação dos futuros professores. Os estudantes de história fazem estágio no museu, oferecem visitas guiadas para alunos da educação básica, atuam em pesquisas no acervo e nos trabalhos de restauração. Sua gestão mobilizou a criação de um departamento de educação muito ativo que conta com

---

[7] Comunicação via e-mail com Nei Lopes em 5 de setembro de 2019.

profissionais da área trabalhando o ano todo com as escolas da cidade e recebendo grupos de outros municípios e estados para atividades educativas. Esse departamento mantém uma biblioteca para crianças com contação de histórias e atividades educativas durante todo o ano.

Ainda segundo a professora, Maurício é reconhecido mundialmente, tendo representado o Brasil em diversas reuniões e conferências internacionais e recebido com frequência comitivas estrangeiras e líderes de governo. "Fluente e culto, transita com facilidade nos espaços mais formais. Simples e generoso, acolhe a todos, sem distinção. A todos os que o procuram no museu, tem sempre algum livro a ofertar, alguma delicadeza a fazer apreciar." Sua presença negra no mais alto posto do museu, casa que outrora escravizou seus antepassados, é uma militância silenciosa, forte e bela. Maurício não se expõe no cenário político das causas negras, no entanto, sua nobreza, sua inteligência, sua elegância e sua gestão — que socializou a casa de verão do imperador — marcam poeticamente esse espaço e uma cidade elitista e preconceituosa. Incomoda da melhor forma possível: é impecável, bonita, ética, honrada e mil vezes mais nobre que toda a família que habitou um dia aquele palácio. Maurício é a verdadeira nobreza!

Editor do Anuário do Museu, ele também publicou artigos em diversos periódicos no Brasil e no exterior e capítulos em obras coletivas, como o *Dicionário da política republicana do Rio de Janeiro* (organizado por Alzira Alves de Abreu e Christiane Jalles de Paula em 2014), *O império em Brasília: 190 anos da Assembleia Constituinte de 1823* (2013), *Museu Imperial: guia de visita* (2010), *Álbum de desenhos do imperador d. Pedro II* (2000) e *City Hall Park Site 2 — Archaeological Report* (1993).

No artigo do *Diário do Turismo* citado anteriormente, Maurício Ferreira conclui informando que, "além das atividades consideradas básicas de preservar, estudar e comunicar os bens sob sua responsabilidade, o museu já vem enfrentando novos desafios, com vistas a expandir seu acervo, completando conjuntos que ainda necessitem de exemplares documentais, bibliográficos e objetuais; e a ampliar o número de visitantes, seja através da fidelização de público com a oferta de eventos, serviços e novas opções para a apropriação de suas coleções, seja através da formação de novos públicos, com a expansão dos recursos de comunicação e condições de acesso. Assim, será possível afirmar que o Museu Imperial é, de fato, um patrimônio de todos os brasileiros".

O que já se comprova pela presença de um intelectual afrodescendente à frente de tão nobre instituição.

Além desse importante cargo, foi parecerista do Fundo Nacional de Cultura e curador de dezenas de exposições no Brasil e no exterior. Nos Estados Unidos, foi estagiário acadêmico de um museu, pesquisador no Departamento de Arqueologia da New York City Landmarks Preservation Commission (Comissão de Preservação dos Pontos de Referência Nova-iorquinos) e membro de um grupo de trabalho sobre administração de fontes arqueológicas em Nova York.

IVONE CAETANO

DIREITO E IGUALDADE RACIAL

Adoro minha idade, meu cabelo crespo, meu nariz chato, minha pele negra. Sempre agradeço a Deus ter me feito nascer negra. O preconceito racial passa de bisavô para o avô, para o pai, para o filho. E se passa a cultura do agressor, passa também a do agredido. A escravidão não pode ser nunca esquecida, não podemos esquecer o que passaram nossos ancestrais [...] Somos um país que foi criado no racismo, no machismo. É importante que a cada dia tenhamos mais poder de fala, para que as pessoas entendam o que passamos.

Ivone Caetano

A juíza carioca Ivone Ferreira Caetano, nascida no bairro de Laranjeiras em setembro de 1944, vivencia, no momento da redação deste texto, a honrosa condição de primeira mulher negra a integrar o conjunto de desembargadores do Tribunal de Justiça do Rio de Janeiro. E o grande mérito de sua conquista pode ser traduzido nas seguintes razões.

No Brasil, o Poder Judiciário reflete a segregação étnica comum a quase todas as instituições do país. Uma pesquisa sobre o perfil da magistratura com dados de 1980 a 2000 revelava que 95,9% dos juízes togados declaravam-se brancos, embora houvesse 14,1% não brancos. Apesar de quase vinte anos passados, o quadro não se modificou.

Em março de 2014, Ivone Caetano, primeira juíza afrodescendente no Tribunal de Justiça fluminense, alcançava, com o mesmo destaque, a função desembargadora. O status, no entanto, seria breve — em apenas seis meses ela teria de se aposentar por alcançar os 70 anos, a idade de afastamento compulsório. Mas apesar do curto período que teria de efetivo exercício no cargo, Ivone Caetano fez questão de assumir o posto, a que concorrera com outros juízes por sete vezes em dois anos.

Ao longo de sua carreira, a desembargadora sempre teve como marca a tenacidade, sobretudo no enfrentamento do preconceito étnico-racial. Em 2012, às vésperas da aprovação da lei federal que instituiu cotas para negros nas universidades públicas, uma lista de mensagens da Associação de Magistrados Brasileiros (AMB) trazia comentários racistas dirigidos a Ivone, para quem quanto mais alto o patamar na sociedade, mais camuflado e mais violento se mostra o preconceito. Mesmo ponderando que sua ascensão ao cargo era o desdobramento natural para quem entra na magistratura, Ivone reconhecia o peso da nomeação: até então, apenas Neuza Maria Alves da Silva e Luizlinda Valois Santos haviam atingido esse alto patamar.

Filha uma lavadeira que criou sozinha os 11 filhos, Ivone cresceu na Zona Sul carioca, mas longe do encanto turístico dessa região, mitificado pela música popular. Na adolescência, para ajudar a mãe e os irmãos, chegou a acumular três empregos: no IBGE, numa secretaria do município e num banco particular. Aos 25 anos, já casada, foi cursar direito, com apoio do marido, o qual garantiu o sustento da casa para que ela parasse de trabalhar e se dedicasse aos estudos. Depois de formada, tentou — por nove vezes — passar em concurso público ligado à sua profissão, tendo ouvido de um examinador, quando estava na terceira etapa de uma das provas, que desistisse de "tentar entrar", por ser "mulher e negra", condições pelas quais o órgão ou repartição contratante não tinha simpatia, segundo ouviu dizer.

O ingresso no Judiciário do Rio de Janeiro aconteceu em 1993, aos 49 anos, como comissária de justiça. Um ano depois, fazia concurso para a magistratura, indo trabalhar em Belford Roxo e em São João de Meriti, na Baixada Fluminense. Em 2004, no primeiro patamar de sua escalada pioneira, tornava-se a primeira mulher titular da Vara da Infância, da Juventude e do Idoso da Capital do Rio de Janeiro.

Em vinte anos como juíza, a maior parte do trabalho de Ivone Caetano foi em varas de Infância e Juventude, implantando programas de combate à dependência de drogas entre adolescentes, com tratamento médico e incentivo à retomada de estudos, além de reforço dos elos familiares. A atenção para com os dependentes químicos era, no entanto, despida de qualquer olhar condescendente: como juíza, determinou não apenas a internação compulsória de menores usuários de crack que perambulavam pela cidade, como a de uma mulher de 22 anos, grávida de oito meses. Apesar da fama de rigorosa, tomou uma decisão inédita em 2007, ao autorizar a inclusão de um casal de lésbicas no Cadastro Nacional de Adoções.

Em 2016, Ivone Caetano assumiu a Corregedoria Geral Unificada (CGU) do Tribunal de Justiça, sem abandonar seus projetos na Vara da Infância, da Juventude e do Idoso. Mais ainda, em 2017, se tornou diretora de Igualdade Racial da seção RJ da Ordem dos Advogados do Brasil.

"O direito é a arte de dar a cada um o que é seu", já diziam os sábios de Roma.

MESTRE DIDI

ANCESTRALIDADE, ESPIRITUALIDADE E ARTE

Segundo uma tradição local, a cidade de Lagos, antiga capital da Nigéria, teria nascido de uma instalação militar provisória de um rei do antigo Benin, por isso se chamou Eko, "acampamento" na língua iorubá. Outra versão dá como origem o iorubá oko, fazenda, plantação. Hipóteses à parte, certo é que, na segunda metade do século XIX, toda a área da atual Lagos passou a render tributo ao rei (obá) do antigo Benin, no leste do atual território nigeriano. E em contrapartida o povo bini passou a penetrar pacificamente na cidade.

Nessa conjuntura, o rei do Benin apontou como governante de Eko um líder dos imigrantes, chamado Axipá, cujo nome permanece vivo até hoje nas tradições do Ilé Axé Opô Afonjá, uma das mais antigas comunidades do candomblé da Bahia. Pois o personagem de que agora falamos tinha esse Axipá como seu ancestral biológico.

Deoscóredes Maximiliano dos Santos nasceu na capital da Bahia em 1917, filho da ialorixá Maria Bibiana do Espírito Santo (Oxum Muiuá), celebrizada como Mãe Senhora, e neto de Eugênia Ana dos Santos (Obá Biyi), a não menos célebre Mãe Aninha. Sua tetravó, Marcelina da Silva, era uma das fundadoras da primeira casa de tradição nagô na Bahia, o Ilê Axé Aira Intilê, depois Ilê Iyá Nassô.

O nome Deoscóredes, de origem grega, era de pronúncia difícil. Então, logo o menino passaria ser chamado de "Didi", apenas pela duplicação da primeira sílaba do nome, pronunciada "di".

Aos 8 anos de idade, Didi já se iniciava no culto aos ancestrais da tradição iorubá (Egungun) na Ilha de Itaparica, na baía de São Salvador. Aos 14, recebia de Mãe Aninha, fundadora e primeira ialorixá do Ilê Axé Opô Afonjá, o título de açobá, supremo sacerdote do culto de Obaluaiê. Graças à sua capacidade de liderança, associada aos seus muitos predicados, logo foi reconhecido como um mestre. Assim, em 1975 era consagrado alapini, o mais alto grau hierárquico do culto dos Egunguns. E em 1980 fundava, em Salvador, o seu próprio terreiro — o Ilê Axipá — de culto aos ancestrais, dando continuidade à tradição religiosa de seu povo nagô, como são chamados os iorubás do antigo Daomé.

Cumprindo a norma existencial fundamental do saber africano, segundo a qual todas as manifestações vitais jamais deixam de interagir umas com as outras, Mestre Didi integrou, como poucos, arte e prática religiosa, vivendo sua religiosidade em absoluta conexão com sua produção artística. Além disso, foi autor de importantes livros sobre a tradição e seus antepassados iorubás em terra brasileira. Algumas dessas obras foram escritas em parceria com sua mulher, a importante antropóloga Juana Ebein dos Santos.

Ao resgatar a história de seu povo na Bahia, Mestre Didi fugiu do viés folclórico, característico da maior parte das abordagens anteriores. Sua narrativa teve como base os altos saberes emanados da tradição oracular de Ifá, concentrada num corpo literário de milhares de contos, provérbios, cânticos e outras expressões, transmitidos oralmente e consagrados como patrimônio de alto valor cultural. Em 1946, publicou uma espécie de cartilha, com vocabulário, intitulada

Yorubá tal qual se fala, a qual foi reeditada em 1948 e em 1950, com o mesmo título. Continuando, no livro *Axé Opô Afonjá*, o sacerdote trazia a público um relato historiográfico sobre a comunidade religiosa fundada por sua avó Aninha Obá Biyi e uma análise da influência da cultura africana na sociedade brasileira.

Em 1967, Mestre Didi visitou a Nigéria e o antigo Daomé, atual República do Benin (a leste do território nigeriano), em missão patrocinada pela UNESCO, tendo por objetivo realizar estudos comparativos entre a tradição dos orixás na Bahia e na África. Por ocasião dessa visita, num episódio de grande surpresa e emoção, ao recitar em iorubá o *oriki* (poema laudatório, espécie de "brasão oral") de sua família Axipá, aprendido na Bahia, informado sobre os parentes remanescentes, foi levado a conhecê-los.

Inspirado pela revigorante experiência de reencontro com as origens, Mestre Didi escreveu artigos para diversas publicações científicas internacionais. Um deles, publicado no *Journal de la Societé des Americanistes*, em 1969, tratava da história dos cultos africanos aos Egunguns na Bahia, até então praticamente nunca estudados. Outro artigo seu, publicado na revista *Colloques Internationaux du Centre National de la Recherche Scientifique*, em 1971, propôs uma elaboração científica mais verossímil do significado de Exu, erroneamente associado pelo cristianismo à figura maléfica do diabo. Nas décadas seguintes, participou de iniciativas marcantes, como a fundação, em 1974, da Sociedade de Estudos da Cultura Negra no Brasil e a criação da Minicomunidade Infantojuvenil Obá Biyi, dois anos mais tarde. Sempre buscando expandir a compreensão sobre a cultura e a religião africanas.

A carreira como escultor começou na infância, com a produção, entre os mais antigos, de objetos rituais ligados ao culto do orixá Obaluaiê. Essa atividade era realizada através da manipulação de materiais retirados da natureza, como palhas de palmeiras, sementes, couro, nervuras, conchas e búzios. As cores utilizadas sempre remetiam a princípios sagrados, tendo por base o preto, o vermelho e o azul.

A partir do seu trabalho com as esculturas, a obra de Mestre Didi começou a ser exposta em vários museus e galerias do mundo, tornando-se, hoje, muito conhecido por sua arte — tendo participado da importante *Magiciens de la Terre*, mostra realizada em Paris por Jean-Hubert Martin.

Em reconhecimento a seu trabalho de fortalecimento e divulgação da cultura afro-brasileira, em 1999 a Universidade Federal da Bahia concedeu o título de doutor *honoris causa* ao insigne Deoscóredes Maximiliano dos Santos. Igualmente em sua honra, em 2009 o Museu Afro Brasil apresentou uma retrospectiva com cerca de cinquenta obras do grande artista, que viria a falecer em Salvador no ano 2013.

IVANIR DOS SANTOS

ONIPRESENÇA CONSEQUENTE

Na tradição africana em geral, as comunidades de culto não constituem sociedades secretas, como às vezes se supõe. Muitas delas, entretanto, constituem sociedades "de segredos", pelo fato de concentrarem saberes e "fundamentos" só acessíveis àqueles que se submeteram aos ritos de iniciação. No ramo tradicional jeje-nagô (*arara-lucumí* em Cuba), em que se baseiam os candomblés brasileiros e as diversas *reglas* da *santeria* cubana, o babalaô, alto dignitário dos cultos, é o "pai do segredo". E sobre isso, um dos mais sábios provérbios da tradição oral respectiva é aquele que diz: "O que já se sabe não se pergunta".

Ivanir dos Santos, professor universitário, ativista político e líder religioso, nasceu na antiga favela do Esqueleto, localizada no atual campus da UERJ, no largo do Maracanã, no Rio, em 1954. Sua infância foi trágica, pois a mãe, Sonia, empregada doméstica, tendo o filho com um baiano que desapareceu, teve de se prostituir para sustentar a criança.

Ainda menino, depois de ser "raptado", Ivanir é internado na Fundação Nacional para o Bem-Estar do Menor, a FUNABEM. Aos 14 anos, tentando encontrar a mãe, conhecida como Sonia da Mauriti (referência à rua Comandante Mauriti, um dos logradouros da zona do Mangue), descobre que ela morreu, alegadamente por suicídio, mas na verdade assassinada por um policial do "esquadrão da morte".

Nesse campo de certa forma abjeto, mas com certeza fértil, brotou a semente do ser humano que, anos mais tarde, se configuraria como uma das maiores personalidades da vida brasileira em todos os tempos.

Tendo estudado no internato da dependência carioca do Serviço de Assistência ao Menor (SAM), o jovem Ivanir fez o bom caminho, tanto para sua vida pessoal quanto para as de colegas e demais estudantes da instituição. Depois que saiu, fundou a Associação dos Ex-alunos da FUNABEM, em 1980.

Mais tarde, liderou a criação do Centro de Articulação das Populações Marginalizadas (CEAP), organização não governamental cujo foco é a luta contra a discriminação racial. Por seu trabalho como secretário executivo do CEAP, onde se destaca como um dos mais aguerridos militantes pelos direitos civis no Brasil, Ivanir foi homenageado publicamente, em 1998, pela então primeira-dama da França, Danielle Miterrand. No ano seguinte, foi nomeado subsecretário de Direitos Humanos e Cidadania do estado do Rio de Janeiro, no órgão que foi o primeiro do estado em seu objetivo e de cuja implantação Ivanir, interlocutor da Anistia Internacional, participou.

A militância de Ivanir dos Santos é lastreada por um vasto currículo, que conta com um pós-doutorado e doutorado em história comparada e o título de pedagogo pela Notre Dame. Ele também é membro da Associação Brasileira de Pesquisadores Negros (ABPN), onde coordena a área de pesquisa Experiências Tradicionais Religiosas Espirituais e Religiosidades Africanas e Diaspóricas, Racismo e Intolerância Religiosa da UFRJ.

Na atualidade, na condição de babalaô — sacerdote de Ifá, o oráculo por meio do qual fala Orumilá, a divindade iorubana do saber e do conhecimento profundo —, Ivanir dos Santos tem sido um incansável defensor do direito constitucional à liberdade religiosa, conduzindo a criação da Comissão de Combate à Intolerância Religiosa. Em uma audiência pública programada para acontecer na ALERJ, na falta de autoridades para receber os religiosos, o babalaô propôs a realização da Caminhada em Defesa da Liberdade Religiosa.

A convite de entidades como Anistia Internacional, ONU e Fundation France Liberte, o líder já viajou para inúmeros países, representando o Brasil e fazendo palestras e exposições sobre o mito da "democracia racial" e o extermínio de crianças e jovens negros. Por seu trabalho, teve seu nome indicado para o Prêmio Internacional pela Liberdade, pelo Centro Internacional pelos Direitos da Pessoa e Desenvolvimento da Democracia, com sede em Toronto, Canadá, concedido aos que se destacam na luta pelos Direitos Humanos.

Em julho de 2019, Ivanir recebeu, na capital dos Estados Unidos, o International Religious Freedom Award (Prêmio Internacional pela Liberdade Religiosa), importante láurea por sua trajetória na luta contra a discriminação sofrida por praticantes de religiões de matriz africana no Brasil.

O povo, principalmente o carioca e o fluminense, já se acostumou a ver, na TV e nos jornais, aquele senhor baixinho, com sua alva túnica africana e o gorrinho complementar, falando sereno em defesa das religiões de matriz africana e de direitos humanos em geral. Poucos sabem quem é ele. Mas os que procuraram saber já não perguntam mais.

WALTER FIRMO

BRASILIDADE OBJETIVA

O olhar fotográfico pode ser um instrumento do racismo. Quando reforça um estereótipo, ele está trabalhando nessa linha. E mesmo quando apenas vê seu objeto como exótico ou pitoresco, porque "diferente", ele está estigmatizando também. Assim, o bom fotógrafo de um povo é aquele que oferece à sua gente a fascinante oportunidade de conhecer o seu verdadeiro rosto, revelando-lhe a própria alma. Por outro lado, ao perpetuar um gesto ou um acontecimento, como disse o escritor martinicano Édouard Glissant, a fotografia pode ser um instrumento de enorme valor para a comunicação e o entendimento entre os homens.

Walter Firmo Guimarães da Silva nasceu no Rio de Janeiro em 1.º de junho de 1937. Criado na zona suburbana carioca, embora de família humilde, Walter, filho primogênito, foi, segundo suas próprias palavras, extremamente mimado. Tratado com zelo excessivo, não podia, por exemplo, brincar na rua, "misturado às outras crianças", para não "se sujar, tampouco machucar-se nos jogos infantis". Mas trilhou seu caminho. E aos 16 anos, cursando o ensino médio, lá estava ele "metido num avental branco a revelar filmes e multiplicar fotos".

Em 1957, depois de um aprendizado de dois anos, tornava-se profissional do fotojornalismo, estreando no diário *Última Hora*. Três anos mais tarde, passava a integrar a equipe do *Jornal do Brasil*, trabalhando, posteriormente, em alguns dos maiores veículos da imprensa brasileira, como as revistas *Manchete*, *Realidade* e *Veja*. Em 1963, conquistava o Prêmio Esso de Reportagem, com a matéria "Cem dias na Amazônia de ninguém", publicada no *Jornal do Brasil*.

Walter acumulou uma série de premiações no Brasil e no exterior, como o Concurso Internacional de Fotografia da Nikon (no qual foi premiado sete vezes) e o Golfinho de Ouro. Além disso, lecionou no curso de jornalismo da Faculdade Cândido Mendes, no Rio de Janeiro e, desde então, coordena oficinas em todo o Brasil. No final da década de 1990, tornou-se editor de fotografia da revista *Caros Amigos*.

Ex-diretor do Instituto Nacional de Fotografia, da FUNARTE, desde 1968 seu trabalho é voltado, principalmente, para a dignificação do povo afro-brasileiro. Um dos mais importantes profissionais do país em sua especialidade, passou a ser mencionado em 1971 no verbete "Fotografia" da *Enciclopédia Britânica*.

"A fotografia me encanta, é a minha sedução de vida e a forma de comunicar que me faz feliz", declarou certa vez. Tomado também por esse encantamento, em 2008, quando da mostra *Brasil, imagens da terra e do povo*, o autor destas presentes linhas escrevia que "na obra de Walter Firmo o ser humano desfila com seu corpo material. Mas, além do corpo, o grande fotógrafo vê e capta sua essência imaterial. E que, nela, esse ser humano aparece inserido num contexto de relações espirituais".

No conjunto da obra desse grande artista e sobretudo no material da mencionada exposição — desde a metáfora do terrível pesadelo vivido na travessia do Atlântico pelos navios negreiros até a galeria de negros anônimos que domina boa parte de sua obra —, salta aos olhos toda a dinâmica da reconstrução, cromo a cromo, de uma identidade feita em pedaços.

Firmo tornou-se fotógrafo aos 17 anos e aos 19 já era profissional. Mas até os 30 sua vida foi a dos afrodescendentes suburbanos de classe média baixa, para cujas famílias o caminho único, na fuga ao estigma, era "procurar ser o melhor". E "ser o melhor" era estudar muito, refinar-se ao máximo, renegar aquela coisa difusa que não se sabia bem o que era, mas que depois soube se chamar "identidade". Esse era o caminho para arranjar uma "boa colocação". E quem sabe um dia chegar lá onde estavam os "bem" nascidos, que nunca tinham origem igual à nossa.

Walter Firmo não tinha a mínima ideia disso quando o Destino o mandou para Nova York, no auge da luta pelos direitos civis. Foi então que o fotojornalista — já não mais mulato nem suburbano, mas um negro do mundo — tomou para si a tarefa de tornar visíveis os invisíveis. De trazer para a frente da cena e para a luz do sol da liberdade aqueles que sempre passavam ou ficavam lá atrás, como vultos, sombras, paisagem. E que, quando vinham à frente, era na condição de objeto, adereço ou acessório.

Assim, então, foi gestando sua obra, na qual os afrodescendentes de todos os quadrantes são vistos e se dão a ver, muitas vezes se impondo ao olhar do fotógrafo.

Walter Firmo Guimarães da Silva, cronista e historiador de seu país! Partindo de sua vivência local, tornada geral e globalizada, para opinar com seu olhar sobre a história de seu tempo, ele vem traçando um colorido e luminoso painel da vida brasileira, absolutamente universal em sua peculiaridade. Um painel transbordante de humanismo, beleza e poesia.

MARTINHO DA VILA

DA SERRA, DO MORRO, DO MUNDO

Na década de 1970, num artigo de jornal, questionou-se por que os artistas do samba frequentemente cantavam rindo. Citando nomes, o jornalista contrapunha essa atitude à de sobriedade característica das décadas de 1930 e 1940, a qual, segundo ele, derivava da consciência que tinham os artistas populares de que sua ascensão ao estrelato correspondia ao reconhecimento de sua dignidade, a qual devia ser mostrada também na atitude e no modo de vestir. Um dos citados no artigo era Martinho da Vila.

Martinho José Ferreira, nasceu num dia de Carnaval, 12 de fevereiro de 1938, em Duas Barras, região serrana do estado do Rio de Janeiro. Aos 4 anos de idade, foi para a capital com a família, chefiada pelo lavrador seu Josué, casado com dona Tereza. A nova casa ficava na Serra dos Pretos Forros, local conhecido como Boca do Mato, no atual bairro de Lins de Vasconcelos. Em Duas Barras, o lavrador, meeiro na fazenda Cedro Grande, levava uma vida que não o satisfazia; por isso se encaminhou com a mulher e os filhos para a então capital o país. Mas entre a serra e a favela, as coisas eram muito diferentes. E o roceiro, ao cabo de seis anos de tormento, em desespero extremo, pôs fim à própria vida, deixando Martinho José com 10 anos de idade.

A serra, especificamente no Morro da Cachoeirinha, era o reduto da pequena escola de samba Aprendizes da Boca do Mato, fundada no mesmo ambiente das antigas Filhos do Deserto (de 1933) e Flor do Lins (1946). No seio dessas agremiações, no início dos anos 1950 os piqueniques ainda faziam parte do calendário de eventos. Realizados especialmente na Ilha de Paquetá, sobretudo em domingos e feriados como os da Independência e os da Proclamação da República, quando os preparativos para o Carnaval já iam em curso, esse tipo de recreação atraía muita gente. Alguns não gostavam. Por exemplo, o escritor Vivaldo Coaracy, historiador e morador da Ilha, que assim se manifestou a respeito:

> Até época bem recente, ocorriam invasões domingueiras de certos famosos piqueniques promovidos por determinadas e específicas associações dos 'morros'. Periodicamente, despejavam sobre a Ilha verdadeiras hordas ruidosas, a semear sobressaltos na população local e causar apreensões à polícia. Felizmente, para sossego dos moradores, essas invasões indesejáveis, que só interessavam aos proprietários de botequins, cessaram com a acertada interdição decretada pelas autoridades, do "parque" da Moreninha, onde se realizavam os vergonhosos piqueniques.

O jovem Martinho, entretanto, gostava muito. E, ali pelos 15 anos de idade, ainda engatinhando como compositor, criou um samba, "Piquenique", que assim começa: "Num ambiente de animação/ do cais se distanciava/ uma embarcação./ Cortando as águas fortes da baía/ a Paquetá se dirigia..." Mesmo lançado no terreiro da Boca do Mato e circulando só no "boca a boca", o samba fez sucesso. E parece ter inspirado outros, como célebre "Ô, barca, me leva pra Paquetá", de autoria reivindicada pelo falecido Mazinho do Salgueiro.

Cerca de cinco anos mais tarde, o Martinho da Boca do Mato venceu pela primeira vez a disputa para escolha do samba-enredo de sua escola. O tema era o maestro do *Guarani*; e o samba chamou-se "Carlos Gomes". Em seguida vieram "Tamandaré" (1959), "Machado de Assis" (1960), "Rui Barbosa" (1961), "A fonte das riquezas" (1962), "Independência" (1963) e "Construtores do progresso" (1964). Heptacampeão e já morando em Vila Isabel, o bamba acabou aceitando o convite para ingressar na escola de samba do bairro do sempre lembrado Noel Rosa. E nela, a partir de "Carnaval de ilusões", parceira com "Gemeu" (nome artístico comum aos gêmeos Ailton e Hamilton), em 1967 nascia para o cenário musical brasileiro e internacional o nome e a personalidade de Martinho da Vila. Que, de uma vez, com ou sem parceiros, desfilou na avenida principal como autor dos sambas-enredo de 1968, 1969, 1970 e 1972.

Fora da vida artística, Martinho José Ferreira servia ao Exército brasileiro, tendo ingressado como recruta e chegando a sargento. E, assim, sua participação nos festivais da canção e seu ingresso no ambiente do disco, das rádios e da TV, em plena vigência da ditadura militar, levantava interrogações. Mas em 1971 o grande sambista fez sua opção profissional, sanando todas as dúvidas.

Quatro anos mais tarde, a Editora Abril, na coleção História da Música Popular Brasileira, de discos e fascículos, lançava o exemplar n.º 46, *Elton Medeiros e o samba de morro*. Nessa época, a expressão "samba de morro" designava aquele criado no ambiente das escolas, tido como mais "autêntico" ou "ingênuo". O que não vem ao caso, pois o caso é que, nessa publicação, de onde extraímos as linhas mestras deste texto, Martinho da Vila era apresentado cantando o seu "Casa de Bamba", gravado inicialmente por Jair Rodrigues, em 1968.

Daí até 2004, Zé Ferreira, como é chamado pelos mais próximos, já gravou dezenas de álbuns, como os 38 analisados no primoroso

Martinho da Vila: discobiografia, escrito pelo grande jornalista e crítico musical Hugo Sukman, para a editora Casa da Palavra, publicado em 2013. Neles, o compositor e cantor revisita os temas que lhe são caros, como o bairro de Vila Isabel, a comunidade dos países lusófonos, sua família e sua numerosa prole, o Rio de Janeiro, o clube Vasco da Gama, o Carnaval, o samba etc.

A partir de 1986, com o infantojuvenil *Vamos brincar de política?*, Martinho engrena uma apreciada e já reconhecida carreira literária, onde se enfileiram: o autobiográfico *Kizombas, andanças e festanças*; *Joana e Joanes, um romance fluminense*; *Ópera Negra*; *Memórias póstumas de Teresa de Jesus*; *Os lusófonos*; *Vermelho 17*; *A rosa vermelha e o cravo branco*; *A serra do rola-moça*; *A rainha da bateria*; *Fantasias, crenças e crendices*; *O nascimento do samba*; *2018: Crônicas de um ano atípico*.

Em outubro de 2017, Martinho da Vila, na condição de "cantor, compositor, músico, escritor, poeta e defensor da cultura negra", tornou-se também doutor *honoris causa* pela UFRJ por seu trabalho como mediador entre a cultura popular e a erudita e por suas qualidades biculturais de mestre popular e de ídolo da indústria cultural.

Mas a grande vitória de Martinho foi um dia ter podido comprar a fazenda Cedro Grande, onde seu pai não foi feliz. E reformando a construção datada de 1900, lá instalou o Centro Cultural Martinho da Vila.

Quem ri por último, ri melhor.

MERCEDES BAPTISTA

DANÇA ÉTNICA PIONEIRA

No fundo do palco do Theatro Municipal do Rio de Janeiro, a jovem bailarina dificilmente seria vista pelo público. Seu lugar nas raríssimas montagens de balé de que participou era aquele, distante da plateia, que nem perceberia sua presença entre os outros bailarinos. Mas ela não se deixou intimidar pelo preconceito e transportou sua arte para outros cenários, não apenas levando a coreografia clássica até o mundo do samba como codificando a dança afro, uma nova modalidade de balé nos palcos e academias.

Nascida em 1921, em Campos dos Goytacazes (RJ), Mercedes Ignácia da Silva (que, com o casamento, acrescentou um "Krieger" ao sobrenome) foi bailarina e coreógrafa. Ainda menina, mudou-se para o Rio de Janeiro com a mãe, costureira, tendo trabalhado como operária em fábrica, bilheteira de cinema e empregada doméstica para ajudar no orçamento da família. Na casa dos 20 anos de idade, teve seus interesses despertados para a dança; então ingressou em um curso mantido pelo Serviço Nacional de Teatro do Rio de Janeiro e ministrado pela bailarina Eros Volúsia, que, além de ser professora de balé clássico, pesquisava danças populares com o fito de criar um balé brasileiro de feição erudita. Assim, depois obter formação clássica, em 1945 Mercedes decidiu prestar concurso para a escola de balé do Theatro Municipal. A discriminação foi sentida já nos exames. A moça foi absurdamente encaminhada para fazer o teste junto com os candidatos do sexo masculino, e não com suas congêneres femininas. Mas seu talento falou mais alto e a jovem ingressou na escola, tornando-se aluna do aplaudido mestre Yuco Lindberg. Aí, apesar do apoio dele e de diversos outros professores, "forças ocultas" só lhe permitiam estar em cena no fundo do palco, em peças nacionalistas de autores brasileiros. Entretanto, mesmo com todos os entraves, após três anos de curso, a jovem campista se tornava a primeira bailarina negra no corpo de baile do Municipal.

Por essa época, já usando o nome artístico com que entrou para a história, Mercedes Baptista (com "p") começava a se apresentar com o elenco do Teatro Experimental do Negro, TEN, dirigido por Abdias Nascimento, que, além do trabalho artístico, atuava pelo reconhecimento e pela inclusão de atores e dançarinos negros. Nesse ambiente — em que Mercedes, inclusive, faz parte do Conselho de Mulheres Negras —, a coreógrafa e etnógrafa afro-americana Katherine Dunham, pioneira mundial da chamada "dança afro", em visita ao Brasil com sua companhia, assistiu a uma de suas apresentações. Entusiasmada com o desempenho de nossa bailarina, Ms. Dunham lhe concedeu uma bolsa de estudos na Dunham School of Dance, em Nova York, premiação à qual a brasileira correspondeu plenamente. Depois de um ano de aprendizado e aperfeiçoamento, Mercedes Baptista retornou ao Brasil.

A experiência na companhia de Katherine Dunham definiu os rumos de trabalho que Mercedes Baptista então desenvolveu no Brasil, segundo o modelo classificado nos Estados Unidos como "étnico".

Em 1953, montou seu próprio grupo, o Ballet Folclórico Mercedes Baptista, com o propósito declarado de desenvolver ações no sentido de criar uma modalidade de dança ligada à cultura afro-brasileira e à formação de bailarinos negros. Para tanto, a partir de sua formação clássica, a agora coreógrafa realizou uma análise aprofundada das danças rituais do candomblé, as quais se traduzem em movimentos de grande dramaticidade, cujos gestuais "narram", cada um, episódios ou eventos da mitologia das divindades, uma por uma. Nessa pesquisa, a frequência ao terreiro do amigo e pai de santo Joãozinho da Gomeia, no atual município de Caxias (RJ), foi fundamental. Entre os bailarinos do grupo que formava, Mercedes incluiu filhos de santo da casa e passou a usar nos espetáculos os instrumentos utilizados nos rituais. Mais ainda, solicitou e obteve a ajuda, nas pesquisas, do etnógrafo Edison Carneiro, também perfilado neste livro.

O Ballet Folclórico, popularmente referido apenas como o "Balé de Mercedes Baptista", fez sucesso, excursionando pelo Brasil e América do Sul, e com criações de sua fundadora encenadas, inclusive, no Theatro Municipal, como em 1955, a convite do coreógrafo russo Leónide Massine. Participou também de espetáculos teatrais do gênero revista. Mas o primeiro espetáculo exclusivo do grupo só ocorreu em 1962, no Rio. Intitulado *Brasil é África*, foi apresentado no hoje extinto Teatro de Arena da Guanabara, no Largo da Carioca. Em 1965, a companhia participou do Festival de Arte Folclórica na França, abrindo uma turnê que se estendeu por 150 cidades da Europa.

Paralelamente às atividades de seu grupo de dança, nos anos 1960 Mercedes se associou aos artistas visuais Fernando Pamplona e Arlindo Rodrigues, num projeto tão polêmico quanto inovador. Levada pelos dois, autores do enredo da escola de samba Acadêmicos do Salgueiro para o Carnaval de 1953, sobre a legendária Chica da Silva, personagem do Ciclo do Ouro na região das Minas Gerais, a coreógrafa apresentou no desfile um numero de balé clássico. Tratava-se da encenação de um "minueto", dança das antigas cortes francesas, executadas por casais de cortesãos. A cena foi desempenhada por cerca de 10 casais ensaiados exaustivamente pela coreógrafa, para espanto dos críticos, mas com grande sucesso entre o público espectador. No ano seguinte, outra surpresa ocorreu no enredo sobre Chico Rei, monarca africano que, no mesmo ambiente histórico, teria conseguido a alforria de um grupo de súditos escravizados. A coreografia, também de um conjunto de casais, mostrava a estratégia do Rei: as mulheres vinham das minas com pó de ouro escondido nos cabelos, que os homens lavavam em um grande chafariz. E assim extraíam a riqueza que iria comprar a liberdade do grupo.

Belíssima encenação. Mas essa participação de Mercedes Baptista nos carnavais do Salgueiro gerou muita discussão. A bem da verdade, as belas coreografias infringiram algumas tradições então vigentes. Mas como muitas outras "infrações" artísticas ao longo dos tempos, revolucionaram a estética e acabaram incorporadas aos desfiles do samba.

Depois disso, nos anos 1970, Mercedes se dedicou especialmente ao ensino, como professora da disciplina dança afro-brasileira, na Escola de Dança do Theatro Municipal do Rio. Nos Estados Unidos, ministrou cursos no Connecticut College, no Dance Theather of Harlem e no Clark Center de Nova York, enquanto no Brasil também trabalhava como coreógrafa para o cinema e a televisão. Na década seguinte, o Ballet Folclórico retomava suas atividades com jovens bailarinos, em novos espetáculos elaborados por Mercedes.

O reconhecimento público a Mercedes Baptista se avolumou depois de sua aposentadoria dos palcos. Documentários, exposições e livros, além de estudos acadêmicos sobre sua carreira, foram lançados. Em 2008, ela foi o tema do desfile da escola de samba Acadêmicos do Cubango. No ano seguinte, num enredo sobre o centenário do Theatro Municipal, a Unidos de Vila Isabel prestou-lhe homenagem. E em 2009, a mestra foi homenageada com o troféu Estandarte de Ouro do jornal *O Globo*, por sua valiosa contribuição ao Carnaval carioca.

Falecida em 2014, Mercedes Baptista foi, sem dúvida, um dos maiores nomes da dança em nosso país e se inclui entre os principais formatadores da dança moderna no Brasil.

JOHNNY ALF

RAPAZ DE BEM, SEM MUITA PAZ

O samba-jazz é um subgênero musical derivado da fusão entre o samba brasileiro e o jazz afro-americano, especialmente o estilo *bebop*, nascido e desenvolvido no eixo Rio-São Paulo, entre as décadas de 1950 e 1960. Segundo algumas interpretações, o criador dessa vertente eminentemente instrumental do samba seria o saxofonista Juarez Araújo, com o disco *Bossa nova nos States*, de 1962 — como mostra Ruy Castro no verbete "Samba-Jazz", do *Dicionário da história social do samba*. Entretanto, dez anos antes, com o lançamento do primeiro disco ("um compacto simples") de um pianista que tocava, compunha e cantava diferente, as melodias e harmonias já anunciavam uma revolução.

Johnny Alf foi o nome artístico pelo qual se fez conhecido e admirado João Alfredo José da Silva, pianista, cantor e compositor carioca nascido em 1929. Pianista, utilizou seu conhecimento de música clássica e jazz para criar uma nova forma de interpretar o samba. Vocalista personalíssimo e criador de harmonias ousadas em obras como *Eu e a brisa*, *Seu Chopin, desculpe* e *Rapaz de bem*, é considerado um dos pioneiros da escola musical conhecida como bossa nova.

O menino Alfredo José perdeu o pai, Antonio José da Silva, soldado ou cabo do Exército, morto, segundo algumas versões, na Revolução Constitucionalista de 1932. Desamparada, com o filho de apenas 3 anos, sua mãe, Inês Marina da Conceição, conseguiu um trabalho como doméstica, e a família que a empregou ajudou a criar o garoto, dando-lhe estudo: "Primário, ginasial e científico, até o segundo ano", como dizia ele, na terminologia da época. Seus estudos de piano começaram aos 9 anos, com Geni Borges, amiga da família.

Alfredo começou a se interessar também pela música popular. No início da adolescência, ele formou, com alguns amigos, um grupo para tocar em festas do bairro. Foi nesse período que nasceu Johnny Alf.

Em 1952, Johnny foi contratado para tocar na recém-inaugurada Cantina do César, do radialista César de Alencar. Foi nesse mesmo período que a "rainha do rádio" Mary Gonçalves escolheu três canções de Johnny — "Estamos sós", "O que é amar" e "Escuta" — para seu disco de estreia, o LP *Convite ao romance*. O primeiro disco de Johnny Alf, um 78 rpm, também foi lançado nessa época.

Na Cantina do César, Johnny conheceu o quase desconhecido João Gilberto, que, recém-chegado ao Rio, juntou-se à sua turma, da qual faziam parte Dolores Duran e, depois, João Donato.

Ainda nesse início da década de 1950, Johnny conheceria o compositor Vitor Freire, que, enquanto fazia uma de suas peregrinações pelos bares de Copacabana, ouviu aquele piano diferente, moderno, contrastando com tudo o que normalmente se ouvia na época. "Lá estava um rapaz de 21 anos, simples, modesto, encantando os frequentadores da casa com sua voz original e seu excelente repertorio de músicas americanas", escreveu Freire.

Nesse ambiente, surgiria a pioneira canção "Rapaz de Bem". Conforme a tese de mestrado defendida anos depois pelo guitarrista Alex

Bittencourt, músico de Johnny no último trio que o acompanhou, essa canção "trouxe inovações harmônicas, melódicas, estruturais e temáticas que a fizeram ser considerada como a precursora do movimento bossa nova". Segundo alguns teóricos, nascia aí o samba-jazz.

Em 1955, Johnny trocara a boate Plaza, no Rio, onde era ouvido e admirado por fãs como Tom Jobim (que tocava no Tudo Azul, do outro lado da rua), João Gilberto e Carlinhos Lyra pela perspectiva de sucesso em São Paulo. Tocava na boate Baiúca, para onde fora levado pelo grande violonista Heraldo do Monte, mas fechada certa noite pelos comandos sanitários por falta de higiene, apesar da presença de milionários da *high society* que iam lá para ouvi-lo. Fechada a boate, peregrinou por várias outras casas noturnas, sempre arrebanhando seu pequeno público de aficionados endinheirados. Contudo, em 1960, quando do célebre show na Faculdade Nacional de Arquitetura da antiga Universidade do Brasil, atual UFRJ, na praia Vermelha, ele era um desconhecido. Assim, não adiantava nada o apresentador do espetáculo Ronaldo Bôscoli dizer, ao microfone, que aquele estilo que estava sendo apresentado ao público naquele momento, depois chamado de bossa nova, Johnny Alf já fazia havia dez anos.

O evento se chamou A Noite do Amor, do Sorriso e da Flor, o segundo com esse nome, pois o primeiro, em bases bem amadoras, acontecera um ano antes. E Johnny Alf, que vivia um grave período depressivo, foi praticamente transportado à força de São Paulo para o Rio, chegando ao evento sem a mínima condição de se apresentar publicamente.

Depois veio o célebre show do Carnegie Hall, em Nova York, do qual Johnny Alf acreditava ter sido alvo de boicote por parte de um conhecido produtor que atuava em favor de outros artistas, que, apesar do espetáculo confuso, tiveram suas carreiras internacionais catapultadas a partir dele. Entretanto, segundo João Carlos Rodrigues, o fato de Alf ser "negro, pobre, independente, homossexual, melhor cantor, melhor compositor e melhor músico" inspirava sentimentos contraditórios, de admiração e medo, aos bossa-novistas mais jovens.

Em seus últimos anos de vida, em razão de problemas de saúde, Johnny raramente se apresentava. Sem parentes conhecidos, Johnny

Alf vivia em uma casa de repouso em Santo André, na região metropolitana de São Paulo. Seu último show foi em agosto de 2009, no Teatro do Sesi, em São Paulo, com cantora Alaíde Costa.

Faleceu em 4 de março de 2010, na cidade onde morava.

MARCELO PAIXÃO

ÍNDICES, ANÁLISES... E POESIA

> *Desde 2007, os autodeclarados "brancos" não são mais o grupo de cor/ raça majoritário na população. Os dados recentes confirmam a tendência de queda da proporção desses indivíduos, que correspondiam a 44,7% da população em 2016. Os autoclassificados "pardos" representam a maior parcela da população brasileira, correspondendo a 46,2%, enquanto os autodeclarados "pretos" somam 8,3%.*
>
> "Relatório das desigualdades: raça, gênero e classe", 2018

Nascido em 24 de abril de 1966 na cidade de Rio de Janeiro, tendo o Botafogo como clube de coração e a Portela como escola de samba preferida, Marcelo Jorge de Paula Paixão foi criado entre Laranjeiras e Copacabana, o que o coloca na incomum situação de intelectual negro criado na Zona Sul da cidade. Quem diz isto é ele mesmo,[8] intelectual pioneiro na análise da questão racial no Brasil, num trabalho em que, antes de todos, foi o primeiro a calcular e comparar os índices de desenvolvimento humano (IDH) das populações negra e branca do Brasil.

Embora deixado pelo pai pouco depois de nascer e perdendo a mãe com 6 anos de idade, Marcelo Paixão trilhou um caminho luminoso, equilibrado entre os afazeres de sua ciência e os prazeres que encantam os melhores e mais bem-humorados cariocas. Criado com sua irmã Márcia pela tia Magdalena, funcionária pública de nível de instrução médio-baixo, sofreu agudas dificuldades materiais na infância e na adolescência. Por outro lado, influenciado pela avó e pela tia, desde criança se interessou por leituras e por colecionar livros e enciclopédias doados e vendidos em bancas de jornais — hábito que viria a preservar durante toda a vida, sendo ainda hoje um incorrigível bibliófilo e colecionador de discos de vinil.

O menino Marcelo Jorge cursou o ensino básico em uma escola pública de Laranjeiras chamada Anne Frank. Embora tal questão voltasse a ocorrer durante toda a sua formação escolar e universitária, ainda no ensino fundamental foi que conheceu as formas mais detestáveis de racismo, as quais o levariam, de modo quase autobiográfico, a escrever a última parte de seu livro *A dialética do bom aluno*.

Apesar de sua família não ter envolvimento com a vida política do país, o grupo era suficientemente esclarecido para ser contrário ao golpe de 1964 e à ditadura militar. Assim, aos 15 anos, em meio ao processo de redemocratização do país e à campanha pelas eleições diretas para presidente, Marcelo passou a se interessar pela política nacional e mundial. Em consequência, passados dois anos, o jovem tornou-se presidente do grêmio do seu colégio. E após um período de simpatia pelo PDT de Leonel Brizola, filiou-se ao Partido dos Trabalhadores, ao qual se manteria oficialmente vinculado até os anos 2000, quando, motivado por divergências com os métodos e as diretrizes da direção partidária, se desfiliou.

---
[8] Comunicação via e-mail com Nei Lopes em 26 de agosto de 2019.

Em 1985, o estudante Marcelo Jorge, com 18 anos, foi aprovado em economia na UFRJ. Lá, foi dirigente do centro acadêmico dos estudantes de economia (1987), coordenador-geral do Diretório Central dos Estudantes Mario Prata (1988) e secretário-geral da União Estadual dos Estudantes do Rio de Janeiro (1989). Neste último ano, concluiu a graduação com uma monografia sobre a teoria da acumulação do capital de Rosa Luxemburgo, célebre economista e revolucionária alemã de origem polonesa.

Na sequência, veio a aprovação para o mestrado em engenharia de produção no Instituto Alberto Luiz Coimbra de Pós-Graduação e Pesquisas em Engenharia (COPPE-UFRJ). Na COPPE, junto com o engenheiro Paulo Adissi e sob orientação de Miguel de Simoni, estudou as condições ocupacionais dos boias-frias da lavoura da cana-de-açúcar em doze estados brasileiros, experiência que lhe permitiria conciliar a forte formação teórica do curso de economia com os aspectos práticos das condições de vida da população trabalhadora no país. Sua dissertação de mestrado foi concluída em 1994 sob o título de *No Coração do canavial: estudo crítico da evolução do complexo agroindustrial sucroalcooleiro e das relações de trabalho na lavoura canavieira (estudo comparativo em 12 estados do Brasil).*

No início de sua vida profissional, Marcelo trabalhou como pesquisador no Instituto de Pesquisa Econômica Aplicada (1992-93) e na Federação de Órgãos para a Assistência Social e Educacional (1993-2000). Em 1997, escreveu com Wânia Santana o seminal estudo que mensura o IDH da população negra no Brasil, pesquisa que seria metodologicamente aperfeiçoada, desta vez sem parceria, em 2000 (*Desenvolvimento humano e relações raciais*, de 2003).

Nos anos de 1996 e 1998, nasceram seus dois filhos, Juliano e Sofia. E entre os dois alegres nascimentos, o "papai" era professor substituto no Departamento de Economia da Universidade Federal Fluminense. Em 1999, foi aprovado como professor de economia do trabalho do Instituto de Economia da UFRJ, mesmo local onde se formara. Neste mesmo ano passou em primeiro lugar para o curso de doutorado em sociologia no prestigiado Instituto Universitário de Pesquisas do Rio de Janeiro (IUPERJ), ligado à Universidade Cândido

Mendes. Em 2005, sob orientação de Adalberto Moreira Cardoso, concluiu sua tese com o estudo *Crítica da Razão Culturalista: por uma crítica ao pensamento social brasileiro sobre relações raciais e projeto de Estado-Nação*, que teve o renomado professor Carlos Hasenbalg como presidente da banca de avaliação.

Na UFRJ, Marcelo Paixão foi professor nos cursos de graduação e pós-graduação de economia do trabalho, economia política, introdução à economia, introdução às ciências sociais, economia solidária, pensamento social brasileiro (onde lecionou por três vezes consecutivas em parceria com o finado professor Aloísio Teixeira) e nação e nacionalidade. Entre 2005 e 2009, foi diretor do curso de graduação de ciências econômicas. Entre 2009-2012, foi representante dos professores adjuntos do Centro de Ciências Jurídicas e Econômicas (CCJE) no Conselho Universitário, local onde liderou a luta pelas ações afirmativas na UFRJ, finalmente aprovadas em 2010.

Em 2006, fundou o Laboratório de Análises Econômicas, Históricas, Sociais e Estatísticas das Relações Raciais (LAESER), primeiro espaço acadêmico nucleado em uma faculdade de economia a ter por eixo o acompanhamento das assimetrias raciais no Brasil. Através do LAESER, editou pela Garamond o Relatório Anual das Desigualdades Raciais no Brasil de 2007-2008 (com Luiz Marcelo Carvano) e 2009-2010 (com Irene Rossetto, Fabiana Montovanele e Luiz Marcelo Carvano). Entre 2009 e 2014, o LAESER editou o boletim eletrônico mensal "Tempo em Curso", primeira publicação dedicada ao monitoramento da evolução das desigualdades raciais no mercado de trabalho brasileiro tendo em vista os vaivéns da conjuntura econômica do país.

Entre 2012 e 2013, com bolsa da Coordenação de Aperfeiçoamento de Pessoal de Ensino Superior (CAPES), foi professor visitante no Center for Migration and Development, na Universidade de Princeton, nos Estados Unidos. Neste local participou do Projeto Etnicidade e Raça na América Latina (PERLA), coordenado pelo sociólogo Edward Telles. Em 2013, visitou pela primeira vez a Universidade do Texas em Austin, onde realizou algumas palestras. Em 2014, foi aprovado e em 2015 passou a fazer parte do corpo docente desta universidade como professor associado no African and African Diaspora Studies Department (ou simplesmente Black Studies) e no Teresa Lozano Long Institute of Latin American Studies (LLILAS).

Autor de dezenas de livros, consultor de diferentes organismos internacionais, pioneiro em diferentes linhas de estudo sobre relações raciais no Brasil — como, por exemplo, perfil socioeconômico dos empreendedores afro-brasileiros, perfil de cor ou raça dos políticos brasileiros, discriminação racial no acesso ao crédito produtivo —, no momento deste texto Marcelo Paixão se dedica ao estudo do empreendedorismo negro nos Estados Unidos e no Brasil e dos padrões de reprodução das desigualdades étnico-raciais na América Latina.

Taurino, teimoso e caseiro, como se autodefine, o portentoso intelectual afrodescendente gosta de cozinhar, tocar violão, cantar e fazer poesias nas horas vagas. Sempre esperançoso com a vida, apesar de tantas agruras, sonha em um dia poder compor uma canção "que celebre a cultura negra e as ideias, insanas que sejam, pela construção de um mundo melhor".[9]

---
[9] Comunicação via e-mail com Nei Lopes em 26 de agosto de 2019.

PELÉ

UMA ANTIGA PARÁBOLA

Conta a lenda que numa remota aldeia africana, de um reino devastado pelas guerras e pelo tráfico de escravos, morava um menino que, como os outros de seu povo, era tão pobre que não tinha roupas; e por isso andava nu. Mas, apesar de pobre, o menino tinha poderes extraordinários: transformava água em vinho tinto; dava nó em pingo d'água; andava por sobre as ondas do mar. Fazia coisas tão impossíveis que acabou sendo escolhido como rei de seu povo. Mas como era muito vaidoso e só olhava para si mesmo, embora rei, não sabia que andava nu. Até que um missionário francês propôs — e ele aceitou — fazer para ele uma roupa encantada, a mais bonita e rara do mundo, e com uma característica singular: só os olhos daqueles que fossem inteligentes estariam aptos a enxergar a indumentária.

Assim foi feito; e o povo da aldeia foi avisado. No dia da estreia, o rei saiu para mostrar a roupa ao povo. Aplausos gerais. Só que, do meio da multidão, alguém que já conhecia a velha fábula europeia e muitas outras, gritou que o rei estava nu. O curioso, entretanto, é que ninguém acreditou, nem mesmo o rei. Será que estava mesmo?

Edson Arantes do Nascimento, o Pelé, indiscutivelmente o maior jogador do futebol mundial em todos os tempos, nasceu em Três Corações (MG), em 23 de outubro de 1940. De família humilde mas organizada, aos 4 anos mudou-se para a cidade paulista de Bauru. Seis anos depois, demonstrando dotes invulgares para o futebol, e incentivado pelo pai, ex-jogador, o menino iniciava a carreira, jogando na equipe infantojuvenil do Bauru Atlético Clube. Nela, conquistou o bicampeonato estadual de sua categoria em 1954 e 1955; e no ano seguinte foi levado para treinar no Santos F.C.

No primeiro jogo-treino, o craque fez quatro dos seis gols da vitória do seu time. Com isso, logo depois estreava na equipe da Vila Belmiro numa partida amistosa contra o afamado Corinthians. O resultado foi de 7 a 1 para o Santos, com dois gols do rapazinho de apenas 16 anos. A partir daí, o genial jogador envergou a camisa do Santos por 18 anos, até 1974.

Na Seleção Brasileira, Pelé estreou em 1957 e foi campeão do mundo três vezes, em 1958, 1962 e 1970. Seus principais feitos são de domínio público: conquistou 11 títulos nacionais, cinco vezes a Taça Brasil, dois Mundiais Interclubes e duas vezes a Taça Libertadores, entre diversos outros títulos em competições por várias partes do mundo. Marcou um total de 1.281 gols; e em 1980 foi eleito Atleta do Século, por um júri constituído por jornalistas do mundo inteiro.

Mas, apesar de toda a fama a que fez jus em sua brilhante trajetória, Pelé foi muitas vezes criticado por seu suposto alheamento em relação às questões envolvendo o negro na sociedade brasileira. Muitos cobraram dele um posicionamento a respeito. Conta-se, entretanto, que em certa ocasião, durante uma excursão do Santos à África, num hotel no Senegal, o ídolo foi assediado de forma muito intensa por um grupo de admiradores locais. A recepcionista do hotel, branca, foi em defesa do hóspede, chamando os fãs de "selvagens", no que foi presa por policiais. Apavorada, a moça pediu o testemunho de Pelé em seu favor; e o craque negou, dizendo que se identificava com os que o assediaram. O episódio consta da autobiografia do Rei, publicada em 2016. Entretanto, o que mais se ouve e diz é que Pelé jamais teria se manifestado publicamente sobre o hoje inegável racismo antinegro vigente no Brasil, suas causas e consequências.

Observemos que, neste país — o maior e mais longevo usuário de mão de obra escrava e o último, no mundo ocidental, a abolir a escravatura —, quase todo afrodescendente nascido até a década de 1950 foi induzido a desconsiderar ou esquecer o problema. A escravidão era um estigma e um veneno, do qual as vítimas subsequentes, principalmente quando jovens, eram aconselhadas e orientadas a se curar ou "descontaminar". A cura consistia em disfarçar ou não reconhecer ou admitir a origem africana. E o afastamento se processava pela adoção de hábitos e atitudes observados nos filhos de famílias razoável ou inteiramente bem-sucedidas na luta por "ser alguém na vida". Nessa batalha, eram essenciais o estudo, o trabalho, os hábitos saudáveis, além dos "bons costumes" e a "boa aparência" — segundo a métrica da sociedade dominante.

Esse drama foi bem analisado no livro *Tornar-se negro*, em que a psicanalista Neuza Santos Souza, tragicamente falecida em 2009, colocou a questão de forma magistral. Para ela, o negro brasileiro, pelo menos à época em que desenvolveu suas pesquisas, certamente na década de 1970, não tinha uma identidade positiva, que pudesse afirmar ou negar. Porque, segundo entendia a psicanalista, o simples fato de se nascer com caracteres físicos "negroides", digamos assim, não configurava a constituição de uma "identidade negra". Como escreveu Santos Souza, "ser negro não é uma condição dada, a priori", e sim um "vir a ser", isto é: "Ser negro é tornar-se negro."

Lembremos que o ativismo pela igualdade dos direitos do povo negro, existente desde o fim do século XIX, tinha sido interrompido pelo Estado Novo de Vargas e também reprimido pela ditadura militar. E que a mobilização ocorrida na década de 1930, apesar da participação de pessoas e famílias dos segmentos "remediados" — talvez mais atraídos pelo convívio social do que por razões ideológicas — ficou de certa forma restrita aos centros urbanos, envolvendo os mais pensantes e politizados, não necessariamente letrados ou prósperos. E assim não repercutiu como deveria nos guetos ou junto às massas interioranas. Não chegou ou chegou pouco a Bauru, talvez. E parece ter passado longe da casa de seu Dondinho e dona Celeste, pai e mãe do Rei.

Observemos que o ingresso de Pelé no mundo dos negócios parece ter limitado suas possibilidades quanto a um posicionamento firme em relação à questão étnico-racial. A ideologia da sociedade de consumo, todos sabemos, é a do lucro. E seus vetores só enfrentam questões polêmicas quando elas sinalizam algum retorno de capital. Pelé tornou-se — e continua sendo — uma espécie de marca, um selo, uma assinatura. Diante disso, é difícil saber se durante todos esses anos o Rei esteve mesmo nu. Ou se continua vestindo um manto reluzente. Neste caso, melhor ainda seria um manto estampado com uma figura *adinkra*, da tradição dos povos Akan, de Gana. E especialmente com a chamada *Sankofa*, que mostra uma ave, corpo retorcido, olhando na direção do rabo, traduzindo visualmente este sábio provérbio: "Nunca é tarde para voltar e recolher o que ficou no passado."

P.S.: Interessante é que, na língua iorubá, o vocábulo *"pèlé"*, com "e" aberto, se traduz como "cautelosamente", "de forma ponderada", "de modo desconfiado".

JOANA D'ARC FÉLIX

REPRESENTATIVIDADE INCONTESTÁVEL

O racismo esconde assim seu verdadeiro rosto. Pela repressão ou persuasão, leva o sujeito negro a desejar, invejar e projetar um futuro identificatório antagônico em relação à realidade de seu corpo e de sua história étnica pessoal. Todo ideal identificatório do negro converte-se, desta maneira, num ideal de retorno ao passado, onde ele poderia ter sido branco, ou na projeção de um futuro, onde seu corpo e identidade negros deverão desaparecer.

Jurandir Freire Costa, prefácio de *Tornar-se negro*

Joana D'Arc Félix de Souza nasceu em 22 de outubro de 1963 em Franca, no interior de São Paulo. Filha de uma empregada doméstica e de um profissional de curtume, aprendeu a ler em casa, incentivada pelos pais a estudar e conquistar uma vida melhor. Cursou o ensino fundamental e concluiu o ensino médio numa escola estadual de sua cidade. Primeira pessoa de sua família a ter um diploma universitário, Joana D'Arc formou-se em química pela UNICAMP, e seguiu carreira acadêmica, dedicando-se a um mestrado e, depois, a um doutorado.

Tornou-se, então, especialista em "reaproveitamento de resíduos do setor coureiro-calçadista para a produção de produtos para as áreas biológicas, da saúde, de química, agropecuária, de energias renováveis e construção civil". Mais tarde, viria a ser professora e coordenadora do curso técnico em curtimento na Escola Técnica Professor Carmelino Corrêa Júnior (Centro Paula Souza), onde desenvolveu projetos de pesquisas, conforme currículo informado à plataforma Lattes.

Por conta de seu currículo, que lhe rendeu prêmios importantes, Joana foi perfilada em inúmeras matérias, inclusive na prestigiosa revista *Raça*, que na edição comemorativa dos 130 anos da abolição, em maio de 2018, estampou o seguinte *lead*: "Mais de cem prêmios, inúmeras histórias de superação. Filha de uma empregada doméstica com um funcionário de curtume, no interior de São Paulo, ingressou na Faculdade de Química da UNICAMP. Morou sozinha em um pensionato e dormiu muitas noites com fome. Saiu de lá com mestrado e doutorado. E aos 25 anos era Ph.D. em química pela Universidade de Harvard."

A partir daí, Joana D'Arc tornou-se o centro de inúmeras iniciativas, inclusive a produção de um filme sobre sua trajetória incomum. Até que, um ano depois da matéria da *Raça*, o jornal *O Estado de S. Paulo* publicou uma reportagem questionando o currículo da pesquisadora e professora. A matéria alegava que Joana D'Arc teria apresentado um falso certificado de pós-doutorado na Universidade de Harvard, além de informar que entrou aos 14 anos na graduação de química na UNICAMP, dado que realmente causara estranheza geral e que, segundo a reitoria da universidade, não era real. O mundo então desabou sobre Joana D'Arc.

Entretanto, na contramão do linchamento moral, ergueu-se, por exemplo, a voz da jornalista Miriam Leitão, que, em sua coluna no jornal *O Globo*, saiu em defesa da pesquisadora. Segundo a articulista, há duas formas de olhar o caso: "Falar do que Joana não fez ou do que ela fez." E explicita: "O que ela de fato fez foi graduação, mestrado e doutorado na UNICAMP, uma das melhores do Brasil. E ela tem sido uma excelente professora, segundo o próprio diretor da escola." Miriam cita o diretor, Claudio Ribeiro Sandoval, segundo o qual o trabalho da professora e pesquisadora "é extraordinário". Completando, Miriam Leitão acentuou que o feito de Joana "é suficientemente grande para torná-la um caso de sucesso" e que, mais importante que sua própria história pessoal, é o que ela representa como professora de química na Escola Carmelino Correa Junior.

De nossa parte, vemos um típico exemplo dos transtornos que a luta pela superação muitas vezes causa aos afrodescendentes, levando a quadros quase paranoicos, nos quais oscilam de delírios de perseguição até a supervalorização doentia do próprio ego. A propósito, Umberto Eco cita, em *Nos ombros dos gigantes,* São Tomás de Aquino, que, na *Summa Teológica,* perdoava tanto a mentira jocosa, dita por gracejo, quanto a oficiosa, dita por alguma utilidade, mas que não traz prejuízo. Condenável, segundo o santo filósofo, seria a mentira danosa, que não favorece ninguém e traz prejuízo.

BIBLIOGRAFIA

#NEGRASREPRESENTAM. "Sonia Guimarães: Ph.D. em Física." *Mundo Negro*, 20 nov. 2017. Disponível em: <https://mundonegro.inf.br/negrasrepresentam-sonia-guimaraes-phd-em-fisica/>. Acesso em: 25 set. 2019.

"A LÍNGUA portuguesa como instrumento de comunicação e trabalho inovador no mundo global." UBC, 2016. Disponível em: <http://www.ubc.org.br/anexos/publicacoes/arquivos_noticias/2016_setembro_lusofonia.pdf>. Acesso em: 25 set. 2019.

ABRAHAM, R.C. *Dictionary of Modern Yoruba*. Londres: Hodder & Stoughton, 1981. p. 155.

ALEIXO, Isabela. "Ser mulher negra e chefe é entender que eu carrego o navio negreiro inteiro". *O Globo*, Rio de Janeiro, 21 mar. 2019. Disponível em: <https://g1.globo.com/economia/tecnologia/noticia/2019/02/14/parem-de-achar-que-todas-as-profissoes-vao-acabar-diz-executiva-de-ti-na-campus-party.ghtml>. Acesso em: 25 set. 2019.

ALVES FILHO, Ivan. *Presença negra no Brasil: do século XVI ao início do século XXI*. Brasília: Fundação Astrojildo Pereira; Verbena Editorial, 2018.

AMORIM, Paulo Henrique. "A estratégia para superar o obstáculo da cor da pele." *Conversa Afiada*, 4 ago. 2011. Disponível em: <https://www.conversaafiada.com.br/brasil/2011/08/04/a-estrategia-para-superar-o-obstaculo-da-cor-da-pele>. Acesso em: 25 set. 2019.

ANDRADE, Érica. "Por trás das togas". 18 dez. 2005. Disponível em: <http://www.trt24.gov.br/arq/download/biblioteca/pontoVista/Por%20tras%20das%20togas.pdf>. Acesso em: 7 out. 2019.

ANDRADE, Samária. "Adestrador de palavras." *Revestrés*, Teresina, 20 abr. 2015. Disponível em: <http://www.revistarevestres.com.br/entrevista/adestrador-de-palavras/>. Acesso em: 25 set. 2019.

ANGELO, Damaris de. "Internacionalmente, Marcelo D'Salete fala sobre periferia, história e identidade negra". *Ideia Fixa*. Disponível em: <http://www.ideafixa.com/posts/internacionalmente-marcelo-dsalete-fala-sobre-a-periferia-historia-e-identidade-negra>. Acesso em: 25 set. 2019.

ANTONIO, João. Texto introdutório de "Os testemunhos da Cidade de Deus". In: *Livro de cabeceira do homem.* v. 1. Rio de Janeiro: Civilização Brasileira, 1975, p. 22.

ARAN, Edson. "Hélio de La Peña: 'A patrulha ideológica sempre acaba punindo os talentos'". *República dos bananas,* Entrevistas, 2 nov. 2018. Disponível em: <https://republicadosbananas.com.br/helio-de-la-pena-a-patrulha-ideologica-sempre-acaba-punindo-os-talentos/>.

ARAÚJO, Emanoel (Org.). *Brasil, imagens da terra e do povo.* São Paulo: Imprensa Oficial do Estado; Museu Afro Brasil, 2008.

ASSECOM. [Entrevista] Tomaz Santos fala de sua experiência como reitor pro tempore da Unilab. *Unilab,* 10 mar. 2017. Disponível em: <http://www.unilab.edu.br/noticias/2017/03/10/entrevista-tomaz-santos-fala-de-sua-experiencia-como-reitor-pro-tempore-da-unilab/>. Acesso em: 25 set. 2019.

ATHAYDE, Celso. "Relato autobiográfico de Celso Athayde e a metamorfose de Alex Pereira". In: SOARES, Luiz Eduardo; MV Bill; Athayde, Celso. *Cabeça de porco.* Rio de Janeiro: Objetiva, 2005. p. 192.

BARSANTE, Cássio Emmanuel. *Santa Rosa em cena.* Rio de Janeiro: INACEN, 1982. p. 67.

BECHARA, Evanildo. "Discurso de recepção". *Academia Brasileira de Letras,* jul. 2016. Disponível em: <http://www.academia.org.br/academicos/Domício-proenca-filho/discurso-de-recepcao>.

BERGAMO, Mônica. "Maju vai apresentar o *Jornal Hoje*; Sergio Chapelin deixa o *Globo Repórter*". *Folha de S.Paulo,* 9 ago. 2019. Disponível em: <http://www1.folha.uol.com.br/colunas/monicabergamo/2019/08/maju-vai-apresentar-o-jornal-hoje-sergio-chapelin-deixa-o-globo-reporter.shtml>. Acesso em: 25 set. 2019.

BISPO, Alexandre Araújo. "Mãos de ouro: a tecelagem da memória na obra de Sônia Gomes". *O Menelick 2 Ato,* jun. 2015. Disponível em: <http://www.omenelick2ato.com/artes-plasticas/213>. Acesso em: 25 set. 2019.

BLASS, Marcella. "Tecnologia da igualdade". *Locaweb,* ed. 92, 2019. p. 15.

BORGES, Rosane da Silva. *Sueli Carneiro.* São Paulo: Selo Negro, 2009.

BRESSANE, Ronaldo. "Preto no branco". *Revista da Cultura,* São Paulo. Disponível em: <http://www.livrariacultura.com.br/revistadacultura/reportagens/preto-no-branco>. Acesso em: 25 set. 2019.

BRITO, Débora. "Cotas foram revolução silenciosa no Brasil, afirma especialista". *EBC*, São Paulo, 27 maio 2018. Disponível em: <http://agenciabrasil.ebc.com.br/educacao/noticia/2018-05/cotas-foram-revolucao-silenciosa-no-brasil-afirma-especialista>. Acesso em: 25 set. 2019.

CAETANO, Ivone. Dia Internacional da Mulher Negra Latino-americana e Caribenha. *Tribuna do Advogado*, Rio de Janeiro, ago. 2017. p. 37.

CAMPOS, Luiz Augusto; FRANCA, Danilo; FERES JÚNIOR, João. *Relatório das desigualdades: raça, gênero e classe*. 2018.

CANDEIA; ARAÚJO, Isnard. *Escola de samba, árvore que esqueceu a raiz*. Rio de Janeiro: Editora Lidador/Secretaria Estadual de Educação e Cultura, 1978.

CARVALHO, João Batista Sousa de. *A poesia afro-brasileira de Salgado Maranhão: trilhas de identidade em memória em O mapa da tribo*. 2015. Dissertação (Mestrado). Teresina: Universidade Estadual do Piauí, 2015.

CARVALHO, Walter: *Álbum de retratos: Zezé Motta*. Rio de Janeiro: Memória Visual: Folha Seca, 2008.

CASEMIRO, Poliana. "Dia da Engenharia: Sônia Guimarães foi a primeira mulher negra professora no Instituto Tecnológico de Aeronáutica (ITA)". *Ceert*, 4 abr. 2019. Disponível em: <https://ceert.org.br/noticias/genero-mulher/24423/dia-da-engenharia-sonia-guimaraes-foi-a-primeira-mulher-negra-professora-no-instituto-tecnologico-de-aeronautica-ita>. Acesso em: 25 set. 2019.

_____. "Primeira professora negra no ITA, Sônia Guimarães cobra igualdade para mulheres: 'conservadorismo já não é mais capaz de nos parar'". *G1*, Vale do Paraíba, 8 mar. 2018. Disponível em: <https://g1.globo.com/sp/vale-do-paraiba-regiao/noticia/primeira-professora-negra-no-ita-sonia-guimaraes-cobra-igualdade-para-mulheres-conservadorismo-ja-nao-e-mais-capaz-de-nos-parar.ghtml>. Acesso em: 25 set. 2019.

CASTRO, Ruy. *Chega de saudade: a história e as histórias da bossa nova*. São Paulo, Companhia das Letras, 2016.

_____. Verbete "Samba-Jazz". In: LOPES, Nei; SIMAS, Luiz Antonio. *Dicionário da história social do samba*. Rio de Janeiro: Civilização Brasileira, 2015.

CAVICCHIOLI, Giorgia. "O brasileiro que venceu o 'Oscar' dos quadrinhos com história sobre escravidão". *El País*, 16 ago. 2018. Disponível em: <https://brasil.elpais.com/brasil/2018/08/16/cultura/1534447105_529381.html>. Acesso em: 25 set. 2019.

CHUKS-ORJI, Ogonna. *Names of Africa*. Chicago: Johnson Publishing Company Inc, 1972.

CINEAMAZONIA. *2015 — Poeta Salgado Maranhão*. YouTube, 14'9". 4 nov. 2015. Disponível em: <http://www.youtube.com/watch?v=veQ6H4k9aAE>. Acesso em: 25 set. 2019.

COARACY, Vivaldo. *Paquetá, imagens de ontem e de hoje*. Rio de Janeiro: José Olympio, 1965.

"CONHECENDO as juízas federais #1 — Neuza Maria Alves da Silva". *Ajufe*, 22 maio 2018. Disponível em: <http//www.ajufe.org.br/imprensa/noticias/10620-conhecendo-as-juizas-federais-1-neuza-maria-alves-da-silva>. Acesso em: 25 set. 2019.

CONVERSA COM BIAL. Programa de 10 jun. 2019: Entrevista com Mateus Aleluia. GloboPlay, 41'. 10 jun. 2019. Disponível em: <https://globoplay.globo.com/v/7682793/>. Acesso em: 25 set. 2019.

COUTINHO, Dimítria. "Influente, acessível e humilde: conheça a história de Nina Silva". *Ada*, 22 ago. 2019. Disponível em: <https://ada.vc/2018/08/22/nina-silva/>. Acesso em: 25 set. 2019.

CRUZ, Gutemberg. *Gente da Bahia*. Salvador: Editora P & A, 1997.

CUNHA, Magali. "Legados de um beato evangélico". *O Globo*, 6 ago. 2015.

"DE BOIA-FRIA a um dos homens mais influentes do Brasil". *Revista Empresários*, 2018. Disponível em: <http://revistaempresarios.net/site/entrevista-exclusiva-de-boia-fria-a-um-dos-homens-mais-influentes-do-brasil-conheca-a-historia-vitoriosa-do-prof-dr-jose-vicente-reitor-e-diretor-geral-e-academico-da-faculdade-zumbi-do/>. Acesso em: 25 set. 2019.

DICIONÁRIO Barsa do Meio Ambiente. São Paulo: Barsa Planeta, 2009. p. 190.

DISITZER, Marcia. "Estou na pista: Zezé Motta fala sobre solteirice, mundo careta e morte dos amigos." *O Globo*, Revista Ela, 14 jul. 2019.

DOMINGUES, Petrônio. "Entre Dandaras e Luizas Mahins: mulheres negras e anti-racismo no Brasil". In: PEREIRA, Amauri M.; SILVA, Joselina da (Orgs.). *O movimento negro brasileiro: escritos sobre os sentidos de democracia e justiça social no Brasil*. Belo Horizonte: Nandyala, 2009.

_____. *A nova abolição*. São Paulo: Selo Negro, 2008.

DUARTE, Eduardo de Assis (Org.). *Literatura e afrodescendência no Brasil: antologia crítica*. v. 3. Belo Horizonte: UFMG, 2011.

DUARTE, Marcelo. *Guia dos craques*. São Paulo: Abril, 2000.

ECO, Umberto. *Nos ombros dos gigantes*. Rio de Janeiro: Record, 2018.

ESSINGER, Silvio. "Seu Jorge: Meu trabalho é divulgar o Brasil. Mas o Brasil tá atrapalhando". *O Globo*, Segundo Caderno, 18 abr. 2019.

"'EU ACREDITO na universidade', diz Tomaz Aroldo da Mota Santos, novo emérito da UFMG". UFMG, Belo Horizonte. Disponível em: <https://www.ufmg.br/90anos/eu-acredito-na-universidade-diz-tomaz-aroldo-da-mota-santos-novo-emerito-da-ufmg/>. Acesso em: 25 set. 2019.

EVARISTO, Conceição. *Ponciá Vicêncio*. Belo Horizonte: Mazza, 2003.

FERREIRA JÚNIOR, Maurício Vicente. "Os 77 anos do Museu Imperial". *Diário do Turismo*, 29 mar. 2017. Disponível em: <https://diariodoturismo.com.br/os-77-anos-do-museu-imperial-por-mauricio-vicente-ferreira-junior/>. Acesso em: 25 set. 2019.

FILHO, Ivan Alves. *Presença negra no Brasil*. Brasília: Verbena Editora, 2018.

FONTOURA, Maria Conceição Lopes. "A marcha das mulheres negras brasileiras". *DEDS em Revista*, Porto Alegre, UFRGS, v. 1, n.º 1, pp. 73-80, 2016.

FORBES. Nina Silva: "Times complexos requerem cada vez mais diversidade". 7 jun. 2019. Disponível em: <https://forbes.uol.com.br/videos/2019/06/nina-silva-times-complexos-requerem-cada-vez-mais-diversidade/>. Acesso em: 25 set. 2019.

FRIAS, Lena. "Adeus, JB". *Observatório da Imprensa*, São Paulo, 13 jun. 2001. Disponível em: <http://observatoriodaimprensa.com.br/primeiras-edicoes/adeus-jb/>. Acesso em: 24 ago. 2019.

_____. Reportagem. *Jornal do Brasil*, Caderno B, Rio de Janeiro, 1 maio 1978.

FURTADO, Júnia Ferreira. *Chica da Silva e o contratador de diamantes*. São Paulo: Companhia das Letras, 2003.

GÓES, Fred de. *Gilberto Gil: literatura comentada — seleção de textos, notas, estudos biográfico, histórico e crítico e exercícios*. São Paulo: Abril Educação, 1982.

GOMES, Nilma Lino; LIMA, Aristeu Rosendo Pontes; SANTOS, Tomaz Aroldo da Mota. "Unilab — Universidade da Integração Internacional da Lusofonia Afro-brasileira: o desafio de uma experiência acadêmica na perspectiva da cooperação Sul-Sul". *Novos Olhares Sociais*, v. 1, n.º 1, pp. 93-110, 2018.

GONÇALVES, Ana Maria. *Um defeito de cor*. Rio de Janeiro: Record, 2007.

GONÇALVES, Marcos Augusto. "Celso Athayde lança partido e aposta no mercado para promover negros". *Folha de S.Paulo*, São Paulo, 24 jul. 2017.

GRANDE Otelo. Filmografia. Disponível em: <http://ctac.gov.br/otelo/filmografia.asp>. Acesso em: 17 out. 2019.

GUIMARÃES, Ruth. *Água funda*. São Paulo: Nova Fronteira, 2003. Edição prefaciada por Antonio Candido.

HEBREU, Anderson. "Negro em Foco: 'Ex-boia-fria vira delegado e cria ONG' a 'Afro Bras'". *Noticiário Periférico*, 11 maio 2009. Disponível em: <http//www.noticiario-periferico.com/2009/11/negro-em-foco-ex-boia-fria-vira.html>. Acesso em: 25 set. 2019.

"HISTÓRIA DA Música Popular Brasileira: Johnny Alf". São Paulo: Abril Cultural, 1972. n.º 43, p. 11.

INFOART SP. "Agenda cultural — Sonia Gomes: Ainda assim me levanto". Disponível em: <http://www.infoartsp.com.br/es/agenda/sonia-gomes-ainda-assim-me-levanto/>. Acesso em: 25 set. 2019.

ITIBERÊ, Brasílio. *Mangueira, Montmartre e outras favelas*. Rio de Janeiro: Livraria São José, 1970.

JESUS, Matheus Gato de. "Cumbe: sol, fogo e força". *O Menelick 2 Ato*, jul. 2014. Disponível em: <http://www.omenelick2ato.com/artes-literarias/sol-fogo-e-forca>. Acesso em: 25 set. 2019.

LEITÃO, Miriam. "O que Joana fez e não fez". *O Globo*, Rio de Janeiro, 21 maio 2019.

LEMOS, Renato. "E agora ele canta". *O Globo*, Revista Ela, 9 jun. 2019.

LIMA, Junia de Souza. "Os melhores empregados: a inserção e a formação da mão de obra feminina em fábricas têxteis mineiras no final do século XIX". *Varia Historia*, Belo Horizonte, v. 27, n.º 45, pp. 270, 273-4, jan./jun. 2011.

LOPES, Nei. *Dicionário da hinterlândia carioca*. Rio de Janeiro: Pallas, 2012.

_____. *Dicionário da antiguidade africana*. Rio de Janeiro: Civilização Brasileira, 2011.

_____. *Dicionário literário afro-brasileiro*. 2. ed. Rio de Janeiro: Pallas, 2011.

_____. *Enciclopédia brasileira da diáspora africana*. 4. ed. São Paulo: Selo Negro, 2011.

_____. *Kitábu, o livro do saber e do espírito negro-africanos*. Rio de Janeiro: SENAC, 2005.

LOPES, Nei; SIMAS, Luiz Antonio. *Dicionário da história social do samba*. Rio de Janeiro: Civilização Brasileira, 2015.

LYRA, Cyro Corrêa. *Documenta histórica dos municípios do Rio de Janeiro*. Rio de Janeiro: Documenta Histórica, 2006.

MACIEL, Camila. "Depois de 17 anos da abertura do ITA para mulheres, elas representam 8% do total de alunos". *EBC*, São Paulo, 8 mar. 2013. Disponível em: <http://www.ebc.com.br/noticias/brasil/2013/03/depois-de-17-anos-da-abertura-do-ita-para-mulheres-elas-representam-8-do>. Acesso em: 25 set. 2019.

"MAJU Coutinho diz que ser a 1.ª mulher negra na bancada do *JN* é simbólico: 'Espero que se torne comum'". *Folha de S.Paulo*, F5, 1 fev. 2019. Disponível em: <https://f5.folha.uol.com.br/televisao/2019/02/maju-coutinho-diz-que-ser-a-1a-mulher-negra-na-bancada-do-jn-e-simbolico-espero-que-se-torne-comum.shtml>

"MAJU Coutinho é capa da *Claudia* de dezembro". *Hoje em dia*, 1 dez. 2015. Disponível em: <https://www.hojeemdia.com.br/almanaque/maju-coutinho-%C3%A9-capa-da-claudia-de-dezembro-1.346403>. Acesso em: 25 set. 2019.

"MANOBRAS impedem babalaô Ivanir dos Santos de tentar vaga de senador". *Carta Capital*. 14 ago. 2018. Disponível em: <https://www.cartacapital.com.br/politica/manobras-impedem-babalawo-ivanir-dos-santos-da-disputa-ao-senado/>. Acesso em: 7 out. 2019.

MARANHÃO, Salgado. "Massagista da alma". *Folha de S.Paulo*, 2 set. 2012. Disponível em: <https://www1.folha.uol.com.br/fsp/ilustrada/64055-massagista-da-alma.shtml>. Acesso em: 25 set. 2019.

MARCONDES, Marcos Antônio (Ed.). *Enciclopédia da música brasileira*. São Paulo: Art Editora, 1977.

MARTINS, Régis. "Jeferson De fala sobre desafios de ser um cineasta negro". *Geledés*, 24 jan. 2012.

MARTINS, Sérgio. "A volta do pop afro brasileiro d'Os Tincoãs". *Veja*, São Paulo, 28 nov. 2017. Disponível em: <https://veja.abril.com.br/blog/veja-musica/a-volta-do-pop-afro-brasileiro-dos-tincoas/>. Acesso em: 25 set. 2019.

MARTINS, Sérgio. "Conexão africana". *Veja*, São Paulo, pp. 102-3, 22 mar. 2017.

MELLO, Roberto. "Por que as rádios não tocam a música de Moacir Santos?". *Opção*, 30 ago. 2014. Disponível em: <https://www.geledes.org.br/jeferson-de-fala-sobre-desafios-de-ser-um-cineasta-negro/>.

MELO, Luisa. "'Parem de achar que todas as profissões vão acabar', diz executiva de TI na Campus Party". *G1*, São Paulo, 14 fev. 2019. Disponível em: <https://g1.globo.com/economia/tecnologia/noticia/2019/02/14/parem-de-achar-que-todas-as-profissoes-vao-acabar-diz-executiva-de-ti-na-campus-party.ghtml>. Acesso em: 25 set. 2019.

MENDES, Letícia. "Eu me comporto igual no ar e fora do ar, diz Maria Júlia Coutinho". *G1*, Pop & Arte, 13 maio 2015. Disponível em: <http://g1.globo.com/pop-arte/noticia/2015/05/eu-me-comporto-igual-no-ar-e-fora-do-ar-diz-maria-julia-coutinho.html>.

MENON, Isabella. "Emanoel Araújo mostra influência afro em obras expostas no Masp. *Folha de S.Paulo*, São Paulo, 5 abr. 2018. Disponível em: <www1.folha.uol.com.br/ilustrada/2018/04/emanoel-araujo-mostra-influencia-afro-em-obras-expostas-no-masp.shtml>. Acesso em: 25 set. 2019.

MESQUITA, Lígia. "Queridinha do público e autêntica, a previsão é de sol para Maju Coutinho". *Folha de S.Paulo*, Serafina, 29 nov. 2015. Disponível em: <https://www1.folha.uol.com.br/serafina/2015/12/1712025-queridinha-do-publico-e-autentica-a-previsao-e-de-sol-para-maju-coutinho.shtml>.

MIGUEL, Antônio Carlos. "Poeta Salgado Maranhão, filho da senzala e da casa-grande, tem obra completa lançada em livro". *O Globo*, Rio de

Janeiro, 7 jun. 2010. Disponível em: <https://oglobo.globo.com/cultura/poeta-salgado-maranhao-filho-da-senzala-da-casa-grande-tem-obra-completa-lancada-em-livro-2998111>. Disponível em: 25 set. 2019.

MODENA, Ligia. "Da Lagoa para Vila Aliança". *Extra*, 11 jan. 2014.

MORGADO, Alexandre. "Entrevista — Marcelo D'Salete: A voz das ruas". *Colecionadores de HQs*. 2015. Disponível em: <http://colecionadoresdehqs.com.br/entrevista-marcelo-dsalete-a-voz-das-ruas/>. Acesso em: 25 set. 2019.

MOVIMENTO Black Money. *Quem somos*. Disponível em: <https://movimentoblackmoney.com.br/quem-somos/>. Acesso em: 25 set. 2019.

MOURA, Roberto M. Texto no encarte do CD *Benza, Deus*, Luiz Carlos da Vila. Rio de Janeiro: Carioca Discos, 2004.

NASCIMENTO, Abdias. "Cartaz: Guerreiro Ramos". *Quilombo*, n.º 9, p. 2, maio 1950.

NEUZA MARIA Alvez da Silva. *Anuário Conjur*. Disponível em: <https://anuario.conjur.com.br/nb/profiles/78592e4622f1/editions/7bd06d485c6f749f9c5d/pages/5586341/widgets/67115086>. Acesso em: 25 set. 2019.

OLIVEIRA, Eduardo de. *Quem é quem na negritude brasileira*. São Paulo: Congresso Nacional Afro-brasileiro; Brasília: Secretaria Nacional de Direitos Humanos do Ministério da Justiça, 1998.

OLIVEIRA, Flávia. "Entrevista a Mauricio Pestana". *Raça*, n.º 207, p. 14-17, maio 2019.

_____. "Há muito racismo, sim". *O Globo*, p. 3, 10 maio 2019.

_____. "Desigualdade monstro". *O Globo*, 20 maio 2015.

_____. "Violento por natureza". *Geledés*, 25 maio 2015. Disponível em: < https://www.geledes.org.br/violento-por-natureza/>.

_____. "Não seguir Moisés". *O Globo*, 29 ago. 2001.

ORTIZ, Fernando. *Catauro de cubanismos*. Havana: Ciências Sociais, 1985.

PAIVA, Eduardo França. "Alforrias". In: SCHWARCZ, Lilia M.; GOMES, Flávio (Orgs.). *Dicionário da escravidão e liberdade*. São Paulo: Companhia das Letras, 2018. p. 96.

"PARA A CIÊNCIA, o gênero não importa. Mas para a sociedade, sim". *Jornalismo Especializado Unesp*, 24 nov. 2018. Disponível em: <https://

jornalismoespecializadounesp.wordpress.com/2018/11/24/para-a-ciencia-o-genero-nao-importa-mas-para-a-sociedade-sim/>. Acesso em: 25 set. 2019.

PELLEGRINO, Fabricio. "A liberdade de ser Maju Coutinho". *Revista Contigo*, 27 dez. 2016. Disponível em: <https://contigo.uol.com.br/noticias/exclusivas/a-liberdade-de-ser-maju-coutinho.phtml>.

PERASSOLO, João. "Inspirada em poema de Maya Angelou, Sonia Gomes cria com madeira e tecidos". *Folha de S.Paulo*, 9 out. 2019. Disponível em: <https://www1.folha.uol.com.br/ilustrada/2018/10/inspirada-em-poema-de-maya-angelou-sonia-gomes-cria-com-madeira-e-tecidos.shtml>. Acesso em: 25 set. 2019.

PEREIRA, Edimilson de Almeida. *Os tambores estão frios*. Juiz de Fora: Funalfa; Belo Horizonte: Mazza, 2005.

PINTO, Ana Estela de Sousa. "'A artista é mulher e negra, mas arte é arte', diz Sônia Gomes". *Folha de S.Paulo*, 19 dez. 2017. Disponível em <https://www1.folha.uol.com.br/ilustrada/2017/12/1944244-a-artista-e-mulher-e-negra-mas-arte-e-arte-diz-sonia-gomes.shtml>. Acesso em: 25 set. 2019.

PORCIDÔNIO, Gilberto. "O racismo também é uma burrice econômica". Época, Rio de Janeiro, 19 dez. 2018. Disponível em: <https://epoca.globo.com/o-racismo-tambem-uma-burrice-economica-23313636>. Acesso em: 25 set. 2019.

"PRIMEIRA DESEMBARGADORA federal negra do Brasil toma posse". *Diário do Grande ABC*. Disponível em: <https://www.dgabc.com.br/Noticia/368881/primeira-desembargadora-federal-negra-do-brasil-toma-posse>. Acesso em: 25 set. 2019.

PROGRAMA ILUMINURAS. *Ex-libris — Neuza Maria Alves da Silva*. YouTube, 8'33". Disponível em: <https://www.youtube.com/watch?v=f_oQOSR8rv0>. Acesso em: 25 set. 2019.

RAMOS, Guerreiro. *Introdução crítica à sociologia brasileira*. Rio de Janeiro: Editorial Andes, 1957.

REGO, Waldeloir. *Capoeira Angola*. Salvador: Itapuã, 1968.

REINA, Andrei. "O griô de Cachoeira". *Medium*, 26 abr. 2018. Disponível em: <https://medium.com/revista-bravo/o-gri%C3%B4-de-cachoeira-c8ebca9dabd6>. Acesso em: 25 set. 2019.

RESENDE, Dayana. "Salgado Maranhão: a trajetória de um encantador de palavras". *O Globo*, Rio de Janeiro, 1 fev. 2015. Disponível em: <https://oglobo.globo.com/rio/salgado-maranhao-trajetoria-de-um-encantador-de-palavras-15212033>. Acesso em: 25 set. 2019.

RIBEIRO, Djamila. "Tour de France". *Marie Claire*, p. 70, jul. 2019.

RIBEIRO, Eduardo. "Marcelo D'Salete faz quadrinhos para redescobrirmos o Brasil". *Vice*, São Paulo, 7 ago. 2018. Disponível em: <https://www.vice.com/pt_br/article/gy38q7/marcelo-dsalete-quadrinhos-eisner-awards>. Acesso em: 25 set. 2019.

RIBEIRO, Péris. *Didi: o gênio da folha-seca*. 3.ª ed. Rio de Janeiro: Gryphus, 2014.

RIGUEIRA JR., Itamar. "O homem das missões institucionais". *UFMG*, Belo Horizonte, 24 ago. 2017. Disponível em: <https://www.ufmg.br/90anos/especiais/tomaz-aroldo-mota-santos-o-homem-das-missoes-institucionais/>. Acesso em: 25 set. 2019.

RODA VIVA. Roda Viva | Celso Athayde. Programa exibido em 16 abr. 2018. YouTube, 78'33". 16 abr. 2018. Disponível em: <https://www.youtube.com/watch?v=mU3c8-R2WhU>. Acesso em: 25 set. 2019.

RODRIGUES, Cahê; VIEIRA, Claudio. Sinopse do enredo "Ruth de Souza: senhora Liberdade, abre as asas sobre nós". Rio de Janeiro: G.R.E.S Acadêmicos de Santa Cruz, 2019.

RODRIGUES, João Carlos. *Johnny Alf: duas ou três coisas que você não sabe*. São Paulo: Imprensa Oficial do Estado de São Paulo, 2012.

_____. *O negro brasileiro e o cinema*. 4.ª ed. Rio de Janeiro: Pallas Editora, 2011.

RONAI, Paulo. *Dicionário universal de citações*. São Paulo: Círculo do Livro, 1985.

ROUCH, Jean. "La danse". In: MONOD, Théodore (Org.). *Le monde noir*. Paris, Présence Africaine, n.º 8-9, p. 219, mar. 1950.

SALGUEITO, Wilberth. "Rondó da ronda noturna, de Ricardo Aleixo". *Rascunho*, jul. 2016. Disponível em: <http://rascunho.com.br/rondo-da-ronda-noturna-de-ricardo-aleixo/>. Acesso em: 16 out. 2019.

SAMPAIO, Teodoro. *O tupi na geografia nacional*. São Paulo: Brasiliana; Brasília: INL,1987.

SANTOROS, Juliana. "A primeira negra doutora em física do Brasil". *Fala Universidades*, 10 set. 2018. Disponível em: <https://falauniversi-

dades.com.br/primeira-doutora-negra-fisica/>. Acesso em: 25 set. 2019.

SANTOS, Albertina P. "Poema para Leônidas (1957)". In: RIBEIRO, André. *O Diamante eterno*. Rio de Janeiro: Gryphus, 1999.

SANTOS, Deoscóredes Maximiliano dos (Mestre Didi). *História de um terreiro nagô*. São Paulo: Max Limonad, 1988.

SANTOS, Joel Rufino. "Apresentação". In: SODRÉ, Muniz. *A lei do Santo*. Rio de Janeiro: Ao Livro Técnico, 2000.

_____. *Quando eu voltei tive uma surpresa*. Rio de Janeiro: Rocco, 2000.

_____. "Os papéis de Carolina". In: *Crônicas para ler na escola*. Rio de Janeiro: Objetiva, 2013.

SANZ, Beatriz. "Quem são as cientistas negras brasileiras?". *El País*, São Paulo, 28 fev. 2017. Disponível em: <https://brasil.elpais.com/brasil/2017/02/24/ciencia/1487948035_323512.html>. Acesso em: 25 set. 2019.

SCHØLLHAMER, Karl Eric. *Cena do crime: violência e realismo no Brasil contemporâneo*. Rio de Janeiro: Civilização Brasileira, 2013.

SCHUMAER, Schuma; VITAL BRAZIL, Érico (Orgs.). *Dicionário mulheres do Brasil*. Rio de Janeiro: Jorge Zahar, 2000.

SENHGOR, Leopold Sedar. *Negritude, arabisme et francité: refléxions sur le problème da la culture*. Beirute, Líbano: Editions Dar Al-Kitab Allubnani, 1967.

SEVERIANO, Jairo; MELLO, Zuza Homem de. *A canção no tempo* v. 2. São Paulo: Editora 34, 1998.

SILVA, Adriana de Oliveira. *Galeria & Senzala: a (im)pertinência da presença negra nas artes no Brasil*. 2018. Tese (doutorado). São Paulo: Universidade de São Paulo, 2018.

SILVA, Adriana Ferreira. "Jurema Werneck: a voz da resistência". *Geledés*, 14 abr. 2018. Disponível em: <https://www.geledes.org.br/jurema-werneck-voz-da-resistencia/>.

SILVA, Joselina da. "Pensamentos e manifestações afro-brasileiras: olhares para além do projeto UNESCO". In: HERINGER, Rosana; PINHO, Osmundo (Orgs.). *Afro Rio Século XXI*. Rio de Janeiro: Garamond, 2011.

SILVA, Marília Trindade Barboza da. *Consciência negra: depoimentos de Grande Otelo, Haroldo Costa, Zezé Motta*. Rio de Janeiro: MIS Editorial, 2003.

_____; OLIVEIRA FILHO, Arthur L. de. *Silas de Oliveira: do jongo ao samba-enredo*. Rio de Janeiro: FUNARTE, 1981.

SILVA, Nina. "'Black Money', o movimento que enfrenta o racismo empresarial no Brasil", *Movimento Black Money*. Disponível em: <https://movimentoblackmoney.com.br/black-money-o-movimento-que-enfrenta-o-racismo-empresarial-no-brasil/>.

SILVA, Rossana. "Maju Coutinho: o racismo, desejos para 2017 e um novo livro". *Geledés*, 8 jan. 2017. Disponível em: <https://www.geledes.org.br/maju-coutinho-o-racismo-desejos-para-2017-e-um-novo-livro/>.

SODRÉ, Muniz. *A lei do Santo*. Rio de Janeiro: Malê, 2000.

"SÔNIA GUIMARÃES abre IX Artefatos da Cultura Negra com palestra". 17 maio 2019. Disponível em: <https://www.ufca.edu.br/noticias/sonia-guimaraes-abre-ix-artefatos-da-cultura-negra-com-palestra/>. Acesso em: 25 set. 2019.

SOUZA, Iracy Conceição de. "Poeta é aquele que não sabe ser de outro jeito". Entrevista com Salgado Maranhão. *O Marrare*. Disponível em: <http://www.omarrare.uerj.br/numero14/iracySouza.html>. Acesso em: 25 set. 2019.

_____. *A experiência poética com o indizível: Ana Luísa Amaral, João Maimona e Salgado Maranhão*. 2014. Tese (doutorado). Rio de Janeiro: Programa de Pós-Graduação em Letras, Faculdade de Letras, UFRJ, 2014.

SOUZA, Neuza Santos. *Tornar-se negro ou as vicissitudes da identidade do negro em ascensão social*. Rio de Janeiro: Graal, 1983.

TELES, José. "Os Tincoãs têm trajetória contada em livro, e discos relançados". *JC*, 30 jan. 2018. Disponível em: <https://jconline.ne10.uol.com.br/canal/cultura/musica/noticia/2018/01/30/os-tincoas-tem-trajetoria-contada-em-livro-e-discos-relancados-326022.php>. Acesso em: 25 set. 2019.

TOLIPAN, Heloisa. "O mercado é muito cruel e muito covarde, dispara Luiz Antonio Pilar sobre o audiovisual nacional". *Heloisa Tolipan*, Cinema & TV, 9 jul. 2019. Disponível em: <https://heloisatolipan.com.br/tv/o-mercado-e-muito-cruel-e-muito-covarde-dispara-luiz-antonio-pilar-sobre-o-audiovisual-nacional/>.

TRIGO, Luciano. "Jeferson De: ter pele escura no Brasil é maravilhoso e doloroso". *G1*, Máquina de Escrever, 25 abr. 2011. Disponível em: <http://g1.globo.com/platb/maquinadeescrever/2011/04/25/951/>.

TRIP TV. "Mateus Aleluia é um milagre". YouTube, 9'37". 22 mar. 2019. Disponível em: <https://www.youtube.com/watch?v=lq9RagVaocA>. Acesso em: 25 set. 2019.

"UM PINTOR de palavra". *Museu da Pessoa*, 2008. Disponível em: <http://www.museudapessoa.net/pt/conteudo/historia/um-pintor-de-palavra-49448>. Acesso em: 25 set. 2019.

VALENTE, Jonas. "Oito em cada dez juízes no Brasil são brancos, aponta pesquisa do CNJ". *EBC*, São Paulo, 13 set. 2018. Disponível em: <http://agenciabrasil.ebc.com.br/justica/noticia/2018-09/oito-em-cada-dez-juizes-no-brasil-sao-brancos-aponta-pesquisa-do-cnj>. Acesso em: 25 set. 2019.

VEIGA, Edison. "José Vicente, um reitor contra o preconceito". *Estado de S. Paulo*, São Paulo, 21 nov. 2010. Disponível em: <https://sao-paulo.estadao.com.br/noticias/geral,jose-vicente-um-reitor-contra-o-preconceito-imp-,642979>. Acesso em: 25 set. 2019.

VICENTE, José. "Heróis negros de todos nós". *Folha de S.Paulo*, São Paulo, 20 nov. 2018. Disponível em: <https://www1.folha.uol.com.br/opiniao/2019/05/herois-negros-de-todos-nos.shtml>. Acesso em: 25 set. 2019.

_____. "Negros e educação: aprisionados pelo passado". *Revista Cult*, n.º 246, pp. 42-43, jun. 2019.

_____. *Universidade da Cidadania Zumbi Dos Palmares: uma proposta alternativa de inclusão do negro no ensino superior*. 2012. Tese (Doutorado). Piracicaba: UNIMEP, 2012.

WILKSON, Adriano. "Pelé foi alvo de racismo na carreira, mas ignorou luta antirracista". *UOL*, São Paulo, 25 set. 2014.

XEXÉO, Artur. "Redescobrindo Chaves". *O Globo*, Segundo Caderno, 25 nov. 2018.

ZELAYA, Ivy. *Valeu, passista!: samba de Botafogo — registro e memória*. Rio de Janeiro: Folha Seca, 2015.

Direção editorial
Daniele Cajueiro

Editora responsável
Janaína Senna

Produção editorial
Adriana Torres
Mariana Bard
Thais Entriel

Copidesque
Bárbara Anaissi
Stéphanie Roque

Revisão
Pedro Staite

Capa, projeto gráfico e diagramação
Leandro Liporage

Este livro foi impresso em 2019
para a Nova Fronteira.